THE RISE OF ASIA

亚洲崛起的力量

一本书读懂东方思想

陈 铭 ◎ 编著

中国华侨出版社

图书在版编目(CIP)数据

亚洲崛起的力量:一本书读懂东方思想 / 陈铭编著.—北京:中国华侨出版社,2012.9(2015.7 重印)

ISBN 978-7-5113-2774-1-01

Ⅰ.①亚…　Ⅱ.①陈…　Ⅲ.①思想史-亚洲　Ⅳ.①B3

中国版本图书馆 CIP 数据核字(2012)第 183454 号

亚洲崛起的力量:一本书读懂东方思想

编　　著 / 陈　铭
责任编辑 / 严晓慧
责任校对 / 李向荣
经　　销 / 新华书店
开　　本 / 787×1092 毫米　1/16 开　印张/17　字数/350 千字
印　　刷 / 北京建泰印刷有限公司
版　　次 / 2012 年 10 月第 1 版　2015 年 7 月第 2 次印刷
书　　号 / ISBN 978-7-5113-2774-1-01
定　　价 / 30.80 元

中国华侨出版社　北京市朝阳区静安里 26 号通成达大厦 3 层　邮编:100028
法律顾问:陈鹰律师事务所
编辑部:(010)64443056　　64443979
发行部:(010)64443051　　传真:(010)64439708
网址:www.oveaschin.com
E-mail:oveaschin@sina.com

前言
QIANYAN

中国伟大的历史学家司马迁在《史记》中说过:"东方物所始生,西方物之成熟。"东方思想源远流长,灿烂辉煌,随着亚洲的崛起,东方思想正在重新焕发出青春的光辉。

中国、印度、还有日本的思想是全人类的共有财产。然而随着亚洲文化崛起时代的来临,你对东方思想的奥秘究竟了解多少呢?中国的儒释道、印度的心灵哲学、日本的禅学和美学,是东方思想的三大基础,是亚洲崛起的力量来源。身为东方人的你,比西方人更了解东方思想吗?

东方思想的两大源头,分别在印度与中国。以中国和印度为代表的东方国家,涵盖宗教、哲学以及其他精神层面的文化思想,逐渐创立并发展出了与西方多有不同的文化。东方思想没有仅仅聚焦在政治经济上,而是更重视与生活的融合。

中国思想中,一直存在着一个不可撼动的一贯性,那就是注重现实。所谓注重现实,就是在中国几乎看不到无法活用于现实社会中的思想。而中国除了孕育出自己的文化与文明外,也大量消化来自印度的最新思想,经过吸收研究最终演化成自己的思想。蒙有神秘面纱的印度,因认为人神能合一而使佛教逐渐发展。而同处亚洲的中国思想则是看重"如何立身处世",具有较强烈的现实感。

印度思想的关键词是什么呢?从古代一直延续到现在的印度思想,最具象征性的概念就是"梵我一如"了。所谓梵我一如,指的是对我与宇宙合而为一的追求,而且首先必须找出宇宙是什么,我是谁的答案。

日本人的思想,在同属的东方的思想里显得有些与众不同。日本思想的特征,在于柔软有弹性。位处极东之地,四面环海的日本,对于偶尔从海外传入的新东西——无论是外来思想或是美术等——都抱持着旺盛的好奇心，对其加以研究并加工成适合自己的东西。日本思想中的很大部分起源于中国思想，经过修改而与日本文化融合，如文字、儒教、道教、医学、天文等。

东方思想的一大特色就是其神秘性，这一完全迥异于西方传统的特性吸引了不少接触东方思想的西方人。其中不乏各方名家，如折服于印度"梵我一如"的德国哲学家亚瑟·叔本华，将东方思想融于自己所建构的深层心理学的瑞士心理学家荣格。诸多思想家都表现出了对东方思想的关注与思考。

当然，不仅仅是哲学家与思想家，许多艺术家也将东方思想融入各式艺术风格的作品之中。从梵高的印象派绘画、工艺大师加莱等人的作品中都可以看到浮世绘的影子。

不仅如此，充满着东方思想与美感的东方的电影与动画也吸引了许多西方的观众，冲击力丝毫不逊于其他方面。

当今快节奏的社会生活，使越来越多的人因为这样的生活方式而倍感压力。在缓解压力方面，欧美人对于东方的方法好评甚多。冥想、瑜伽等都有不少拥趸，这些脱离了原本宗教意味的修炼方式吸引了众多的支持者。而且，在日本这个最早迈进物质文明接受西化的亚洲国家里，也开始了对物质文明的反思。回归自然的古代东方思想，时至今日仍是疗心养性、治愈人们心灵及精神的良方。

随着亚洲经济崛起，东方的思想和价值观也将成为世界主流的价值观和主流思想文化。中国儒释道，印度的心灵哲学，日本的禅学和美学，这三大东方思想的特色，是我们一定要知道的常识。

本书旨在讲解以中国、印度及日本为主的东方思想，全面介绍了东方思想文化的历史进程与发展规律，视野广阔，贯通古今，通览中国、印度与日本文化的历史，观澜索源，广博的知识层面，严密的理论体系，是广大读者了解东方思想文化的权威性、学术性和普遍性的最佳著作。

目录 MULU

序篇 思想无疆,东西各异,交汇碰撞

东方思想的世界 …………………………………………… 2

东西方因宗教而不同 ……………………………………… 5

中印两国思想的核心 ……………………………………… 7

日本与中印文化的碰撞 …………………………………… 8

第一篇 中国思想

第一章 百家争鸣:中国思想的源泉

孔子——圣人亦凡人 …………………………………… 12

孟子——善辩的亚圣 …………………………………… 19

荀子——"最为老师" …………………………………… 25

老子——辩证的"道法自然"之祖 ……………………… 29

庄子——千秋一梦迷蝴蝶 ……………………………… 36

列子——御风而行,风神飘逸 ………………………… 45

1

墨子——孔子的第一个挑战者 ………………………… 48

韩非——法家思想的代表人物 ………………………… 54

邹衍——阴阳家的集大成者 …………………………… 59

鬼谷子——纵横家的鼻祖 ……………………………… 62

张仪——纵横家的代表人物 …………………………… 64

邓析——我国古代名家的先驱 ………………………… 69

吕不韦——懂政治、懂生意 …………………………… 73

孙子——被称为"兵圣" ………………………………… 78

其他学派 ………………………………………………… 84

第二章 罢黜百家,独尊儒术

李斯——法家从此无人 ………………………………… 87

贾谊——生不逢时的才子 ……………………………… 92

董仲舒——孔孟之后儒家又一集大成者 ……………… 96

刘向——目录学的创始人 ……………………………… 103

王充——无神论的先驱 ………………………………… 107

第三章 三教合一:儒释道思想的交融

嵇康——博学多才的音乐家 …………………………… 114

陶渊明——"桃花源"中的田园诗人 …………………… 119

韩愈——"文起八代之衰" ……………………………… 124

柳宗元——"歧黄大师" ………………………………… 130

第四章 持续斗争带来思想禁锢的断裂

魏源——国士无双 ……………………………………… 138

龚自珍——百年一流 …………………………………… 142

严复——思想先驱 ……………………………………… 146

康有为——维新主帅 …………………………………… 151

梁启超——少年中国 ·· 156

第五章　中国思想的辐射影响

佛教对中国的影响 ·· 160

佛教在中国的本土化 ·· 162

禅的精神 ·· 164

有名的公案 ··· 166

中国并未成为佛教国的原因 ······································ 173

朱子的理学宇宙观 ··· 175

理气二元论与人心 ··· 176

儒学的另一支：阳明学 ··· 178

朝鲜半岛的儒学 ·· 179

第二篇　印度思想

第六章　古代印度的思想

高度代表印度思想的印度教 ······································ 184

雅利安人构建了印度思想 ·· 186

印度哲学随着新兴阶级的经济能力发展 ······················· 187

探索梵我一如的《奥义书》······································ 190

轮回思想源自于印度的当地原始思想 ·························· 195

第七章　印度佛教思想集锦

佛教的开始 ··· 197

叙事诗里的诸神，让印度教广布到民间 ······················· 198

密宗与印度佛教 ·· 201

后期密宗融入了坦陀罗派思想 …… 206

第八章　扎根于印度社会的思想

夸张的印度时间感 …… 208
人生阶段区分为"四住期" …… 210
言语蕴涵着力量 …… 214
瑜伽行者以身体寻求解脱 …… 215
印度思想中的人体 …… 219

第九章　理性与信仰并蓄
——现代印度思想的精髓

思考与信仰 …… 221
宗教与哲学的共同关注 …… 224
真理的洞见 …… 227

第三篇　日本思想

第十章　日本近代思想的萌芽

实学观念的形成与洋学的发展 …… 232
变革思想和批判精神 …… 235
国民意识的觉醒 …… 237

第十一章　明治前期的启蒙思潮

新思想的启蒙与新国家的构想 …… 239
自由民权运动 …… 240

第十二章　日本的思想与美意识

日本思想的原型奠基于独特之环境 …… 242

由好奇心孕育的日本文化 …………………………… 245

古代日本与外来思想 ………………………………… 246

古代日本的大思想家 ………………………………… 248

平安时代是国风文化开花之时代 …………………… 249

镰仓佛教 ……………………………………………… 251

思想开花的江户时代 ………………………………… 254

日本的美学 …………………………………………… 256

明治时期的东西文化融合 …………………………… 258

序篇

思想无疆，
东西各异，交汇碰撞

东方思想的世界

以中国和印度为核心的东方国家,涵盖宗教、哲学以及其他精神层面的文化思想,逐渐创立并发展出了与西方截然不同的文化。东方思想没有仅仅聚焦在政治经济上,更重视与生活的融合。

蒙有神秘面纱的印度,因认为人神能合一而使佛教逐渐发展。而同处亚洲的中国思想则是看重"如何立身处世",具有较强烈的现实感。直至近代,东西方思想互相碰撞,在东方思想的深处,那些西方思想所没有的新观点,越发璀璨起来。

亚洲诸国的文化思想,包括中国、印度以及日本的文化等,均是全世界的财富。

◇ 西方人从东方思想中发现了什么?

随着东西方之间的文化交流越来越频繁,西方的文化也日益融入了我们的生活当中,有些甚至已经深入进了东方人的生活之中。有时已经难以辨认究竟哪些本就是东方的,而哪些又是西方传来的呢?

东西方文化思想的真正相聚看似久远实则不然。就以日本这个与我们仅一海之隔的国家说起,二战中太平洋战争打响之前,他们对西方的了解有多少呢?显然是相当有限的。同样,西方人眼中日本国亦是神秘莫测的。

16世纪,一小群富有探索精神的西方商人来到了东方。而东西方也正因为他们而连接起来。他们最先抵达的是印度,然后在3个世纪后,也就是19世纪,抵达了中国。

在这段交流过程中,借印度为中转站而输入西方的东方产品——诸如印度香料、中国的茶、被西方称为"china"的瓷器——逐渐开始改变西方人的生活。与此同时,日本的各种文化随着其生产的瓷器,以及有名的"浮世绘",漂洋越海传至欧洲大陆。

不仅如此,二战后日本令人震惊的复兴速度,作为昔日东方帝国的深蕴的中国文化,都吸引着西方的注意力。思想与意识形态上的差异,让他们更好奇于神秘的东方文化,印度冥想、日本禅宗、中国道教等,多不胜数。

东西方的差异究竟何在?不妨换位思考一下,或许答案更明显。

◇ **东西方如何分界?**

东方与西方,究竟是以什么界定的呢?

欧洲以自己作为分界点,其东均被视为东方世界。所谓的近东、中东、远东都是以距离欧洲远近这一基准命名的。

然而在本书中,"东方"这一概念则是以思想所处的范围划分,中国和印度即作为"东方思想"的中心。与之相对的"西方"则是指所谓西欧与美国的基督教文明圈。

从西方哲学到现代的次文化,都受到东方神秘思想的影响。

◇ **东方思想令西方人倾心不已**

东方思想一大特色就是其神秘性,这一完全迥异于西方传统的特性吸引了不少接触东方思想的西方人。其中不乏各方名家,如折服于印度"梵我一如"(谓作为世界主宰的"梵"和个体灵魂的"我"在本质上是统一的,"梵我一如"便是解脱)的德国哲学家亚瑟·叔本华,将东方思想融于自己所建构的"深层心理学"的瑞士心理学家荣格。诸多思想家都表现出了对东方思想的关注与思考。

当然,不仅仅是哲学家与思想者,艺术家也将东方思想融入各式艺术风格的作品之中。从梵高的印象派绘画、工艺大师加莱等人的作品中都可以看到浮世绘的影子。

不仅如此,东方的电影与动画充满着东方思想与美感,其冲击力丝毫不逊于其他方面,吸引了许多西方的观众。

◇ **由西方影视中所引发的联想**

其实从西方的影视创作中,也能明显地看出很多地方受到了东方的影响。众所周知的《星际大战》中,仿若仙人修行一般的训练模式。将师傅和亲人火化的细节,在对火葬有所抵触的西方社会(由于火葬会使人联想地狱)中是不可想象的。

另外,热衷日本动画的华氏兄弟(The Wachowski Brothers),亦倾心于在他们的作品中运用东方元素。科幻经典《黑客帝国》系列中,存在于心里的虚拟世界观,便是庄子与一部分印度思想的混合产物。

另一部风靡大街小巷的爱情经典电影《人鬼情未了》,电影中男主人遭遇枪杀之后变成鬼魂飘荡于现世的形式,像极了佛教背景下的日本思想。

◇ **披头士音乐中的东方**

20世纪60至70年代家喻户晓的披头士乐队(The Beatles),亦是深受东方文化的影响,尤其是印度文化。

从一开始的编曲与乐器选用上选择印度旋律和乐器,到整个乐队队员多次造访旅居印度,接受冥想大师的指导,都充分体现了他们对印度文化的重视。许多经典名曲,比如"Across the universe"中,不断反复的歌词"Jai Guru deva Om"便是吟诵婆罗门的圣音"唵"(Om)。

约翰·列侬(John Lennon,披头士团员之一)的歌词中也有着以解脱为理想的东方思想的存在,同时他也常常对基督教的权威抱以质疑的态度,与教会发生冲突。

◇ **东方人眼中的"气"**

西方人眼中,非造物主的人若是能操纵"灵"与"气"是一件有悖常理的事情。他们更重视科学性,那些虚幻的东西是很难被接受的。然而相对西方而言,东方的理论显得有些超于理性。

中国和印度有理论认为存在着一种人无法感受到的"气"(印度称其为"Prana"),这种"气"影响着人的身体与生活。基于"气"的存在发展出了一套精细的理论,从中衍生出医学理论与健身法,如针灸疗法与气功健身等,沿用至今。

◇ **日本人不理解"思想"?**

日本人对于哲学通常会感觉到很难,而对于宗教则更甚。这大概因为自古日本便没有明确的"哲学"与"宗教"的定义。江户时代以前的日文里,也没有这两个词的存在。

◇ 东方的哲学、宗教属于"思想"范畴

自古东方便是合三者为一而谈,并没有分开而论。故在本书中,我们沿用古人的观点将哲学与宗教并入"思想"一词中。中国和日本在刚导入西方文明之时,并没有与"philosophy"(哲学)与"religion"(宗教)的相关译语,也自然不会出现相关的学者。另一方面西方则是在文艺复兴时期便将"希腊哲学"这一主题推广而独立发展,与"神学"并立发展。在这样的环境下,哲学与宗教实现了分离发展,延续至今。

哲学与宗教的关系

东方思想中,哲学与宗教一体的,与政治生活相关。

哲学	政治生活	宗教

西方思想中,哲学宗教分离。中世纪时,神学填补哲学与宗教中的空白。

哲学	神学	宗教

宗教和哲学对于东方人来说,是近代与西方交流之后才有的新概念。本书中的"思想",则是同时包含了宗教与哲学的高度统一的形态。毕竟在东方的历史上,这三个是不易分开讨论的概念,与西方细致规定的界限有所不同。

东西方因宗教而不同

◇ 一神教在东方难以实现

东西方思想中一个最显著的差异便是宗教观的差异。

以东方思想尤为突出的中国、印度两国来看,都不受"神教宗教"所支配。单

一神教在东方地区基本没能推行。这并非一神教不够优秀,而是有悖于中、印、日这三国的大众的传统价值观,所以未能成功实现一神教的推广。

其实,最重要的因素在于东方思想的内涵之一——神不是单一的,神的教诲也非一成不变的,亦是可以修改和变化的。

◇ 从宗教看东西方思想差异

若从宗教的角度出发,东西方可以大致分为"一神教占主流的西方各国"和"多神教引领下的东方各国"。实际上,对比东西方思想差异时,也确实常会从"一神教和多神教"这一点切入进行研究。

然而说起"多神教"这个概念时,很容易误会为"有多位神明的教派",但这种认知宗教的方式并没能切中真正的核心。

一神教中,神是唯一绝对的存在,神的教诲被记录在典籍中,立场不得被更改。相反的,中国和印度的宗教观里面,不同时代中存在着不同的神明,他们的性格和相貌相异,但是这样的更换不会引发宗教的崩塌。正如佛教虽由释迦牟尼所创立,但是后世大乘佛教中并没有把其当作主神,反而还创造出了超越其存在的佛陀。

同样中国也有这样的宗教形态。孔子为创立者的儒教,以老子的精神教义占主导的道教,这两个宗教后来都成为了中国的大教。对于中国人来说,孔子和老子这两个人都与神相齐。但是不仅仅局限于这两人的存在:新的神仍在继续出现,神的数目也逐渐增多。

由此看来,所谓东方的"多神教"是有别于古希腊罗马神话中的"多神世界"的。多神教更倾向于崇拜的神明随着时代不同而不断变化,依从需求而产生新的多神教。此处"多"神教不如说为"换"神或是"加"神教更能准确地表现东方思想。

西方宗教在发展过程中,一直在消弭教义矛盾上费脑筋。而东方则把这种教义上的矛盾的发生视为自然而然的过程,甚至教义的颠覆能够继续发展下去。这对于理解东方思想有很大帮助。

中印两国思想的核心

◇ **延续千年的中印思想**

东方思想的两大发源地,便是中国与印度。这两种起源于古代文明的思想对周边各国都有着深远的影响。

从时间上来看,两种思想成型的时间都很早。公元前数世纪就可以看到"哲学"思想的存在:中国的诸子百家争鸣,各种思想纷纷涌现;印度则是出现了婆罗门哲学,以及以释迦牟尼和六师外道为典型的自由思想家们。

更值得关注的是,这些思想没有随着时间推移而逝去,反而一直传承至今,仍然用于社会中。在西方是无法想象一个可以贯穿千年而不变的思想的存在的。

◇ **"注重现实"的中国思想**

中国的思想中,一直有一个难以撼动的核心便是"注重现实"。何为"注重现实"呢?即所有思想几乎都还可以应用于现实社会中。

古代和神仙相关的观点,看似和现实毫无关联,却并非是古人的空想,而是一种追求的目标。故中国人更重现实利益。

如果带着"注重现实"的眼光来思考,便不难理解中国与东方其他国家不同的背景和价值观。

◇ **"梵我一如"的印度思想**

中国思想"注重现实",那么印度呢?

现代的印度城市中,古代与现代混杂交叠在一起。在种姓制度仍然深植人心的同时,政治则是在以一种民主的方式运作。但是自古至今未变的最具代表性的印度思想,便是"梵我一如"了。

"梵我一如"是指世界的"梵"和个体的"我"是合而为一的。为了更接近"神"的存在,印度人花费了大量的精力来研究"什么是神"、"什么是我"等问题,也由此诞生了"轮回转世"这一概念:即死亡并不是结束,而活着也不过是从古开始

延续的生命链中的一环、永恒时光中的一瞬间。追求"梵我一如"是希冀从轮回中得到解脱。

日本与中印文化的碰撞

◇ **日本富有弹性的"本土化"思想**

在东方思想中,日本的思想显得有些另类。比较显著的特征是至今仍然维持着原始的自然信仰。拿神道来说,甚至连教义都是不存在的。

不过日本思想的特点,便是极富吸收弹力的"本土化"过程。

日本四面环海,地处东方。无论是艺术或是思想,日本人对于从海外传入的新事物都有强烈的好奇心,均加以研究并加工修改成适用于自己的事物。

理解日本的思想,可以通过研究"传入了什么""如何解释新事物""如何改变它"这个过程来看日本在过程中的不同思想。

◇ **日本吸收了大量中印文化**

日本国内可以看到很多中印文化的影子。汉字、儒教道教文化以及许多专业领域知识,都本是起源于中国,后来又经日本修改与其本土文化相融合而成的。

大乘佛教并不是从印度直接传到日本的,而是途经了中国,并在历经几百年之后辗转进入日本。可以说日本的大乘佛教是在中国与中国的价值观相糅合,发展出了一种新的形态后才进入日本的。

中国作为日本的毗邻,除去创造自身的思想文化,还消化吸收了许多来自印度的思想,并加以加工修改。这些通过中国而"渗透"进日本的寺院建筑、水墨画、茶道与禅想等事物与思想,形成了如今的"日本文化"。其中最独特的思想莫过于"神佛习合"这个理论。现代日语中有很多用语都是从佛教用语中演化而来的,但有的已经失却本来的意义而被应用在日常的生活中了。这些都是中印文化在悠长历史中对日本思想及文化的影响。

第一篇

中国思想

第一章
百家争鸣：中国思想的源泉

春秋(公元前770—前476年)和战国(公元前475—前221年)，这一时期不同思想派别的知识分子开始涌现，百花齐放争奇斗艳的局面被称为"百家争鸣"。这一时期的经济在前朝的发展基础上有新的飞跃，科学水平也同步发展。自然科学的不断突破给古代唯物论以及朴素的辩证思想奠定了基础。

另一方面，生产力的发展带来了生产关系的变化。社会形态从奴隶制转向封建社会，社会变革下，各个社会阶层之间的矛盾逐渐显露出来。每个阶层为了维护自己的利益，都会用自己的主张游说，寻求自己阶层的利益最大化。

这样，一直以来的"官学"逐渐衰落，私学之风盛行。私学培养了大量的文士，恰逢齐宣王喜欢文客游说之士，待之以礼，并有稷下学宫作为文人聚集活动的场所。从学宫中走出的著名的学者有邹衍、田骈、环渊等七十多人，孟子、荀子也曾任教于稷下学宫。这里学士众多，盛况空前。

这些有别于武士而分化出来的文士，聚集起来研究探讨学术，著书立学，对当时的文化学术繁荣有很大影响。同时，这些文士拥有比以前的武士更多的人身自由。"邦无定交，士无定主"便是允许文士们推广自己的观点，可以周游各国选择与自己兴趣相投的主子，一时文士队伍的规模无比壮大。

战国时期人们尚养士之风，其中以"战国四君子"最为著名。这四位分别是"魏有信陵君，楚有春申君，赵有平原君，齐有孟尝君"。魏信陵君礼贤下士，众多士听闻争相投靠其门下，其门客达三千人。赵平原君广纳天下勇士，身边有三千敢死之士。齐国孟尝君接纳各地有能之士，门客逾千人。秦吕不韦招士，所编撰《吕氏春秋》也以文士为主。这些文士脱离了奴隶制的绑缚，主张对自己阶层有力的学说和观点,相互辩论,各种不同思想流派纷纷涌现,故称"百家争鸣"。

这一时代中的所谓"诸子百家",主要有儒、墨、道、法四家,其次还有阴阳家、杂家、兵家、纵横家、小说家等。后世称除小说家以外的九家为"九流","十家九流"由此而来。

孔子创立儒家。孔子,名丘,字仲尼,鲁国人。他的理论以"仁"著称,而实现"仁"的行为方式和制度则是"礼"。儒学这一派自孔子后发生分裂,直至战国中期,孟子出现并成为其代表人物。孟子,名轲,字子舆。孟子乘车带着弟子,周游各国四处游说教学。晚年著书立说,留《孟子》于世。他主张"仁义""仁政",提倡"法先王",古代的生活优于当代。孟子的思想主张呈现一种复古的趋势,使得当时许多当政者认为不合时宜。

儒家的另一位代表人物是荀子。荀子名况,当时人尊称他为荀卿,著有《荀子》一书,其中表达了对于富国强兵的赞赏,对于孟子的复古学说也进行了激烈的批判。

墨家创始人为墨子。墨子名翟,鲁国人。墨子与儒家的观点是截然不同的。他主张尚贤,任用人要重才能,反对旧等级观念和世卿世禄制度,认为"官无常贵,而民无终贱"。他提出了"兼爱"的理论,认为社会需要稳定的秩序和局面,强不凌弱,富不欺贫,人人平等。但这样的构想在当时的阶级社会中,显得有些无力。

墨子著有《墨子》一书,是其弟子根据其讲授的笔记编录而成。墨子的学说虽然迎合了封建制地主阶级的政治需求,可是缺乏力度。且其太过依赖"明君"的出现,过于相信鬼神的存在和作用,使得他的学说有一定的局限性。

道家学派以老子为始。老子姓李,名耳,字老聃,楚国人,与孔子处于同一时代。记录其思想主张的书典为《老子》(又名《道德经》)。《老子》中出现了朴素的唯物辩证观点。"祸兮福所倚,福兮祸所伏",这种辩证的看法出现在当时是难能可贵的。老子主张"无为而治",反对地主阶级"有为"的措施,提出了"鸡犬之声相闻,民至老死不相往来"的理想国家状态。但这也是一种倒退性的学说,对于当时新型封建社会地主阶级的前途感到失望。

战国时期后,道家的另一位代表人物庄周出现。庄周,宋国人,与老子一样

出身于没落的贵族家庭。曾就任漆园小吏,后厌恶官职,终身不仕。《庄子》一书由其本人和门人合力编撰而成。他认为万物皆源于"道",而只有"真人"才能得"道"。他更是把老子朴素的辩证法观点发展成相对论。同时主张"无为""无用",这一观点归属于唯心主义的范畴。他提倡自然而然比人为要更好,万物变化无常没有是非道理可循。若要社会安定则要把一切都毁掉才能达到。庄子的厌世情绪表现出了丢失政权的奴隶主悲凉绝望的态度。

法家代表了新兴地主阶级的利益和主张,后期韩非乃是法家的集大成者。

韩非为荀子的大弟子,出身韩国贵族家庭。《韩非子》一书是他总结前期法家李悝、吴起、商鞅、慎到、申不害等人思想的成果。秦始皇阅后曾感慨:如若能与这样的人交流且令他为我所有,则死而无憾。他从前期法家各种学派寻找长处,提出"法""术""势"相结合的理论。他认为法令是社会推行的准则,任用官员要考察其贤能,再加之君主的地位和权力,这三者结合才能建立起中央集权的国家。

虽然后来韩非被其同学李斯陷害,但并没影响他的学说成为秦代的官学,助秦朝统一疆域巩固政权。

"百家争鸣"反映了当时社会的局势动荡,斗争激烈。各种学说流派根据阶级属性而战线分明,形成了封建制时代的文化基础,对中国古代文化有深远的影响。

孔子 ——圣人亦凡人

儒家一派,是以孔子的思想为基础发展出来的学说。这一派以"仁义礼智信"为行为规范,让人们将此融入生活的方方面面中去。

主要代表人物: 孟子、荀子等。

【人物简介】

孔子(公元前551—前479年),名丘,字仲尼,鲁国人。中国春秋末期伟大的思想家和教育家。

【学派】

作为儒家学派的创始人,孔子可谓是华夏五千年来对民族性格与气质影响最大的人。他周游讲学,一直在追求他心中理想的社会。他的品格与观点,数千年来一直影响着中国的文人们。虽然后世将他的形象上升为近乎神一般的存在,固然他的理想和学说给他带来辉煌和成就,但圣人也是凡人,他也自有他的生活。

【生平】

孔子的祖先是殷王室的后裔。孔子六世祖孔父嘉任宋国大夫,还曾任过大司马,最终在内乱中被杀。尔后其子逃至鲁国陬邑避难,自此孔氏在鲁国定居。孔子的父亲叔梁纥是一名武士,曾任陬邑大夫,以勇力闻名,立过战功。叔梁纥先娶施氏,无子。后娶妾育有一子,取名伯尼。但其脚有疾患,叔梁纥不满,于是在已逾花甲之际再娶一房颜氏。

鲁襄公二十二年(公元前551年9月8日),孔子在鲁国陬邑(今山东曲阜)诞生。因叔梁纥夫妇为生子在尼丘山祈祷,故名丘,字仲尼。孔子三岁时,父亲叔梁纥过世。施氏为人歹毒刁横,在叔梁纥死后掌控孔家,伯尼母亲被其虐待而死。孔子母子为求生存,只得与伯尼移居曲阜阙中,日子十分艰难。在孔子17岁时,母亲颜氏也过世了。

孔子19岁便娶宋人亓官氏之女为妻,一年后生一子。鲁昭公派人送鲤鱼表示祝贺,孔子倍感荣幸,故给儿子取名为鲤,字伯鱼。

孔子所出生的地方——鲁国,是周伯禽,即周公之子的封地,那里对于古代典籍的保存十分完好,有"礼仪之邦"的美称。这样的文化环境对于孔子思想的形成有很大的影响。

孔子祖先为殷商贵族,但经过数代繁衍迁徙后,在孔子的家族中已经鲜有"贵族"气息了,但或多或少还有殷遗民的模样。孔子少年丧父,生活艰难,故继承了殷商遗民中所谓的贱民职业——帮人料理丧葬事宜。《论语·子罕》中记载了孔子对其生活的回忆"吾少也贱,故多能鄙事。"其中的"鄙事"便是指以礼为职业。

生活的艰苦让孔子更早成熟起来。孔子在15岁左右的时候,便立志苦学,希望凭借自己的努力来改变人生。在不懈的努力和请教下,孔子在30岁之前就已经掌握了丰富的古代典章制度、礼仪知识。故他自己有云:三十而立。然而从实际来看,他仅仅是"立"于学问,生活还没有太多的改善。虽然他仍在倚靠那些"鄙事"来谋取生活的资费,但是他已经确立了自己的人生目标和理想。

恰逢当时官学倾颓,私学之风兴起,个人收徒讲学游说已经普遍,于是孔子也开始收学生,用学生的学费("束脩")来做生活的经费。但收学生教学并非他的理想状态,他也开始在讲学中,逐步介入鲁国政治,但一直不甚得志。

孔子心向仕途,自20余岁起便开始关注天下大事,也开始勤于思考治理国家的问题,并发表一些见解。到30岁时,孔子已经颇具一些名气。鲁昭公二十年,孔子受出访鲁国的齐景公召见,讨论秦穆公称霸,并借此结识了齐景公。鲁昭公二十五年,鲁国内乱,鲁昭公逃至齐国,孔子也来到齐国,并受到齐景公的厚待。齐景公甚至曾欲将尼溪一带的田地封给孔子,但被大夫从中阻挠作罢。鲁昭公二十七年,齐国大夫欲加害孔子。孔子得知向齐景公求救却不得,只得仓皇回到鲁国。

当时鲁国局势不清,政权掌于大夫家臣手中,这情况被人称为"陪臣执国政"。在这样动荡的局势中,孔子认为在政治上难有作为。这期间虽有两次从政的机会,但是孔子都放弃了。仕途之路不得,孔子便静心修学,"故孔子不仕,退而修诗、书、礼、乐,弟子弥众,止自远方,莫不受业焉。"(出自《史记·孔子世家》)。他开始着力于完善讲学中的思想主张。鲁定公九年,孔子被任命为中都宰,这时才踏上仕途的孔子已经51岁。在任命就职期间孔子的政绩可圈可点,治理卓有成效,后不断晋升,至大司寇,摄相事,鲁国得到治理。鲁定公十二年,孔子为削弱当时三家世卿的实力(三桓,即季孙氏、叔孙氏、孟孙氏,由于是鲁桓公的三个孙子故称三桓。鲁国政权实际掌握在他们手中,而三桓的一些家臣又在不同程度上控制着三桓),而采取了拆毁三桓所建城池的举措。但是并未成功,反而让矛盾激化。再加之鲁定公十三年,齐国献给鲁国80名美女,季氏欢歌飨宴,沉迷女色歌舞,让孔子大为失望。而后鲁国举行的郊祭上,季氏也没有依照惯例在祭祀后给孔子送祭肉,这也表明季氏不想任用他了。这一年,55岁的孔子不得不离开鲁国,开始周游列国寻求新的出路。

孔子这番周游列国旨在寻找可以进行政治合作的伙伴。但因他的主张不合君王的意,或是其他原因,孔子在周游的过程中,不但没能找到合作的伙伴,甚至都没能得到相应的尊重,反而落得如丧家犬一般的境遇。

于是孔子带领着弟子们先抵达了卫国。一开始卫灵公很器重孔子,按照鲁国的标准给孔子发放俸禄,但是并没有让他实际参政。后来孔子在卫国居住了大约10个月后,有人对卫灵公进谗言使得卫灵公对孔子起疑,并派人监视孔子的举动。孔子无奈只得带弟子离开,往陈国去。半路路过匡城,遭遇误会被困五日,后离开匡城到达蒲地,又遇卫国贵族叛乱,再次被困。得以脱逃后,孔子迫于无奈返回卫国。卫灵公得知,亲自出城迎接。其后孔子数次进出卫国,一方面由于卫灵公对孔子态度忽冷忽热,捉摸不定,另一方面也由于孔子离开卫国无路可投。

鲁哀公二年,孔子59岁。在离开卫国后,孔子途经曹、宋、郑等地,直至陈国。在陈国居住三年,吴攻打陈,又是一片兵荒马乱。于是孔子带领弟子们一起离开。楚国人听闻孔子到达了陈、蔡交界之地,便派人前去迎接。陈、蔡两国大夫知道孔子对他们的作为有批驳,唯恐孔子受到楚国重用于他们不利,便派服劳役的人将孔子师徒困在半路。所带粮食全部吃完,断粮7日的孔子师徒最后等来了子贡找到的楚国救兵,才免于饿死在野外。孔子在64岁时重回卫国,68岁回到鲁国,但仍然被架空不得重用。

实际上,孔子晚年返回鲁国之后,将主要的精力都用于培养学生并且整理古籍之上。除去偶尔发表一些政治议论和见解外,基本没有过多实际行动。然而正是在这样的条件下,孔子学派开始丰满起来。再加上前期周游列国时也没有间断地收徒讲学,使孔子这一派达到了新的高度。"弟子盖三千焉,身通六艺者七十有二人。"(《史记·孔子世家》)便很好地描述了孔子弟子们的情况。在整理古籍的过程中,孔子对即往历史古籍进行了一次清理,既保留住了很多珍贵的文学资料,也为孔子自己的学派准备了大量的资源。从这个角度来说,是孔子创

立的儒家学派。

孔子十分注重思想的传承,他的一生都没有中断过收徒讲学的活动。带领弟子周游列国,这本就是件磨炼弟子们的意志,开阔他们眼界的活动。孔子的众多弟子中,有人几乎是终生伴其左右,感情很深。孔子的弟子相传有三千,《史记》中所记通读六书的贤弟子有七十二人。子贡、颜渊、子路、冉有等有名的弟子都在不同领域有一番成就,尤其是对于孔子思想的传播和儒家学派的发展和影响都起到了很重要的作用。

鲁哀公十六年,孔子病卒,享年七十三岁。孔子死后被葬在曲阜城北部的泗水岸边。弟子们以对父亲之礼为孔子服丧三年。子贡甚至在孔子坟前搭起一座小屋,为孔子守坟吊唁六年。作为中国历史上第一位职业教师,孔子无疑是成功的,得到了弟子们发自内心的尊敬。

孔子一生虽怀才不遇,难登仕途,但是他一直保持着对政治的高度热情和精神。他这一生都没有完全放弃过对政治的投入和思考。但孔子的这种投入,却不是以自己的飞黄腾达为目的,而是为了实现自我政治抱负——以儒学精神治国平天下的伟业。

孔子创立的早期儒家学说

由于孔子整理了大量的典籍,说孔子是集大成者并不为过。对于后人来说,孔子"述而不作"的整理态度让他们能更好地了解古代文献,同时也能有更大的思考空间和思维余地。

孔子的思想大致可以分为两个层面:

第一,人性与天道的层面

孔子认为人性与天道相通。天乃宇宙的主宰,而且是万物的起源。若将天道与人性打通,则人性的来源便可以被说明。孔子的人性说具有十分重要的理论意义。

第二,仁礼与中庸的层面

孔子以"仁"作为儒学思想的核心内容。以"仁"来磨炼自我,同时以"礼"来治他人。同时还有以"中庸"为原则的为人之道。以"仁"磨炼自我是日后以"礼"治人的条件和准备，同时以"礼"治人和以"仁"修己都是建立在"中庸之道"的原则基础上的。

孔子儒学的积极态度和同时期老子的消极态度恰巧相反，他选择性地吸收了老子对于礼仪制度的观点，但摒弃了那些消极主义的思想和情绪。

孔子又是一个极其勤奋的人，对于事物的理解和分析有独到见解。在孔子晚年回到鲁国直至去世，他并没有因为迟迟得不到重用而意志消沉，反而以更旺盛的精力投入古卷整理和教书讲学的活动中，为儒家学派奠定了精神与物质基础。

整个儒家学派的创建过程较为复杂，其中很多有关"礼"的看法得益于鲁国的思想文化传统。在孔子出生之时，鲁国尚是周公长子的封地。周伯禽在治理时，将大量的典籍文物携至鲁国，使鲁国一开始就有比较高的文化修养氛围。虽然日后周王室的影响力日渐式微，建立的礼乐制度也消弭无踪，但还因为特殊的历史背景而保留下比较完整的西周典章制度的文物。在这样的生活环境中，孔子目睹了诸国交战、兵荒马乱，越发感受西周以道德为本，以天子为核心的典章制度的可贵，进而根据鲁国的文化条件创立儒家的学派。

儒家学派在形成的过程中，也与孔子的思想变化息息相关。孔子有云"十五而有志于学，三十而立，四十而不惑，五十而知天命，六十而耳顺，七十而从心所欲，不逾矩。"可以看出他少年时立志，但在漫长人生的探索中受到挫折遭遇迷惘，晚年才得以有成。孔子心向政治，热心参与，但并不把其当做唯一的目标。晚年孔子政治不得志时，更是寻找了新的人生终点，远离了挫折给他的影响。他相信成事在天命，人们所需的是尽人事。个人的努力和结果更没有直接的因果效应，这也体现了他强调的"不怨天，不尤人，下学而上达，知我者其天乎！"的儒者精神和责任。

后世儒者将"政"与"学"这两个领域划分得更为明显，能踏上仕途便仕，仕不得便隐而学。仕、学相离是有悖于孔子的精神的。孔子虽然一贯主张"学而优则仕"，但并没有将"学"放入"仕"的准备阶段中，也并没有认定"仕"会中断"学"

的过程,这两者都是人生展开的形式,只不过形式较为不同而已。

孔子所开创的"借学谈政",为后来的儒家学派和中国知识界开创了先河。知识分子在政治上缺乏行动力量,只能借助学术表达政见,这也是后来中国知识分子异于西方的一种宣泄政治情绪的方式。

相关人文景点

曲阜孔庙、孔府、孔林位于山东省曲阜市,是中国历代纪念孔子,推崇儒学的表征,以丰厚的文化积淀,悠久的历史,宏大的规模,丰富的文物珍藏以及科学艺术价值而著称。曲阜孔庙是祭祀孔子的本庙,是分布在中国、朝鲜、日本、越南、印度尼西亚、新加坡、美国等2000多座孔子庙的范本,始建于公元前478年,历经2400多年而从未停止祭祀,是中国使用时间最长的庙宇,也是中国现存最为著名的古建筑群之一。孔林延续使用2400多年,不仅是中国也是世界上延用时间最长的氏族墓地;孔子嫡孙保有世袭罔替的爵号,历时2100多年,是中国最古老的贵族世家,其府第孔府是中国现存规模最大、保存最好、最为典型的官衙与宅第合一的建筑群。

孔庙、孔林、孔府的历史、科学与艺术价值集中体现在它所保存的文物上。300多座、1300多间金、元、明、清古建筑反映了各个时期的建筑规制和特点;1000多件汉画像石、孔子圣迹图、石仪、龙柱等反映了石刻艺术的变化和发展;5000多块西汉以来的历代碑刻既是中国书法艺术的瑰宝,也是研究中国古代政治、思想、经济、文化、艺术的宝贵资料;十余万座历代墓葬是研究墓葬制度的重要实物;17000余株古树名木是研究古代物候学、气象学、生态学的活文物。十余万件馆藏文物中,以元明衣冠、孔子画像、衍圣公及夫人肖像,祭祀礼器最为著名。其中元明衣冠是中国罕有的传世同类文物,对于研究古代服饰、纺织艺术具有重要价值。30万件孔府明清文书档案是中国为丰富的私家档案,是研究明清历史尤其是经济史的重要资料。"三孔"已被联合国教科文组织列入《世界遗产名录》。

孔府又称衍圣公府,是孔子嫡系子孙居住的地方。汉元帝封孔子十三代孙孔霸为"关内侯,食邑八百户,赐金二百斤,宅一区"。这是封建帝王赐孔子后裔府第的最早记载。现在的孔府基本上是明、清两代的建筑,包括厅、堂、楼、轩等463间,共九进院落,是一座典型的中国贵族门户之家,号称"天下第一人家"的说法。孔府是孔子嫡系长期居住的府第,也是中国封建社会官衙与内宅合一的典型建筑。孔子死后,子孙后代世代居庙旁守庙看管孔子遗物,到北宋末期,孔氏后裔住宅已扩大到数十间,到金代,孔子后裔一直是在孔庙东边。随着孔子后世官位的升迁和爵封的提高,孔府建筑不断扩大,至宋、明、清达到现在规模。现在孔府占地约7.4公顷,有古建筑480间,分前后九进院落,中、东、西三路布局。

孔庙是祭祀孔子的祠庙。孔庙始建于公元前478年,以其故居为庙,岁时奉祀。整个庙宇气势恢弘,布局严谨,是我国现存规模最大的三大古建筑群之一。

孔林又称"至圣林",占地3000余亩,是孔子及其家族的专用墓地,已有2500多年历史,也是目前世界上延时最久,面积最大的氏族墓地。它是我国规模最大、持续年代最长、保存最完整的一处氏族墓葬群和人工园林。正中大墓为孔子坟地,墓前有巨碑篆刻"大成至圣文宣王墓"。东边为其子"泗水侯"孔鲤墓;前为其孙"沂国述圣公"孔伋(子思)墓。据传此种特殊墓穴布局称之为"携子抱孙"。

孟子——善辩的亚圣

【人物介绍】

孟子,名轲,字子舆,战国时期邹国人(今山东邹城)。生于约公元前372年,卒于公元前289年。战国时期著名的思想家、政治家和教育家。

【学派】

孟子是孔子之后儒学派的又一位代表人物,发展了孔子的儒家思想,是儒家思想的发扬和继承者。

【生平】

孟子三岁失父,与母亲相依为命。孟子幼时虽天资聪颖但却贪于玩乐,孟母为教育他,用刀断掉还未织完的布匹来训诫孟子不该荒废学业。孟子醒悟,便开始勤读苦学。

孟母为了孟子能够有个优秀的学习环境,曾数度迁居,著名的成语"孟母三迁"便出于此。孟子本在一个距邹县12公里的小村落中生长。这个村落邻近墓地,孟子常常能看到并模仿人出殡下葬的样子,但是这是对死者大不敬的行为。孟母见状便将家迁至了邹县的西北。但天性调皮的孟子又开始模仿这个商贾云集之地的商人叫卖。孟母只得再次迁居至城南门的子思学宫旁边。子思乃孔子之孙,学宫也是由子思的门人来管理,于是孟子便开始模仿起诗书礼乐。自此,孟母也再无迁居。

在子思学宫旁居住的这段日子,孟子受到儒学思想的熏陶,走上了发展孔子思想的道路。他潜心钻研,小有名气,邹国与鲁国的国军也开始向他请教一些治国之道。但是孟子"仁政"的理想在这些比较小的国家难以施展开来,所以他带领着学生们前往齐国。对于孟子的到来,齐王假病推辞不亲自咨询政事。孟子闻此,对齐王派来的人也告病推辞,坚持要求以礼相待。齐国重视精兵强国,孟子的"仁政"得不到重视。在齐国居住两年后,孟母过世后,孟子离开齐国回家乡归葬。服丧满三年后孟子返回齐国,但政治报复还是难以实现,所以不得不离开齐国。临行前齐王赠黄金百镒,但被孟子回绝了。

离开齐国后,孟子又听闻宋国实行仁政,便率弟子一同去往宋国。孟子与宋臣戴不胜相谈,用幼儿学语作喻,强调了环境和举贤用能的重要性。孟子又建议实行"什一之税","去关市之征",大夫说今年可能不能全部实行,今年稍作减轻,第二年再全部实行。但是孟子以攘邻之鸡作比喻,劝解其不要等到第二年。因为宋国对于孟子的仁政并没有十足的诚意,孟子便离开了宋国。

离开宋国之后,回到了家乡邹国。在重回邹国时,他述说了礼和食何者为重的话题,又助曹交领悟"人人皆可为尧舜"的含义。公元前322年,滕定公过世,滕世子派人拜谒孟子询问丧葬礼仪。同年,鲁平公用孟子的弟子乐正子为政。孟子认为这有助于实现自己仁政的理想,于是又来到鲁国。然而鲁平公本已打算接见孟子的念头又被臧仓以孟母孟父的葬礼排场问题阻挠,最后没能接见,使得孟子的计划再次成为泡影。

后滕文公嗣位,孟子来到滕国。滕文公对孟子很是敬重,凡事都请教孟子。孟子也较为细致系统地阐述了一些仁政理论,如"有恒产者有恒心,无恒产者无恒心"、"民事不可缓也"等(出自《孟子·滕文公上》)。相较于滕文公对孟子悉心请教,尽数信任的姿态,孟子显得有些疏离,有时对于滕文公的问题会有些并不务实的答案,使得滕文公颇有微词。在尴尬处境中的孟子希望再次落空,他又一次离开,来到魏国。

当时在位已逾50年的梁惠王对于孟子的到来寄予了厚望,甚至在初次与孟子相见时便提问:"您不辞千里来到我国,对我国是否有利?"孟子对此问题答道:"哪有什么利益,我有的是仁义而已。"而后他给梁惠王提出了"先义后利"的价值观,并指出了大夫、士庶人追求私立所带来的危害,并且用自己的仁政论设计了使百姓安居乐业、稳定平和的"王道"的社会蓝图。孟子在魏国期间,虽一直受到礼待,但是政治主张并没能得到采纳。翌年,梁惠王卒,孟子离开魏国。此时恰逢齐国宣王初立,孟子便再次回到齐国。

刚即位的齐宣王好游说之士,故孟子受到厚待,位居客卿。齐宣王欲像齐桓公、晋文公一般称霸,便向孟子询问。而孟子是着重于劝说宣王实行"王道",应当"保民而王"、"制民之产",对于称霸之事只是以"仲尼之徒无道桓文之事者"来推脱。(出自《孟子·梁惠王上》)齐国伐燕之前,齐国大臣私下询求孟子的意见,孟子曰"可"。但在获胜后,孟子对于吞并燕国极力反对,并且主张送回俘虏重器,与燕民商议立君,但宣王并没有听从孟子的意见。翌年,燕国与诸侯合军大败齐国。孟子和齐宣王之间的裂痕逐渐暴露出来,这样孟子在齐国伸张仁政的理想再度破灭。于是孟子辞去客卿一职欲离开,齐宣王"欲中国而授孟子室,养弟子以万钟",但孟子辞而不受。最终结束历时二十余年的游历,在公元前311年左右,回到故乡邹国。

孟子回到家乡后,淡出了为政的圈子,而是认真览阅卷章,序诗书,述仲尼之意,著得《孟子》七篇。公元前289年前后,孟子过世,享年84岁。为悼念孟子,时值冬至的邹国人民废除了贺冬之礼,一直延续至今。

孟子一生都是以延续孔子传统的人而自居。自小在子思学宫外受到儒学思想的熏陶,孟子便对儒家思想认真钻研。他毕生都在努力继承并发展儒学,为儒家学派的发展作出卓越的贡献,被誉为"亚圣"。"孔孟之道"成为了儒家乃至中华民族文化的核心思想。

孟子的思想

仁政思想是继承发展孔子的学说而来,也成为了孟子政治思想的核心内容。孟子在对待阶级地位时做了严格区分,认为"劳心者治人,劳力者治于人",并且拟定了一套类似周制的等级制度。但与此同时又主张统治者应该去关心人民疾苦,被统治者应该亲近、服侍统治者,使统治者和被统治者的关系更贴近于一种亲子关系。

孟子认为这才是理想的政治状态。统治者通过实行仁政得到人民的拥戴,反之推行暴政只会使民心失散,最终被民众推翻政权。这一思想涵盖了许多领域,但贯穿这仁政思想始终的便是孟子的民本思想——以民众为本。

孟子从战国各国盛衰中总结经验和规律,提出了著名的"民为贵,社稷次之,君为轻"的观点。他认为对待民众的态度将对国家兴亡产生极重要的影响,民心向背关乎天下得失。同时他还将伦理道德与政治相结合,认为道德修养是政治的基础。

这里孟子又提出了"性本善"的看法,即社会中虽有阶层等级,不同分工,但是众人的人性皆是同一的。统治者和被统治者在人性上是平等普遍的,这种看法和探索很适应当时奴隶解放的社会状态和潮流,同时也对推动伦理思想起到了重要的作用。

孟子认为,道德乃人之固有物,是人有别于禽兽的本质。人的良知,在后天可以进行改变:有的加强修养,修身养性;但有的溺于环境,自暴自弃。这样的区别造成了各人的人品的差距。所以孟子更重视对于道德修养的自觉性,无论环境多么恶劣,士阶层的人们也应该保持正直的心态保持上进,磨炼自己。孟子所提出的"性善论",在宋代后被理学家普遍接受,为人性论奠定基础。

主要著作

《孟子》七篇主要记录了孟子公元前372至前289年的谈话,是孟子和其弟子共同所著。该书反映了继孔子以后,最重要的儒学大师孟子对儒家学说的继承和发展,是孟子的思想和理论的精髓。千百年后,人们仍能从《孟子》一书中,清晰地感受到孟子的个性、情感和精神,看到一个大思想家的鲜活形象。这也正是《孟子》千百年来一直保持着无穷魅力的根本原因所在。书中还记录了孟子和其他学派的代表人物的论辩。孟子在这些论辩中,既有明晰温和的说理,也有逐层的批驳,层层紧逼,气势凌人,既有幽默的讽刺,又有偏激的言语,甚至破口大骂,反映出孟子激越的情感和刚直的个性。

《寡人之于国也》记载的就是孟子与梁惠王的一次耐人寻味的对话。对话是由梁惠王的"疑惑"而引起的。梁惠王问孟子:"我对国家的治理已十分尽心尽力,为什么我们国家的人民没有增加,而邻国国君没有我尽心,人民也未曾减少呢?"

孟子答道:"大王喜好打仗,让我用打仗来作比喻。战鼓咚咚,交战开始了,战败的士兵丢盔弃甲拖着武器奔逃,有的跑了一百步才停下,有的跑了五十步就停下了。跑了五十步的人因此而讥笑跑了一百步的人,行不行呢?"

惠王说:"不行,他只不过没有跑到一百步,但同样是逃跑。"

孟子说:"大王如果知道这个道理,就不要希望你的民众比邻国多了。"

类似这样精辟的对话在《孟子》一书中还有很多,孟子善用比喻推理辩论,常常就近取譬,引起听者共鸣,达到感染并驳倒对方的效果。孟子还喜欢欲擒故纵,反复诘难,迂回曲折地把对方引入自己预设的结论中,在辩论战中战无不胜,成为历史上有名的辩论家。

相关人文景点

亚圣遗迹

孟林:又称"亚圣林",是埋葬孟子及其后裔的墓地,因居于孟母林之东,又名"东孟林"。位于邹城市东北12.5公里的四基山西南麓,占地面积50万平方米,是国内现存规模宏大、历史悠久的家族墓地之一。

孟母林:亦简称"西孟林",位于曲阜城南13公里的凫村东侧,是孟子父母及孟氏家族的墓地。因孟母教子有方,贤著于世,死后葬于此处,故称孟母林。孟裔子孙亦相继葬于此。公元1037年北宋始修墓建祠。公元1316年元代封孟母为"邾国宣献夫人"。孟母林早在50年代就被山东省人民政府公布为全省重点文物保护单位,近几年国家拨款建起了坚固的护林墙,典雅古朴的三楹林门,数里之外即可遥见。孟母林内有孟母墓、享殿、文昌阁、望峰亭等建筑。

孟庙:是后世封建统治者为纪念尊崇孟子所建,是一处长方形、具有五进院落的古建筑群。以主体建筑亚圣殿为中心,南北为一中轴线,左右作对称式排列,有些地方又因地制宜地进行了适当安置。逐院前进,起伏参差,布局严谨,错落有致,建筑雄伟,院院不同,格局迥异,充分体现了我国劳动人民的创造才能和古建筑的特点,是国内宋元至明清时期的古建筑代表作品。

孟府:又称亚圣府。位于邹城南关,孟庙西侧,庙、府仅一街之隔,是孟子嫡系后裔居住的宅第。元明宗至顺二年(1331年),孟轲被封为"邹国亚圣公",孟府因此被称为亚圣府。北宋景祐年间就已经修建了孟府,但不详地址所在。根据孟府大堂前现存的几棵相当古老的桧树,及同孟庙毗邻的建筑布局来考证,在宋徽宗宣和三年(1121年)第三次迁建孟庙于城南的同时,迁建孟府于孟庙之西侧。孟府是目前国内规模宏大、保存完整、较为典型的官衙与内宅合一的古建筑群和封建地主庄园之一。以主体建筑孟府大堂为界,前为官衙,后为内宅。1988年元月,孟府与孟庙被国务院公布为第三批全国重点文物保护单位。

荀子——"最为老师"

【人物介绍】

荀子,生卒年不详。名况,又被称为荀卿,战国后期赵国(今河北省邯郸市一带)人,活动时间集中在公元前298到前258年。是我国古代著名的思想家和教育家。

【学派】

荀子是孟子后儒家学派的又一代表人物,他是儒家学派的集大成者。

作为先秦孟子后儒家学派的最后一名大师,他批判性地吸收了诸子各家的思想,创建了更庞大的儒家思想体系。后世对他评价不一,有认可荀子是孔子一脉而传的,也有人视其为儒学派的异类,亦有人将其归入法家等。但不可否认的是荀子对儒学作出了卓越的贡献。他思想上的"杂"与"异",成为了先秦儒学发展中重要的一环,起到了承前启后的积极作用。荀子毕生治学,从学而始以学而终。因其广博的知识,被司马迁称为"最为老师"。

【生平】

荀子生于约公元前336年。幼时便离家至苏杭求学。后在公元前316年,荀子来到燕国,适逢燕王哙仿效禅让制传位给自己的丞相子之。燕王传位后,自己变为臣子,这样的举动带给当时社会极大震动。燕国贵族与齐国竭力反对,民众也街头巷尾议论纷纷,一时之间燕国陷入动荡之中。深知燕国国情的荀子大力劝说燕王,但燕王没听从荀子的劝告。终在公元前314年,齐宣王攻下燕都,燕王被处死,子之则是被处以醢刑,被剁成肉酱。

荀子目睹了燕国的遭遇,深感痛心,并在其后的20余年内隐匿踪迹,直到公元前286年,荀子以渊博的学识闻名于世。此时齐闵王在位,齐国稷下学宫正兴盛,并且君主广招天下贤能学者来到稷下学宫,以厚礼相待。许多学者都来到此地,享优厚的政治生活待遇,好论却不治。

荀子50岁时来到稷下学宫游学,见这些学者仅仅是在学宫中相互争论,但是在国家治理上没有实际的作为,为人耿直的荀子便对各界学说学者予以批判,招致这些学者的不满。

公元前286—前285年,在位的齐闵王出兵伐宋。得胜凯旋之际,齐闵王十分得意地向朝上的大臣与学者们夸耀功绩,流露出对武力的崇拜。自此齐闵王开始精兵强将,开始慢慢荒废以德行治理国家。荀子见状,向齐王进谏,但被胜利冲昏头脑的齐闵王难以听进去荀子的建议。自己的主张得不到王的采纳,加上齐闵王的表现难尽如人意,荀子心中郁结,离开了齐国,踏上了去楚国的道路。

荀子离开后不久,过分武力扩张的齐国因招致他国不满而遭到围剿。公元前284年,燕国大将乐毅率五国之师攻陷齐国。齐王仓皇出逃,但也没能免去一死。齐闵王尝到了亲手种下的祸果的滋味,感慨未能听从荀子的劝谏,但醒悟的时候已经为时过晚,作为代价整个国家都几乎被灭亡。

公元279年,燕国惠王更换了将领继续攻打齐国,齐军趁此间隙发动反攻,收复了失地。齐襄王重新入主都城临淄。他吸取了前国君的教训,重新召集起逃亡的学者,重新振兴稷下学宫,广纳贤才。

而与此同时,身在楚国的荀子又遭战事。秦将白起攻楚,举国兵荒马乱,楚民仓皇迁都于陈。荀子在战乱中再次回到齐国,参与到稷下学宫的重整工作中来。由于老一辈的学者有的已逝,有的仍流离失所尚未返回,荀子凭借他的德行与学识,成为了稷下学宫中最受拥戴的老师。他曾经"三为祭酒",多次担任起宫的领袖,成为稷下列大夫之首。儒家中的荀子学派,也多是在这一时期形成的。

公元前265年,齐襄王卒。荀子在齐国更难以施展拳脚。秦国国君听闻,便诚邀荀子去秦国去。荀子受邀到秦国,并且对当地的风俗、政治、民情做了详实的考察和研究。在进行了全面了解之后,他劝谏秦昭王应该重用儒士,以德治国。然而实际上秦昭王也只是表面应付,实则是忙于兼并的战事,对于荀子的建议更是不能加以实行。荀子只得作罢,再访他国。

公元前259至前257年间,荀子曾对赵临武君与赵孝成王提出了关于如何使民心安定的用兵主张,用"王兵"折服临武君的"诈兵",使得两人不由得称赞。但时值"争于气力"的关键时刻,赵王并没能够采用荀子的思想主张,荀子不得不继续离开赵国重返齐国。齐国这时虽然齐王在位,但实际政权在襄王后控制。荀子向齐国进言,讲述了齐国的情势,劝其拥贤君辅佐政权,并且对当时的齐国政治形势进行了批判。但是荀子的谏言收到了佞臣谗言的污蔑攻击,仍没能实行。至此,他在齐国也难再继续居住下去了。于是荀子赴楚,正逢楚国灭鲁新得兰陵之地。公元前255年荀子被春申君任命为兰陵令。

但好景不长,又有人暗觉荀子对于楚国是个危险人物,所以荀子尴尬之境中又辞楚赴赵。这一次,荀子得到了厚待,被任为"上卿"。另一方面,楚国人向楚国丞相春申君进谏请荀子回到楚国。荀子被春申君的诚意所感,又回到楚国,再赴兰陵令之位。荀子在任期间,倍受百姓爱戴,政绩卓越,民心安定。至公元前238年,春申君被刺身亡。于是荀子也罢了官职,于数年后过世了。

荀子思想

荀子所处的时期,正是中国古代社会制度剧烈变化的时代。奴隶制社会正逐渐走向衰亡,新兴封建制度也初露苗头,整个社会都呈现出统一的封建式趋向。战国以来长期战争兼并,最终剩下了秦、齐、楚、韩、赵、魏、燕七个大国。阶级之间的发展也逐步进行,地主阶级也已经初步具备了获取政权割据称王的条件。荀子作为地主阶级代表的思想家,给新兴的地主阶级统一社会提供理论基础。

荀子作为先秦儒家学派的最后一位杰出代表人物,他是诸子百家思想的集大成者。他不但继承了孔孟儒家学派的传统思想,也批判性地吸收了诸子各家的长处,融合建立起自己的思想体系。他一生四处讲学论政,希望借此来实现统一国家的政治理想。荀子的思想后多被收录在《荀子》一书中。

《荀子》一书多为荀子本人所著,其中融合了中国古代儒、法、道、墨诸子各家的学术思想和论点,是一部综合性的作品。同时《荀子》立论严谨,对于国家的政治、经济、文化思想等各个方面做出了议论,对后世影响深远。

荀子的主要思想有"人定胜天","隆礼重法"还有与孟子"性善论"完全相对的"性恶论"。荀子从人的生理机能与纯感官的物质欲望出发,是具有唯物论倾向的;孟子从观念的羞恶、是非出发认为人性本善,是唯心论。但两人有一个共同的论点,便是肯定了教育的作用。荀子的人性论是他的思想核心,他主张人性本恶,人生而好利恶害。若是人顺由本性发展,则会出现相互争斗,社会动荡。这就需要圣人制定礼仪教化,才能使人心向善,社会安定。他认为人的"善"是后天培养的结果。他与孟子一样,肯定了每个人都可以通过自己的努力而成为尧舜等圣君,但途径与孟子稍有不同。荀子更注重学习积累,创造良好的社会风气给人潜移默化的文化影响。

荀子着重后天环境对于人性的改造,否认生而知之的圣人。人的天性不分好坏,皆为平等,只有通过后天的环境教育和训练才有好恶之分。圣人愚人都是后天养成的,平民百姓若是一心向善,投入学习,也可以成为尧舜一般的圣人。

荀子认为人类是群居的,这是人类区别于其他动物并且战胜和役使它们的基本条件。但是人与人之间是不平等的。在此基础上他在政治上提出了隆礼重法说。

除此之外,荀子还提出了"天行有常"的唯物自然观,批判了天命论和鬼神迷信的唯心思想。同时"制天命而用之"的重人事的思想,表现出了新兴的地主阶级逐渐进步的唯物主义价值观。这也使当时的生产和科学技术方面有了长足的进步和发展,政治上也呈现了一种统一的集权的姿态。这样重人轻天的思想,为地主阶级实现统一全国奠定了理论基础。

相关人文景点

荀子墓:荀子墓位于兰陵镇东南15公里处,西距兰陵镇南王庄200米,墓为黄土堆,上面遍布刺槐。宋政和年间曾建荀子庙,已废。原墓地较大,"文革"中遭破坏,有3/4被平为耕地,墓顶被挖一条沟,后回填,现成M状。1990年县政府筹资进行重修,在封土周围用青石垒砌,墓地四周用红砖砌设围墙,总面积6400平方米。

墓前原有石碑两座,一座为清道光二十一年(1841年)立"补建荀子墓碑",

碑额为篆文,碑文为楷书,有四角碑帽。其左侧的一座为清光绪三十年(1904年)立"楚兰陵令荀卿之墓"碑,碑文为楷书,碑额为二龙戏珠图案。

1977年被公布为第一批省级重点保护单位后,苍山县另立保护标志碑一座。

老子——辩证的"道法自然"之祖

【道教的兴起】

道教的名称来源是因为《老子》的道论,最早见于《老子想尔注》。道家的起源开始追溯到老、庄,所以道教将老子奉为教主。

道教是中国一个古老的教派,有几千年的历史,他借助道家黄老学,融合了地方的各种方技、术数、神仙、鬼怪、神话、谶纬等内容;杂取儒家、墨家、阴阳家、养生家、神仙家等多种学说。

道教的教义和中国本土文化有很大的联系,深深扎根于中华这片土地中,具有很鲜明的中国特色,对中华文化的发展起着重用的作用。

通过对历史的研究,人们认为道教的第一部正式一些的著作是《太平经》,这本书完成于东汉,因此也将东汉时期作为道教的开始时期。

道教比较正式的活动是东汉末年的太平道和五斗米道的出现,《太平经》、《周易参同契》、《老子想尔注》这三部书籍是他们依据的主要著作。汉朝末年,张角成立了太平道,后来其率领的黄巾军起义失败,太平道开始衰落。在这个时候出现了五斗米道(后更名为天师道,也称正一道),慢慢开始兴起。

魏晋时期,为了适应士族生活的需要,开始产生"神仙道教",天师道在上层社会中逐渐开始发展,此时的道教,以寻求长生不老药为根本,提出服药求长生的思想,同时还兼修炼一些成仙方术,此时的代表人物主要是葛玄、郑隐、葛洪。

尤其是葛玄,他总结了战国以来的神仙信仰和各种方术,为之后的道教发展奠定了基础,他所提出的最为神秘的就是对长生不老的追求,并且提出了"肉体成仙"这个道教的最终目的。

南北朝时期,士族的道教开始对之前的道教开始改造,北魏寇谦之、南朝陆修静、陶弘景等人经过一番不懈努力,借鉴和吸收了佛教的一些教理、戒律、科仪和组织形式,编写出了一系列道教的经典著作,从而开始和佛教争夺地位。

寇谦之的主要贡献是建立了较为完整的道教的交规和教义;陆修静创立道教经典目录,编撰了《三洞经书目录》;陶弘景创定了神仙的体系,以及道教的传授历史,他是南北朝以来道教的集大成者,同时也是茅山上清派的代表人物,著作有《真诰》、《洞玄灵宝真灵位业图》等,他比较敬重佛法,经常研习佛经。自陶弘景以后的道教都大量吸收佛教的思想,道教的基本格局自此而形成,其最终目的也被确定下来,那就是"得道成仙"。

经过发展之后的道教,已经成为了一派较为成熟的宗教,由之前的民间流传变成了官方所认可的正统的宗教,成为了和儒、释相抗衡的中国文化的重要组成部分,对后人有着积极的影响。

【人物介绍】

老子,生卒年不详。字伯阳,谥曰聃,春秋时楚国苦县人。曾任周朝守藏室之史。主张无为之说,后世奉之为道家始祖。先秦时代的哲学家。

【学派】

道家学派创始人。

老子作为道家学派的创立者,他的思想对于整个中国的社会意识形态都有影响。数千年来,无论是学派的吸收或者改造,都能找到老子思想的缩影。他的学说精深玄妙,常言人所不能言,道人所不可道。另外,老子也是唯一一个可以和孔子的地位比肩的思想家。道家学说和儒家学说一起,并列为中国文化的主流思想文化,影响一直沿用到今天。

【生平】

虽然老子在历史上影响深远,但是对于他生平的记录考证却少之又少,连具体的生卒日期都没有记录在册。

《史记》中司马迁对于老子的记录也只是列举了数个传说故事,老子姓李,名耳,字聃,另外也只有"老子,隐君子也"这样的记载。后人称其为老子,"老"指德高望重的老人,"子"是古代对于男子的敬称。

关于老子的诞生有很多传说,其中以在老子故乡一带流传的版本最为生动形象。传说老子是彭祖的后裔,在商朝时公神化气,使老子寄胎于玄妙王之女理氏腹中。

相传一日,理氏在河边浣衣看到两个连在一起的李子从上游漂来,便停下手中的活计把李子捞起来。但见这李子有些古怪,两个李子都是一面鼓起一面扁平,仿佛两个耳朵合起来的样子。理氏咬了李子一口,只觉酸甜可口,没几口便将李子全部吃了下去。

理氏在吃完李子之后便觉得身体十分不舒服,觉得十分想吐但是又吐不出来。她正欲起身回家时,忽然听到腹中有人说话的声音:"母亲,不要难受,我坐好之后您便不难受了。"她尴尬极了,只得小声对着肚子问:"你是谁,为什么会在我的肚里?"肚子里的声音又传来:"您刚才吃下那李子怀上了我,我是您的孩子。""那既然你是我的孩子,也已经会说话,就从我的肚子里出来吧。"理氏继续说着。肚子里的声音对答道:"还不到时候,我需要在您的肚子里思考,思考如何能使笨人变聪明,坏人变善良。""那你何时才能出来呢?"理氏问道。"待到天长严,有牵骆驼的人来,我才能出生。"

但是十个月过去了,孩子还是没有出生。理氏有些恐慌,便跑到僻静的地方轻声询问肚里的孩子:"别人怀孕七八个月孩子就出生了,时间长的九十个月也出生了。我怀你已经十个月了,你为什么还不出生呢?"肚子里的孩子问道:"天长严没有?"理氏说:"天还没长严,牵骆驼的人没来。"孩子便说:"时间还没有到,我还不能出来。"

之后,母子二人经常进行这样隔着肚皮的交谈,但是孩子一直都没有出生。又过了九九八十一个年头,理氏从少女变成了老妪,但这孩子仍是没有降生。她每每问起孩子为何不出生时,孩子总是反问道:"天长严否?牵骆驼的人来了否?"理氏无论怎么询问都得不到原因。她深感自己大限将至,便决定说谎骗孩子让他出来。谁知理氏刚说完天长严,骑骆驼的人来了,腹中的孩子就顶着她的右肋出来了。理氏仔细一看孩子的摸样,却是个小孩子样子的白须老人,头发眉毛尽数都是白色的。

孩子到母亲体外后发现,并没有什么牵骆驼的人来,知是母亲说谎骗了他。看着母亲右肋一直流血,这孩子一时手足无措,哭着对母亲说:"没有牵骆驼的人来,我就没法撕下骆驼皮给您的伤口补上,我该怎么办?"说罢便跪在地上给母亲磕了三个响头。理氏说:"儿子别哭,我并没有埋怨你。你是我吃了河里捡来的李子怀孕生下来的,那李子像两个耳朵,不如你就叫李耳吧。我也没什么嘱咐你的,只求你在这世上做个好人,不枉我育你八十余年。"说完理氏便气绝身亡。李耳跪在母亲身旁边失声痛哭。由于李耳生下便是老者的模样,后来的人们就称他为老子。

老子活了多少年月无从得知。只有记载云 200 余年后,满腹经纶的老子被招贤纳才的周文王请至朝中,任西伯一职,主要管理国家所藏竹简。

后武王即位,老子负责记录朝堂议论。等级制度森严的当时,只有武王可以伏几而坐,其余朝臣只许席地而坐,但是老子被特封为"柱下吏",可以倚靠着柱子来记录政事。在成王执政期间,还曾派老子出使其他国家四处讲学,颂扬周德。

到昭王执政时,老子已在周任职近百年。早已预见到国家即将分崩离析,争斗四起的老子,辞去朝官,骑青牛赴昆仑山修行。向西途经函谷关时,函谷关关令得知老子即将隐修的消息,便向老子请教:"您此番归隐,可否将所学见解写与我看?"于此,老子著下了上下篇共计五千余字,言道德之意。这也就是众所周知的《道德经》。书著成后,老子便隐居起来,再无人知其下落。

老子乃是史官世家的后裔,自幼好读书,博闻强识。在孔子出生的时期,即大约公元前 550 年左右,老子担任了周王朝守藏室史。当时各诸侯国的实力都在逐渐膨胀,看似听命于周王室,实则已经有其他国家掌控称雄。同时周王室内部执权的各种朝臣结党营私,这都导致了周王朝日益衰微。老子对于这种朝内的斗争十分不屑,也因此得罪了掌权者甘简公被免去了官职。

后在公元前 530 年,甘简公过世。甘平公即位。老子又被召回周守藏室恢复旧职业。在就任守藏室史期间，老子阅览了他所掌管的典籍史册，熟悉了夏商周的社会变革史与各代帝王为人处世的经验。再加之本身也经历了政治事变与罢官风波，老子的阅历和思想也越发成熟了。公元前520年，景王驾崩，因争夺王位，王子朝带了大批周朝的典籍逃到楚国。老子因失职之责，再次失去守藏室史之职。

动荡的社会现实中，老子历经坎坷，隐居山林，求索天道。老子其人究竟有多大能耐也无人知晓，又因为老子所留下的《道德经》玄妙无比，后人竞相传诵，将其越夸越玄妙，使得老子也被尊为神仙一般的人物。

老子的《道德经》无疑是中国古代浩如星河的文化遗产中最为璀璨的一颗，他概括了中华民族的思想精神。《老子》一书用精炼简洁的文字，便述出了一个庞大的世界观，融汇了儒释道三家的华夏文明精神框架就此形成雏形。同时，《老子》中提出的朴素、自然、豁达、飘逸的宇宙观、人生观以及方法论受到了越来越多西方学术界的追捧和研究。

老子的思想成就

任职守藏室史工作期间，老子得到了阅典览籍的机会。这些古书给庄子的思想带来了不小的影响，其中影响最大的莫过于《尚书》。《尚书》记载着从尧到周初的统治者的讲话与文稿，字里行间蕴藏着很多哲理。

有一段话给老子留下了很深刻的影响，即："人心惟危，道心惟微；惟精惟一，允执厥中。"（出自《尚书·大禹谟》）意思是，人的私欲是十分危险，同时道心又是精妙的。人们只有更专精专一，才能更好地治国处世。

在隐居期间，老子思考了许多关于世界本源的问题。古代帝王是凭借中正之道来治天下的，再加上春秋末期人们对巫史传统文化有了理性的再次认识，老子把"礼教"视为社会与人性堕落的原因。而后老子又将母系氏族原始宗教文化升华到了哲学的层面，提出"道"的概念。道这个概念的提出，使得对宇宙本源的认识有了新的发展，也帮助他建立起一整套后世推崇的辩证思维的哲学体系。

"道"这个概念是老子思想观的核心内容。"道"可以指万事万物运转的本

源所在,也可以视其道的本体为无意志、无目的的自然现象。"道法自然"是老子宇宙观的基础,也是宇宙演化发展的过程。但是老子在书中并没有详细地解释清楚"道"的属性和作用。以及他认为物质和运动究竟是不同体,还是统一体都没有明确的答案。

老子的观点认为宇宙间的一切事物都是有无相生,存在着两个方面。这两个面相互对立但又不停地转化变换,没有固定的形态。这一点颇有现代相对论的味道,人们在认知事物的同时常常注重一面而忽略另一面,不能深入全面地掌握,故而难入"道"的境界。故需要把握正道,不落于片面之见,便能得宇宙万物之道。

老子有句至今仍常常被人引用的名言:"祸兮福之所倚,福兮祸之所伏。"。这句话便是讲福祸并非长久不变的,相互依存又会变成彼此。在特定的条件下,福可以变成祸,祸也可以变成福。

汉朝《淮南子》中,有大家耳熟能详的"塞翁失马"的故事,便生动说明了老子这种福祸相生的观点。这也正是"塞翁失马,焉知非福"这成语的由来。

"近塞上之人有善术者,马无故亡而入胡。人皆吊之,其父曰:"此何遽不为福乎?"居数月,其马将胡骏马而归。人皆贺之,其父曰:"此何遽不能为祸乎?"家富良马,其子好骑,堕而折其髀。人皆吊之,其父曰:"此何遽不为福乎?"居一年,胡人大入塞,丁壮者引弦而战。近塞之人,死者十九。此独以跛之故,父子相保。故福之为祸,祸之为福,化不可及,深不可测也。

——《淮南子·人间训》

故事里丢马和后来征兵所带来的"好"和"坏",只不过是相对于当时家庭或者个人的利益需求而言的。但这也正好表现了相对的"福"与"祸"是可以辩证地相互转化的。

老子主张理想的社会是"小国寡民"的状态:国家不用十分庞大,人口也不必众多。器具繁多但不予使用,百姓也不用涉险,不必四处迁徙。车船兵戎虽然齐备,但是都不去使用。整个社会安定祥和,百姓安居乐业,国家之间也没有战火争斗。老子追求的是一种更原始,更淳朴的生活状态,这或多或少反映出了在常年诸侯各国间战乱不断,连年动荡的社会影响下,人们更需要一个安定的社会。但是这种安定又有违社会发展的规律,是社会呈现倒退的趋向,所以只能作为没落的阶级对于现实斗争的消极逃避。

老子作为春秋时代思想影响力最大的几位思想家之一,他所提出的"道",否定了世界本源为物质的学说。相较于商周以来一直尊崇的"天命论",老子更倾向用虚无的"道"来阐释世界本源问题。自然界的万物循环,此消彼长,和社会中的对立争斗,都让他意识到对立的事物都可以不断地相互转化。这思想中已经有朴素的辩证思维初露头角。但是他的思维局限于万物循环往复,而忽略了事物一直前进发展的本质,故而有一定保守的成分存在。他尚"无为",从事物的对立面观察问题。这种方式虽然扩大了人类思想文化深度和广度,但同时也抹杀了人的主观能动性,增加消极的宿命论,有些负面情绪。总而言之,老子的思想深刻玄妙,既包含了唯物主义又有唯心主义的成分,对后代思想的发展产生了很大的影响。

相关人文景点

太清宫:亦称"下宫",位于崂山东南部下宫湾畔,前临浩海,背依七峰。太清宫是崂山规模最大的道观。据史料记载为西汉建元元年道教弟子张廉夫为纪念供奉老子而建。

东汉桓帝时,尊老子为道家鼻祖,在太清宫镇建老子祠。李唐王朝建立后,尊老子为李姓始祖,对老子祠大加修缮。唐玄宗天宝二年(743年),将老子祠更名为太清宫,建老子母亲李夫人祠名洞霄宫。北宋祥符七年(1014年),宋真宗亲赴太清宫、洞霄宫拜谒,并勒刻宋真宗为老子母亲所作的赞文,即《先天太后赞》碑。该碑高8米余,乃真宗御制、御书并篆额,俗称"三御碑",保存完好,至今仍立于洞霄宫前。金代的《续修太清宫碑记》,详细记载了太清宫历遭兵燹、水患及金代重修的情况。大量的文献、碑刻及发掘的实物资料表明,从汉代以降,官方和民间一直把鹿邑太清宫作为老子的诞生地和老子故里进行祭祀。

太初宫:为春秋末期老子过函谷关时,关令尹喜拜留老子著写《道德经》的地方,后人又称老子故宅。

据元大德四年(1300年)、清顺治十年(1653年)《重修太初宫》碑文记载:周昭王二十五年,关令尹喜望东方有紫气,知有异人通过,整日恭候,果见老子驾青牛自东而来,即迎邀留居,著《道德经》五千言以传于世。意为先天一气浑成者,名为"太初",后人即宅而观日"太初观"。唐开元二十九年(741年),更名"天宝观"。宋崇宁四年(1105年),更名"太初宫"。现址上的太初宫正殿保留有唐、元、明、清建筑构件。院内原来古柏参天,碑石林立,殿宇辉煌,殿内老子一气化三清像栩栩如生,均遭破坏。

现在正殿为元代建筑特点,存有唐、明柱础。殿内塑有老子著经坐像、关令尹喜和牛童徐甲站像。院内有元、清两代重修太初宫碑石两块。太初宫偏殿东、西药王庙之间有回音现象。

庄子——千秋一梦迷蝴蝶

【人物介绍】

庄子(约公元前369—前286),名周,宋国蒙(今河南商丘东北)人。战国中期著名思想家和文学家。

【学派】

庄子,是继老子之后又一位道家代表人物,与老子并称为道家之祖。庄子思想睿智,深富哲理,同时又有仙人般隐逸的风骨,是各派文人敬仰的对象。

《庄子》一书收录庄子所著十万余字,融合了多家的学说,旨在攻击儒、墨两家。许多后世的学者都认为中国秦汉后的文学大多是等受了庄子的影响。其中鲁迅有言:"著书十余万言,大抵寓言,人物土地,皆空言无事实,而其文则汪洋辟阖,仪态万方,晚周诸子之作,莫能先也。"(出自鲁迅《汉文学史纲》)

庄子不仅在文学上颇有造诣,而且在哲学思想上同样极富影响力。历代的文学家、思想家都或多或少地受到了他的影响,在我国古代文学史和思想史上都占据重要的地位。

由庄子一脉继承而来的,有中国文人愤世嫉俗的精神,还有一种随遇而安的安逸乐天思想。

众所周知的"庄周梦蝶",究竟是庄周化蝶还是蝶化庄周,仍然留给后人的无穷思想空间,众多文人苦思遐想不已,至今难以解答。

【生平】

庄子作为道家的集大成者,却是一生隐逸平淡,但是著作颇丰。庄子与老子的道家思想,以及孔子孟子的儒学之道,都是华夏民族文化的源头。相对于政治家,庄子的姿态更像是一个不求取功名、独自冥想的隐士派思想家。他几乎不参与重大的历史或政治事件,这也使得他的事迹很多都无法考证。

庄子本是楚国贵族后裔。公元前387年,楚国楚悼王任用吴起开始进行变法,其中一条变革便是将楚国贵族三代以下闲散子孙贬为庶民,不再依靠贵族的头衔享受,而是自食其力自谋生路。这样节约下来的钱粮便可以养兵平乱。

庄子本是"楚庄王之后,以谥为氏",但庄子早已超过了贵族的三代子孙的范围,故庄子也是变法中被贬谪的对象。

实行变法的楚悼王卒于公元前381年,吴起由于失去王权的依靠,变法变得寸步难行,被贬谪打压的贵族们群起而攻之。抱住悼王尸体的吴起被动乱的贵族的乱箭击中身亡,这些参与争斗的达官显贵们因此触犯了伤害君王遗体的"夷宗"重罪,在楚肃王继位后,犯夷宗之罪的贵族们被纷纷诛杀。庄子的祖辈们为避诛杀之祸而迁居宋国蒙地。

关于庄子的诞生,比较认可的推测是在楚国公族作乱十二年即公元前369年,生于宋国。庄子的家族从贵族家族一下转变为贫民百姓,并且流落异乡,这是莫大的打击和一段艰难的过程。

为求生存,庄子不得不四处寻觅可以挣钱养家的职业。然而,流落异乡的贵族后代是没有田产可以继承的,无计可施的庄子只得靠做手工业维生。司马迁记载"周尝为蒙漆园吏",即庄周曾做过一任管理漆器作坊的小官吏。在做手工业职业的时候,庄子表现出他的心灵手巧,可以编精巧的草鞋、制精美的漆器,并且对木工、陶工、洗染等手工业技艺十分精通。

但庄子任漆园吏的时间并不是很久,他的大部分生活还是在清贫中度过的。据说,庄子还曾向监河侯借过粮食;受到魏王召见时,庄子身上的衣服也是缝缝补补布满补丁的。

再后来,庄子逐渐有一些弟子,也开始结交一些上流人群。其中与惠子的相识是庄子人生中最为精彩的一篇。

惠子,即惠施,是当时一流的政治家、外交家,同时也是"合同伐异"一派的代表人物。此人在魏国当了共计12年的宰相,掌握实权约20年,协助魏惠王变法,"去尊""偃兵",富强国力,打开了六国称王的局势。山东六国的"合纵"之策也是出自他的手下,这样的惠施运筹帷幄、坐看天下,似是高不可攀,可他却是庄子这一生唯一的挚友。

惠施长于庄子,也先庄子去世。在惠施死后,庄子有次经过他的墓碑前,对随行的弟子们说:"楚国郢都有两个人,其中一个把苍蝇翅膀大小的灰泥抹在鼻尖上,另一个抡斧子去砍,斧子飞快地砍过去,第一个人紧闭双眼,只听'噌'的一声,鼻尖上的灰泥被削得干干净净,而鼻子却毫发无伤。两人在表演的时候,面不改色。后来宋元君听说,便将抡斧子的匠人召来表演,但是匠人说:'我本来是可以表演的,但是和我搭档的伙伴已经去世了,所以我也不能再表演了。'自从惠施先生去世之后,我也如同这个匠人一般,再也没有能理解我讲话的人陪我聊天了。"庄子同惠子,就如伯牙与子期一般,互为知音互相了解。

庄子、惠子两人在一起时经常谈论各种问题,其中常常包含深层哲理,其中有个著名的故事便是一段关于"鱼乐"之辩。庄子与惠子二人游于濠水,庄子看到水中游着的鱼便感叹道:"这些鱼儿在水中悠然自得,四处游来游去,多么快乐哟!"惠子便应道:"你又不是鱼,又怎么能知道鱼觉得快乐呢?""那你也不是我,又怎么能知道我不知道鱼快不快乐呢?"庄子反问。惠子继续说道:"我不是你,自然不知道你在想些什么;你也不是鱼,自然也不知道鱼的快乐,这不就可以了!"庄子也继续说:"不妨回头想想,你问我如何知道鱼的快乐的时候,那便是已经假定我是知道鱼的快乐的,你问我是如何知道的,我可以告诉你:我在濠水的桥上便知道了!"

庄子一生淡泊官位厚禄,只图安逸逍遥的生活。在惠施位居魏国宰相时,有次庄子到魏国,有人误以为庄子是与惠施来竞争宰相之位的。但惠施与庄子相熟,熟知庄子的品行,便对流言表示不以为然。但是又怕庄子听闻会直接面见魏惠王与他争辩起来,招致杀身之祸,便命人去找庄子。

与此同时,庄子也听闻了惠施为了不让自己与他竞争权位而追捕他的流言。到了二人会面的时刻,庄子边走着圈边道:"原来南方有一只凤鸟,非校楝食不吃,非醴泉不饮。在这只凤鸟飞向北方的路上,遇到一只正在捉死老鼠的鹰,老鹰见状,匆忙将死老鼠藏起来生怕凤鸟抢走。你也想拿你那个宰相位置吓我呀?"

宋国有人叫曹商,以宋国使臣的身份出使秦国,在出使的途中带了数辆车。由于受到赏识,曹商又被秦王赏了一百辆车。出师归来后,曹商便拿此事揶揄庄子:"要是论破屋陋巷中编草鞋,整日生活清贫不知温饱的话,我可是不如你;但是要是见君王受赏识,让君王赐车百辆,就是我更厉害些了。"

庄子不疾不徐地回应道:"听闻秦王有疾请了医生诊治,若是治好一个疮便赏赐一辆车,若是能为秦王舐疮的人能被赏赐五辆车。你去秦国大概是为秦王舐疮才被赏赐了这么多辆车吧!快走开吧!"庄子用尖刻又讽刺的挖苦抨击了仰慕名利、贪恋浮华富贵的价值观,也表达出了自身对于清高洒脱人生的追求。

淡泊名利的庄子,自然也很少参与到政治活动和社会活动中去。楚威王听闻庄子十分有才华,便派出使者带着礼物去拜访庄子。使臣见到庄子后便对庄子说道:"若是您肯参与政事,楚国愿意请您任宰相之位。"庄子笑道:"您带了千两黄金过来,这着实是贵重的礼物了;而且愿意要请我出任宰相,这也是重要的职位了。但是您是否见过国君郊祭时所用来做牺牲的牛?这牛被上好的饲料喂养很多年,在祭祀时被披上多彩的绫罗绸缎,再被牵到太庙的祭坛之上之时,若是再想回归到广袤的野地中寻觅枯草为食来免去被祭祀的命运,它还能够做到么?所以您还是早些回去吧,不要打扰我现在清静的生活。我宁可像一只泥鳅潜在污泥之中自在地玩耍,也不愿失去自身心自由,被王侯所用,让他们用宰相之位将我限制。"

庄子不仅对于名利看得淡泊,对于死亡的态度也是十分淡然超脱的。据古籍记载,在庄子之妻去世时,惠子前去吊唁,却看到庄子正坐在地上敲击着瓦盆唱歌。

惠施看不下去庄子的这般行为,便指责他说:"你的妻子与你生活了一辈子,为你生儿育女,到了七十多岁。如今逝去,你不为她哭泣便算了,还敲瓦盆高声歌唱,是否太过分了!"

庄子见是惠施,便应道:"她死去的时候,我又何尝不感到伤心呢?但是思考后发现生命的由来:周围存在着没有形体也不可见的元素'气',这些气混杂于冥冥之中,变化成形,而后才汇聚成生命,我的妻子从生到死,也是气的变化,和四季的更迭的道理不是一样的么?她的遗体仍在天地之间存在着,我却还在悲痛地大哭她的离开,这是一种没能理解生命真实现象的表现,所以我想明白后便不哭了。"

庄子的眼中,世间万物都是由所谓存在的"气"所构成的,人也是其中一种。"人之生,气之聚也;聚则为生,散则为死"(出自《知北游》)。也正因为他这种万物皆出自"气"的观点,他才会对死亡有着达观而浪漫的态度。

庄子濒临去世的时候,看到自己的弟子准备厚葬自己,便十分打趣地说道:"我死后,天地便是我的棺椁,日月为我的连璧,星辰做我的珠宝玉器,世间万物都是我的陪葬,这些还不够丰厚么?你们还要再加些什么呢?"

学生们听后感到哭笑不得:"若是那样,我们害怕乌鸦、老鹰把老师的遗体吃掉啊!"

庄子又说:"若是扔在野地,你们怕乌鸦老鹰吃了我;但是埋在地下,你们就不怕蚂蚁吃我了么?把我从乌鸦老鹰嘴里挪走却送给蚂蚁,这有什么分别呢?"

庄子以这种达观闲逸的态度以及那无所畏惧的心境,走向了生命的终结。他从容地迈向了在一般人看来那万般惶恐的无限的虚无。据考证,庄子死于大约公元前286年,享年八十三岁。

庄子的思想

庄子的少年时期是在动荡而忧患的社会氛围中度过的。贫苦的生活让他小小的身躯提早背负起很多生活的压力。这样幼时生活经历促成了他内向的性格。

庄子自小便善于思考,经常思考很多问题,加上家中浓厚的文化氛围熏陶,他阅览了很多书卷典籍。这也为后来他成为叛逆于传统,注重精神修养而非理性的思想家奠下基础。

为了生活,他曾任漆园吏,劳作于漆园作坊之中。在劳动实践之中,他对各种事物的性质与机理有了自己较为深刻的体悟,并且借由这般体悟达到了诸如"直观体道""道不可言"的精神与哲学境界。

庄子同时也记叙了很多手工劳动者的事迹并加以思考感悟,将体悟出的情怀与思索出的哲学道理记录下来,收于《庄子》一书中。

譬如下面这个故事,齐桓公坐于堂上,正在读书,堂下一名木匠正在做车轮。木匠见状,停下手中的活计,问桓公:"您在读什么?"桓公道:"圣人之言""圣人可还活着?"木匠反问。桓公答:"已经过世了。""那您就是在读古人所留的糟粕之言了!"木匠又道。桓公听后,怒斥木匠:"我在此读书,又何须你来品头论足!假若你说不出个中道理来,便处你死罪。"

木匠却是泰然自若地走到堂上,对齐桓公说道:"我所说的都是从我做车轮的过程中体悟出来的。车轮连接的部分的榫眼若是松了,敲进去省力气却一点也不坚固;但若是紧了,敲进去就十分费力。我可以做到这榫眼不松不紧尺寸正好,然后轻松地敲进去,得心应手。我虽然没法描述这松紧究竟是如何,可是心里却如明镜一般,有十分把握。然而这种把握却是无法确确实实地传递给我的儿子,我的后代的,所以直到六十岁了还是我在这里给您做车轮。古时圣人已经过世,他最精华最深刻的体悟也会随着他的逝去而消亡,那些用文字记录流传的,不过是些表浅的道理。所以我才说您所读的是古人所留的糟粕之言。"

庄子还记录了很多诸如此般的体悟与思考。而且大多是庄子以他人之名言自己心中所想所感,这些感悟不乏大量感性的体验,同时也有理性的推理与想象。这样的体验已经成为了庄子进行哲学思想和逻辑推想的创作源泉。

生活在艰苦环境中的庄子悟性很高，他在对自然生活的观察中，感悟到了在后世所谓哲学的普遍存在的东西，即"道"。人从何处来？又将去向何处？这些永恒的哲学问题在庄子的世界中有了新的答案：人来于道中亦归于道中。他创立了对于世界本源的独具东方特色的，堪与西方相媲美的理论。这理论深刻而彻底，说服了世人。庄子的学说虽与当时盛行的儒学截然相反——淡功名利而养身求真，但也因为独到性和深刻性而获得了支持与追捧。这样一种追崇隐士般生活的论调，却是为赢得了盛名。

庄子眼中的社会，本就没有所谓的绝对正义公平之说。那些生而在上的君王诸侯的存在，本就没有合理性。

庄子争辩道：窃钩者诛，窃国者为诸侯（偷了一个带钩的人要受惩罚处死，而盗窃一个国家的人却当上了诸侯。）正如齐国的田成子一般，他夺了姜氏的政权，由于慑于他的武力与财力，小国不敢妄加评论，大国不敢贸然讨伐。若说臣子应该尽忠于君王，那么作为殷纣王臣子的武王便不该讨伐纣王，商汤也自然不该讨伐夏桀。

庄子认为，儒家所推崇的政治伦理观是一套迷惑人心的把戏，缺乏落实的根据与原理，而且没有理性的观察。政治伦理仅仅是一种具有相对意义的社会规范而已。

人乃自然的产物，理应全部平等享受自由，不论人格或是人身。不论君王贫民都不应该具有限制他人自由的权利。

庄子"无为"的生活准则，贯穿在他"建德之国"与"至德之世"的理想中。社会中各个阶层各类人群，自上而下都享有宁静安逸的生活。然而当今社会之中，为求一己私欲而暴力治民的行径将社会秩序破坏殆尽，民不聊生乃至铤而走险，这当归咎于统治者。同时，动荡年代中这些冒险的民众还要为其所冒之险付出鲜血甚至是生命的代价。"汤武革命"中，政权被暴力夺取之后，反而未受到任何指责，甚至称王享尽天下富贵，这完全是为儒家思想理论寻找借口的强盗逻辑，根本不具有任何理论上的合理性。

庄子所云"圣人不死,大盗不止",统治是否合法也不在于合法性的论证。因为一旦有所谓"圣人"之人存在,他便会借"圣人"之言为统治而论辩,这样的统治便是不合法的。庄子所不齿的是,这些"圣人"借自己的才学辩驳论证,一并成为了"窃国"的帮凶。

相关人文景点

庄子墓:位于权县县城东北35公里顺河乡青莲寺村南五公里处,墓是黄土堆起来的,为圆形土冢墓。据当地老人传说,庄子墓地原本不大,也无宏伟建筑,这与庄子生前安排有关。清乾隆五十四年(1789年)重修庄子墓,并立石碑一通,上面阴刻着"庄周之墓"四个大字。石碑背面,镌刻着上自州县官员,下至黎民百姓达百余立碑人的姓名,并署有立碑日期。

庄子故事

庄周梦蝶

有一次,庄子睡熟了,做了一个梦。梦见自己看见一群蝴蝶飞到东,飞到西,一会儿飞到草丛中,一会儿飞到花蕊上,多么自由快乐啊!这使庄子产生了羡慕之情。于是庄子也变成了蝴蝶,到处遨游,自在极了,根本忘记了自己是庄子。忽然醒来,才知道是庄子自己。庄子就此提出了疑问,他说:到底是庄子梦见了蝴蝶,还是蝴蝶梦见了庄子?这个问题谁能作出回答?这个是非谁又能辨别清楚呢?

这就是说,物和我是分不清的,是融为一体的。庄子认为世界是不可知的。事物本来没有质的差别,生死都是自然万物的变化而已,没有什么根本的区别。人们没有必要非要分出个差别。把万物看成一样而不去追究所以然,这就是"道",向"道"学习,拜"道"为师,与"道"相通相同,就不会有什么烦恼。

庄子之哀

伊人在林间遇见庄子,看到庄子神情凄哀,便上前询问:"先生,何故如此悲伤?""我在哀悼我的两个弟子啊!"庄子掩泪回答。伊人困惑地问:"他们遭到大不幸了吗?""一个死,另一个算是活着。"庄子答道。

伊人更困惑了,问:"想当初,先生的妻子亡故,您不仅没有痛哭悲悼,还'鼓盆而歌'呢。可是,对两个弟子先生却如此哀恸,难道您对他们的亲情,反而胜过曾与先生耳鬓厮磨的妻子么?"

庄子怅然喟叹一声,然后徐徐说道:"那两个弟子怎么能跟我的亡妻相比呢?我的妻子如常人一般啊。桃花灼灼时,她做了庄周的新嫁娘。随着庄周她无幸欢享奢华,然而,即使在艰辛困顿之中,她也没有弃失质朴的真性。她的学识不丰,却有生命的感悟,她从不委屈自己的真性。最后她诀别了生命,恬然寝息于茫茫的天地之间。我的妻子,生也自然,死也自然,难道还需要我悲伤不已吗?"庄子平静地谈着他的亡妻,伊人却感觉到了蕴于平静之中的挚情。

庄子舒了口气,又接着往下说:"那两个弟子,又怎能相比呢?他们聪颖,有学识。当初,他们离开时,问我对他们有什么嘱言,我指着天空,说:'你们看到那伯劳吗?它的翅膀空空的,没有赘物的负轭,它才能自在自得地高翔。你们若有自己的翅膀,就空空如也地离去吧!'可叹的是:他们却终于让'翅膀'套上了重轭,在世事沉浮中迷失了自身。他们终日里为了虚物而惶惶然奔走竞逐。他们算计别人,更疑惧被人算计,如同行走在剃刀的锋刃上,战战兢兢,忐忑终日……他们将聪颖和机敏悉尽耗费于此了。如今,他们俩一个已死于非命,另一个被砍了双足。这讯息顿使我哀从中来,不能自已。我所悲叹的,他们戕残了生命和真性,他们自己斫丧了自己。我哪能不为此而悲恸呢?"

"也许,他们是早就徒有躯壳了。"伊人说,"先生不是说过'哀莫大于心死'吗?""是呵!"庄子点点头,说:"这正是我所要哀悼的。"

列子——御风而行，风神飘逸

【人物介绍】

列子，名寇，又名御寇，郑国人，战国前期的思想家。

【学派】

道家学派的代表人物之一。

在古书记载和传言中，列子神行飘渺、能御风而行，能在空中驻留数日，直到飘游够了才回家。但真实的列子只是一位凡人，一位真正的智者，《列子》一书是列子本人所著的，一本充满智慧和哲理的书。与道家之祖的老子、庄子二人一样，列子同样被世人尊为宗教的创始人。他行踪莫测、身世神秘、思想深刻，留给世人无尽的猜测。

【生平】

由于相关的典籍十分有限，列子的生平已经难以考究。仅能从《列子》一书中记载的故事来了解列子的生活。

与传说中御风而行的形象不同，现实中的列子家境清贫，一生淡泊名利安于贫苦，甚至在郑地隐居了近40年也无人知晓。贫寒的家境让列子的全家不知温饱，也导致了列子因饱受困顿而面黄肌瘦。有人向郑国丞相子阳进言道："列子这样的得道之士，在郑国却落得这般贫苦的境遇，会有人认为您不敬爱贤才的。"子阳听后认为有道理，便派了官员给列子一家送去些粮食。但是列子借故推辞，并没有接受，不得已这位官员又把粮食带了回去。

列子辞谢了官员后回到屋里，看到妻子正捶胸顿足地责备他："我常听说有道之士的妻子都能享受安乐，但如今我们的家庭却这般清贫。朝廷送来粮食还被你却之不受。这难道都是我命中注定的么？"

列子听后笑着答道："丞相不了解我的为人，仅仅是因为有人进言便送了粮食来;但是同理,将来他也会因为同样的理由来治罪于我,所以我不能接受他的赠予。"后来,百姓反乱,丞相子阳被叛乱者杀害,而列子恰恰因为拒绝了当年的赠粮而免遭牵连。

据传说,列子曾拜壶丘子林为师。在学习的过程中,壶丘子林对列子说:"你懂得了谦让,才能谈为人处世之道。"列子便问:"可否请您谈谈谦让的道理。"壶丘子林说:"你去看看你的影子就会知道了。"列子便按照老师的话仔细观察自己的影子,发现身体若是弯曲,影子也会弯曲;身体若是正直,影子也是正直的。

列子突然意识到影子自身是不会自主地发生变化的。影子的变化依赖于自身躯体的弯曲或正直。进而可以同理推移到处世之道上,在世间所经历的困厄或是顺利不在于个人的主观意志,而是更在于外界环境所给予的条件与影响。这也正是为人谦让却处在先位的道理。

列子学习射箭,射中了靶,便去告诉关尹子。关尹子说:"你知道你射中的原因吗?"列子回答说:"不知道。"关尹子说:"那你的箭术还不行。"

他就回去继续练习射箭。过了三年,又把他射箭的情况报告关尹子。关尹子问:"你知道你射中的原因了吗?"列子回答说:"知道了。"关尹子说:"那就行了。牢牢地记住,不要忘掉。不仅射箭是这样,治理国家和修养个人身心也是同样的道理。所以圣人不考察事物存在还是消灭本身,而是考察造成事物存在或是消灭的原因。"

列子说:"气血旺盛的人容易骄傲,体力旺盛的人容易激愤,这两种人都不能和他们论道。因此,头发还没花白的年轻人谈论道,就往往会出现偏差,更何况让他们施行呢?所以自己骄傲激愤,就没人去劝阻。没有人劝告,就等于孤立无援了。贤明的人善于任用人。所以即使年纪大了,能力并不衰退,即使智力耗尽了,心神并不迷乱。所以国家的困难在于能否知人善任而不在于个人的贤能。"

宋国有个人用玉石给他的国君雕刻楮树叶子,花了三年的时间才完成。刻出的楮树叶子,叶脉和叶柄粗细得体,叶毛繁密而有光泽,就是掺在真的楮树叶子中也不能分辨出来。这个人就凭他的雕刻技巧得到了宋国的俸禄。

列子听到了这件事,说:"假如大自然生育万物,三年才长出一片树叶,那么有叶子的东西就太少了。所以圣人依靠自然规律来化生万物,不依靠个人的智谋和技巧。"

传说,某日列御寇辞别乡邻西去,途中平地"升天"。后人称其"升天"处为道士铺(位于郑州西郊)。

列子思想

列子其人,在《庄子》书中屡次出现,有时尊称他为子列子,还专有《列御寇》一篇。"御寇"也作"御寇"或"圉寇"。禦、御、圉三字古音全同,自然可以通假。列子的学说近于庄周,在当时影响却未必很大很深,因为《庄子·天下篇》评论过墨翟、宋研、尹文、田骈、慎到、惠施等人,赞美了关尹、老聃,也叙述了自己,却不涉及列子。荀子《非十二子》篇也不提列子,司马迁作《史记》更没有一字涉及列子,然而列子的思想在道家却有深远的影响,他将道家的达观思想发展到了极致。

列子的思想主张主要保留在其所著《列子》一书,但很早就已经遗失了。1000年后的晋代,有位叫张湛的人,称其祖父于永嘉之乱南渡后,在友人家得《列子》残卷三篇,后又另觅得九篇。张湛将其整理成八篇印行。

在卷一"天瑞"中,说孔子去游泰山时遇到了一个叫荣启期的人,很快乐地坐在路边自弹自唱。孔子就问他为什么那么快乐,他就说:"天地万物中人最为尊贵,而我有幸生为人,这是我的第一快乐。人有男女,男尊女卑,我有幸身为男人,这是我的第二快乐。人的寿命有长短,有的人一生下来就死了,而我现在活到了九十岁,这是我的第三快乐。至于生活上的贫困对我来说是极平常的事,而死亡也只不过是人生的一个终点而已,有什么可担心害怕的呢?"

孔子到卫国去时,看见一位衣衫褴褛、年近百岁的老人在田间一边快乐地唱着歌,一边拾捡着稻穗。孔子觉得那位老人很有意思,就让子贡去向他问好。子贡就走到老人面前问老人:"你这样生活不辛苦吗?为什么还能快乐地唱着歌呢?"老人就说:"我从小就不愿与人争斗,所以能这么快乐长寿。我也没有妻子儿女,即使死了,也了无牵挂,所以死也会死得很快乐。"子贡又说:"别人都怕死,你却以死为快乐?"老人答道:"生死只是个轮回,生了又死,死了又生,说不定在这个世界死了在另一个世界又活了呢!"

在卷三"周穆王"中,说有一位富人,白天忙着发家致富,到了晚上就常做噩梦。而他的一个老仆,尽管白天很劳累,但每个晚上他都睡得很香甜、老做美梦。

有一个人得了健忘症,连自己的老婆孩子都不认得了。有个儒生帮他把病治好了,他不但骂妻打儿,还拿着刀去追杀那个儒生。别人就问他为什么要那样做,他说他在病没好之前没有喜怒哀乐,当然也就不知道骂人打人杀人了。

《列子》一书每一卷都包含了对人生、对宇宙的追问和思考。

列子从道家思想出发,并对道家思想中无为的人生观有所改造。强调人在自然天地间的积极作用,并认为人在一种自然的生存状态下,不忧天、不畏天、才是最好的生存状态。

墨子——孔子的第一个挑战者

【人物介绍】

姓墨名翟,子是人们对他的尊称。生卒年不详。近代学者一般认为墨子生于公元前476年左右,卒于公元前376年左右。墨子出生何地,也有争议。墨子是战国初期伟大的思想家,学者。

【学派】

墨家学派的创始人。

墨子是我国古代伟大的思想家、教育家、科学家、军事家和社会活动家。墨子创立的墨学是中华民族优秀传统文化的重要组成部分。孙中山称赞墨子为"世界第一平等博爱主义大家",与黄帝、华盛顿、卢梭并列为四大伟人。毛泽东高度评价:"墨子是一个比孔子高明的圣人"。早在2300多年前,他的《墨经》中就包含了丰富的关于力学、光学、几何学、工程技术知识和现代物理学、数学的基本要素。墨子是一个百科全书式的"平民圣人",被称为"科圣"。

在先秦诸子百家中,墨子是第一站起来反对孔子儒家学说的人。墨子早年师从于儒家学者,后来他看到了儒家学说所存在的种种弊端,于是独立门户,开创了墨家学派。毕生为之身体力行,言传身教,为墨家学说的发扬光大和实施济世而奔走呼号。在其晚年和身后,墨家渐渐成了最有影响的学说,与儒家学说分庭抗礼,并大有凌驾其上之势。而墨子也成为了中国历史上向孔子挑战的第一人。

【生平】

墨子出身平民,自称"北方之鄙人",人称"布衣之士"和"贱人"。

相传墨氏夫人30岁这年,身怀六甲。夫妻二人面对龙山每日烧香磕头发誓许愿,把生儿子的希望寄托在神的恩赐上。这一天,墨子的母亲像往常一样,干完活中午歇息,不一会儿便昏昏入睡。只听鸟鸣阵阵,优美动听,抬头见一只色彩斑斓、美丽无比的大鸟在自己头上盘旋,连叫数声之后,向龙山南头的山峰落去。突然红光四射,一阵轰鸣,惊得她连忙坐起,只觉得腹痛难忍,不多时,一个新的生命诞生了,他就是墨子。凤凰降落处,人们便称为落凤山。

公元前440年前后,墨子约29岁时,楚国准备攻打宋国,请著名工匠鲁班制造攻城的云梯等器械。墨子正在家乡讲学,听到消息后非常着急;一面安排大弟子禽滑厘带领三百名精壮弟子帮助宋国守城;一面亲自出马劝阻楚王。墨子急急忙忙,日夜兼行,鞋破脚烂,毫不在意,十天后到达楚的国都郢(今湖北的宣城)。

到郢都后,墨子先找到鲁班,说服他停止制造攻宋的武器,鲁班引荐墨子见楚王。墨子说:"现在有一个人,丢掉自己的彩饰马车,却想偷邻居的破车子;丢掉自己的华丽衣裳,却想偷邻居的粗布衣,这是个什么人呢?"楚王不假思索地答道"这个人一定有偷窃病吧!"墨子趁机对楚王说:"楚国方圆五千里,土地富饶,物产丰富,而宋国疆域狭窄,资源贫困。两相对比,正如彩车与破车、锦绣与破衣。大王攻打宋国,这不正如偷窃癖者一样?如攻宋,大王一定会丧失道义,并且一定会失败。"

楚王理屈辞穷,借鲁班已造好攻城器械为由,拒绝放弃攻宋的决定。墨子又对楚王说:"鲁班制造的攻城器械也不是取胜的法宝。大王如果不信,就让我与他当面演习一下攻与守的战阵,看我如何破解它!"楚王答应后,墨子就用腰带模拟城墙,以木片表示各种器械,同鲁班演习各种攻守战阵。鲁班组织了九次进攻,结果九次被墨子击破。鲁班攻城器械用尽,墨子守城器械还有剩余。鲁班认输后故意说:"我知道怎么赢你,可我不说。"墨子答道:"我知道你如何赢我,我也不说。"

　　楚王莫名其妙,问:"你们说的是什么?"墨子义正辞严地说:"他以为杀了我,宋国就守不住,但是,我早已布置好,我的大弟子禽滑厘能代替我用墨家制造的器械指挥守城,同宋国军民一起严阵以待!即使杀了我,你也无法取胜!"这番话,彻底打消了楚王攻宋的念头,楚王知道取胜无望,被迫放弃了攻打宋国的计划。墨子完成止楚攻宋的壮举后,返回鲁国。途经宋国时,天下大雨,城门紧闭。墨子想到闾中(里巷大门内)避雨,守门者竟不让墨子进去。墨子不愿誉于世人,所以也不想说明真情,遂扬长而去。

　　在墨子止楚攻宋取得成功的第二年,恰值楚惠王当政五十年,墨子为宣传其政治理想,专程到楚国献上自己的著作。楚惠王读了此书后,对墨子说:"您的大作很好。请您留在楚国,做我的顾问。每年俸禄一百钟,委屈您这位贤圣人了。"墨子看出惠王不准备实行自己的学说,于是决意辞行回家。临行之前,墨子想再见一次惠王,惠王说自己老了,派大臣穆贺为墨子送行。墨子利用这个机会,又向穆贺陈述自己的学说,但没成功。鲁阳文君听说此事,认为不妥,于是对楚王说:"墨子是有名的北方贤圣人,您不给予礼遇,岂不是叫天下士人寒心吗?"楚王觉得鲁阳文君说得有理,许诺把方圆五百里的土地封给墨子。楚惠王封地五百里的厚禄,没有动摇墨子坚持自己学说的决心,毫不犹豫地拒绝封地。他对鲁阳文君说:"我听说贤人进谏,君王不听,不接受赏赐;仁义学说不被采用,不滞留于朝廷。现在我的学说未被应用,所以我决定回鲁国去。请你向楚王转达我的谢意。"

　　墨子回到鲁国,越王听说他的贤能,准备拿出封地五百里,请墨子到越国来教导自己。墨子说:"如果越王能听我的话,用我的道理,只要有饭吃、有衣穿,跟其他大臣一样待遇就行,何必要分封的特殊待遇呢?越王不听我的话,而只要我接受分封,这不是让我出卖义吗?同样出卖义,在中原国家好了,何必跑到越国?"于是,拒绝了越国的分封。

墨子50岁左右时,曾在宋国做过大夫,后被宋国权臣子罕陷害关入监牢。墨子被囚,可能跟子罕弑君专权有关,后不久被释。

鲁穆公听说齐国要攻打自己,非常害怕,向墨子请教。墨子说:"上尊天事鬼,下爱利百姓,然后厚币卑辞,遍礼诸侯,主动服从齐国。"穆公听了很高兴,以后又为立太子的事请教墨子,墨子要他从动机和效果两个方面去观察两个儿子的言行,然后决定立哪一个为太子。

齐国想要攻打鲁国,墨子认为大国攻打小国,是让天下人相互迫害,最后自己也要反受其祸。于是赶去见齐王,对他讲了一番兼爱则相利,相攻则相害的道理,使齐王暂时打消了伐鲁的念头。

楚国大夫鲁阳文君非常钦佩墨子的道德学问,经常请墨子到其封地讲学。墨子曾对鲁阳文君讲,世俗的君子知道小事却不知道大事。他们也曾讨论风俗与仁义的关系,讨论何为忠臣,文君认为,忠臣应该绝对服从,叫怎样就怎样,墨子指出,你说的忠臣不过是个影子而已。所谓忠臣应能正国君的偏邪,崇尚同一,实行兼爱,不结党营私等。鲁阳文君准备攻打郑国,墨子听到消息立即劝阻。文君说:"先生为什么阻止我进攻郑国呢?我这是顺应上天的意志。"墨子说:"郑国人残杀其君主,上天已经给了惩罚,使它三年不顺利。而你又要进攻郑国,说是顺天之意,这好比邻人惩罚他的坏儿子,你也举棍跟着打,说是顺其父之意,这不是十分荒谬吗?"鲁阳文君遂停止侵郑。

墨子晚年来到齐国,企图劝止项子牛讨伐鲁国,但没有成功。约公元前390年左右墨子去世。

墨子的思想与墨家学派

法家崛起以前,墨家是先秦和儒家相对立的最大的一个学派,并列"显学"。

墨子的学说思想主要有:

兼爱非攻:

所谓兼爱是要求君臣、父子、兄弟之间都应该平等相爱,不能有人、己、亲、疏的区别。"爱人若爱其身",爱护他人如同爱护自己一样。并认为社会上出现强执弱、富侮贫、贵傲贱的现象,是因天下人不相爱所致。兼爱还表现在大国不侵略小国,国与国之间无战事,和平共处。兼爱是大到国家之间要兼相爱交相利,小到人与人之间也要兼相爱交相利。而非攻则主要表现在国与国之间。只有兼爱才能做到非攻,也只有非攻才能保证兼爱。

墨子宣扬兼爱非攻思想遭到一些学者的批判,子夏的弟子们问墨子道:"君子有打斗吗?"墨子答道:"君子没有打斗。"子夏之徒说:"猪狗尚且还要打斗,哪有士人没有打斗呢?"墨子说:"伤心啊!讲话动辄提到汤和文王,而行为就将猪狗来作比喻,伤心啊!"墨子非常善于辩论,经常用辩论来说服他们,并宣扬维护自己的观点,起到了很好的效果。

节用、节葬:

节用就是反对铺张浪费,反对穷奢极欲,崇尚节俭。凡事以够用即可,而不要追逐奢侈。

节葬就是提倡安葬从简。众所周知,儒家提倡的葬礼是有很多讲究的。父母妻子逝世,均要服丧礼三年,兄弟叔伯姑姨一年,晚辈或者更疏亲戚半年。并且在服丧期间要简居少食,人饿得脸发青,眼发黑,身子不能走路,才算孝道。墨子认为这完全没有必要,因为这三年不仅浪费时间,荒废耕作,而且因此妨碍人丁增长,造成生产落后,国力削弱。他认为,人死后往土里一埋就可以了,恢复正常的生产劳作,这样才有利于人民本身和国家。儒家是讲究厚葬的,对于各个等级的人制定了不同的厚葬标准。墨子反对厚葬,认为人死后有三件衣服三寸棺木埋在土里不让尸臭飘出来就可以了,所有的陪葬殉葬奢侈陵墓都是浪费人民的财产。

天志明鬼:

天志就是上天的意志,明鬼就是确信鬼神的存在。为了传播自己的学说,实现自己的政治主张,墨子借用上天和鬼神的说法来教化民众要兼相爱,交相利,非攻止战,实现天下大同。这其实只是墨子实现其政治目标的一个手段而已,像很多宗教一样,墨子也举起了上天和鬼神的大旗以迅速扩大自己的学说影响。

尚贤尚同：

尚贤就是任人唯贤。墨子反对任人唯亲的宗法血缘用人制度。尚同就是在一个国家中政令体制赏罚刑治从中央到地方应该上下一致，做到令出必行。尚贤是尚同的根本,尚同是尚贤的体现和延伸。墨子认为,只有上下一致,尚贤尚同,才能实现国家的大治。在墨子看来,无论是乡正(乡长)里长(村长),还是国家的高层甚至元首,都应该由贤能的人(圣人)担任,都应该由大家推举产生。这就有点像现代的民主制度了。

春秋战国时期还有很多贵族拥有奴隶,在墨子看来,不分贵族奴隶,不分贫富贵贱,用人只有一个标准:贤或者不贤。

为宣传自己的主张,墨子广收门徒,一般的亲信弟子达数百人之多,形成了声势浩大的墨家学派。墨家同时也是一个有着严密组织和严格纪律的团体,最高的领袖被称为"巨子",墨家的成员都称为"墨者",必须服从巨子的领导,听从指挥,可以"赴汤蹈刃,死不旋踵",意思是说至死也不后转脚跟后退。

墨子推荐弟子去做官,日后若有违墨家主张,就要被召回。墨家子弟做官的俸禄,一部分要分给墨家团体使用。墨家子弟平时生活十分节俭,吃的是豆汁熬成的羹,穿的是黑色的短上衣和用麻或木制成的鞋子,是一群深为战乱所苦、决心在艰苦的生活方式和严密的准宗教团体中实现人生价值的"游士"。

相关人文景点

目夷亭:是为纪念墨子的祖先目夷而建,原址在木石镇的化石沟村。当时有文字记载,可惜清末毁于战火,后虽重修,"文革"中又遭洗劫。如今的目夷亭是根据老人们的回忆而重建的,亭内碑文上详细记录着墨子的生平事迹。现在的落凤山,可谓人杰地灵,物华天宝。

墨子井:墨子纪念馆的门前,便是小黄河。沿河边溯流而上,行约2公里,可到目夷沟东部山上的一座古庙。古庙门前,便是当地人称之为"一步两井"的墨子井。相传墨子时代,有一年许多人患了瘿病不治而死。墨子多处采药问方无良效,便抱着试试看的心情,和弟子开挖二眼井,一些瘿病患者喝了这井的水竟然不治而愈。为纪念墨子这一功绩,后人便称"墨子井"。

沿虎山南下,便进入茂密的松林,这里翠柏葱郁,雾霭蒙蒙,百鸟啁啾,令人神驰,已被省政府命名为墨子森林公园。当地政府正在着手实施建设规划,几年后,这里将成为旅游胜地。

韩非——法家思想的代表人物

【人物介绍】

韩非(约前280—前233),出身于韩国贵族之家,是韩之诸的公子。战国时期的政治家,思想家。

【学派】

法家思想的代表人物。

韩非子是我国古代伟大的思想家和政治家。他顺应了战国末年群雄割据的政治局面向大一统的君主集权制发展的潮流,综合先秦诸子百家的思想,提出了一套适应当时历史情绪的政治理论,使得法家思想在当时百家争鸣的战国末年成为唯一受到统治者重视的学说,法家思想后来被秦王所用,最终建立了统一华夏的伟业,并且由此将法家思想渗透到了中国历代君主的血液之中,在我国几千年的封建社会里产生了举足轻重的影响。

但是韩非子本人却是一个悲惨的思想家,他的思想虽然得到了秦王嬴政的青睐和彻底贯彻,但是韩非子没有得到任何好处和礼遇,反而遭受到了同门李斯的嫉恨,最终惨死狱中,成为了一个孤独的智者,也为历史添上了一抹忧伤。

【生平】

韩非子出生于贵族之家,但是从小就显示了不一般的品质。韩非子小时天资聪颖、勤奋好学,但是他患有严重的口吃,因而造就了他内向、沉默寡言的性格特征。韩非子在得到了渊博的知识之后,无法展现出来。韩非子从小求知若渴,年少的时候,就放弃了舒适的贵族生活,背上行囊到楚国拜荀子为师,荀子这位最终活了87岁的老翁一直是列国中德高望重的大学问家,韩非子跟着荀子学习文章、辩论、思想,知识也是大有长进。

当时,荀子还有另一个学生,那就是李斯,他的家就在上蔡,也很有才华,在学习的过程中,韩非子和李斯建立了深厚的友谊。荀子的诸多学生中,最为出色的就是他们两人。李斯讲话滔滔不绝,能言善辩;韩非虽然讲话不行,但是文章写得却是气势雄伟、情文并茂。相比之下,荀子更喜欢韩非这个写文章有着敏锐洞察力、势如破竹的说服力以及缜密的结构、精妙的修辞、激越的情感的学生。李斯自己也承认,韩非的才华在自己之上。

学习期满后,韩非就到了新郑,当时他并没有打算闭门著书立说,看到国家的日益衰落,他多次上书希望韩桓惠王和继任者韩王安能够废除任人唯亲的人治,而推行法治,但是昏庸的韩国君主并没有采用他的建议。

韩非所著的《和氏》一文,就是对自己无法得到赏识的影射。

《和氏》的内容是这样的:楚国有一个人叫卞和,他在山中挖出了一块玉,没有雕琢就献给了楚厉王,楚厉王让玉工来鉴定,但是愚蠢的玉工认为那是一块普通的石头,楚厉王非常生气,以欺君之罪砍掉了卞和的左脚;后来武王即位,他又将这块玉献给了武王,武王命玉工来鉴定,还是被认定是一块普通的石头,武王又命人砍去了卞和的右脚;等到文王即位的时候,卞和不再去献玉,而是整天抱着所谓的"石头"在荆山下哭了三天三夜,眼睛都哭到流血了。文王就派人去问他为什么哭,卞和说:我不是为了失去双脚而哭泣,而是因为人们都将宝玉当成了石头而哭泣,我的一片苦心和忠心被当做了骗子,所以我伤心。文王命人凿开了那块石头,果然得到一块至纯的美玉,于是给它命名为"和氏璧"。

失望之余的韩非转而开始著书立说,《韩非子》一书中,大量的文章都是韩非自己所著。

后来秦王嬴政机缘巧合看到了韩非所著的《孤愤》、《五蠹》、《说难》等文章,被作者严密的思维、犀利的语言、深邃的思想以及有力的证明所折服了,于是感慨道:"如果哪天能够见到这个人,并且和他交往的话,那我此生无憾了。"

而韩非的同学、朋友李斯此时正在秦国做廷尉,听到秦王的这句话后,就禀告秦王说,这些文章的作者正是自己的同学韩国公子韩非。秦王听后大喜,希望他能够到秦国来效力,但是转念一想,这样的人才已经在韩国,而且贵为公子,想要让他来秦国效力,韩国应该不会答应,怎么办呢?着急见到韩非子的秦王,索性调集30万大军佯装攻击韩国,韩王安看到秦国的30万大军,弱小的韩国迫于压力只能交出了赋闲在家的韩非,于是历史上出现了一段佳话"秦王30万大军只为得一人"。

韩非一到秦国,就接受了秦王的见面,嬴政召集百官上殿,隆重介绍了这位来自于韩国的人才。晚上他又大会群臣,宴请韩非。当时的韩非因为没有去过这么远的地方,更没有见过如此盛大的场面,更是结巴得厉害,嬴政看到这些之后,专门在众人散去之后,单独邀请了韩非和他对席而坐,探讨治国之道。

这次面谈更加确定了韩非在秦王心中的地位,他也更赏识和器重韩非的才能了。但是秦王的举动引起了李斯对韩非的强烈嫉妒,为了保证自己的前途,李斯给秦王建议说:"韩非毕竟是韩国贵族子弟,如今大王想要一统天下,终究有一天他是要回到韩国效力的,如果大王让他回到韩国,无疑是放虎归山,还不如找个罪名把他给杀了。"生性多疑的秦王逐渐听信了李斯的污蔑,最终将韩非关进了大牢。

李斯担心秦王有一天会后悔,于是他带上毒药到牢房里去探监,详细陈述了秦国牢房中的各种毒刑和秦王对他的不信任的坚决,韩非毕竟是一介书生,怎受得起如此惊吓,又不知道昔日的同窗此时正在算计自己,于是喝下了毒药。

果然,韩非被关到牢房不久,秦王就有些后悔,他派人到牢房特赦韩非,但是得知韩非已经死在了牢中。

《史记·老子韩非列传第三》中录有韩非所写《说难》全文,虽以"游说之难"为题,全篇介绍得却是游说君王的技巧和学问,无论是议论还是论据都非常有力道、有条理。司马迁也不由感慨:可惜韩非这样的人才,这样的游说技巧,终究还是难逃一死。

韩非子的思想

韩非出生于韩国贵族,从小就生长在贵族世家的深宫大院里,过着衣食无忧的生活,有着显赫的地位,这其实也为他确定自己的思想起着基石的作用,这使得他所有的思想的出发点和其他学派的诸子们都截然不同。韩非的法家思想所服务的对象并不是人民,而是君王。其法、势、术等一些举措都是为了维护统治者的利益和设定,同时他也总结了当时战国时期法家的思想,并且进行实践,提出了君主专制的中央集权理论。

韩非认为,国家的政权应该掌握在君主一个人的手里,只有君主有了权势才能够治理好国家。为此,君主有必要采用各种手段清除一些世袭的奴隶主贵族,然后选拔一些经过实践的封建官吏取代他们。韩非同时主张实行改革和法治,要求废"先王之道",他强调制定了法之后,就要不顾一切地实行,任何人都不能例外,做到"法不阿贵",就算是王公贵族触犯了法令,也要遭受到惩罚;而即便是身份低下的普通人立了功,同样可以得到奖赏。韩非还认为只有采取严刑重法才能够使百姓顺从,只有这样社会才会得以安定,封建统治者的统治才会巩固。韩非的这些主张,也是反映了当时新兴地主阶级的利益,为之后建立统一的封建国家打好了基础。

韩非身上流淌的贵族血液为他提供了很多接触宫廷内部斗争的机会,除了他拜荀子为师的几年之外,虽然他没有具体的官职,但是他本人仍旧处于宫廷激烈斗争之中,官员的邀功取宠、贵族的尔虞我诈,这些都进入了韩非的视野,这些也影响到了他的哲学观点。韩非子在这样的环境中,一方面钻研权术、一方面还要战战兢兢提防别人的陷害,于是他还总结出了一些处世的哲学。

《韩非子》中就有这样一则寓言故事,反映他的处世哲学。

齐国有一个叫夷射的人,也是一个有头有脸的人物,有一次齐王请他入宫喝酒,他非常高兴,觉得自己非常有面子,于是就稀里糊涂喝醉了酒,当他出来的时候,感觉非常累,就想躺在地上休息一会儿,这时正好遇到一个叫刖跪的看门人,刖跪看到喝醉了的夷射就笑着说:"大人有没有喝剩的酒给我啊?"

夷射抬头看，原来是一个被砍了脚猥琐不堪的守门人，就有点瞧不起刖跪，于是仗着酒气呵斥道："滚开，像你这样猥琐、卑微、受过刑罚的人也配向我这样尊贵的人讨酒喝吗？"刖跪只好退下了。

第二天，还在睡梦中的夷射，就被闯进来的一对齐王的卫兵拉到院子里，手起刀落，砍去了脑袋。

原来那个刖跪在夷射离开之后，就在城门外浇了一滩水，看起来有些像尿，第二天齐王看到像尿一样的水就问看门人，是谁这么大胆敢在这个地方撒尿？刖跪就禀告大王说：昨天晚上看到夷射好像在这个地方站立过。齐王非常生气，于是下令处死夷射。

这个故事反映了韩非子所得出的处世哲学，同时这个故事也是"宁得罪君子，不得罪小人"的由来。

韩非子一生的主要政治主张和主要见解都包含于他所写的《韩非子》一书中，这本书比同时期其他诸子写的书都要有趣一些，文风气势磅礴，逻辑紧密，在说理的过程中还掺杂了大量详实的故事，不会让人感觉到无趣。

韩非子出身韩国贵族，他深知官场的腐败，他想在官吏中倡导廉洁之风，于是在《喻老》一文中树立了这样一个榜样：宋国有一个人在偶然间得到一块玉，想要捐给宋国的大臣子罕，但是却遭到了拒绝，献宝人说："这个可是价值连城的宝贝啊。"子罕说："你把这块玉当做自己的珍宝，而我却把不接受别人珍宝的品质作为一种珍宝，如果我接受了你的玉，那么你的珍宝和我的珍宝都没有了。"从此之后，"子罕辞宝"作为一个典故也流传开来了。

除了这些之外，韩非在《说林》中用"老马识途"说明经验的重要性；在《五蠹》中又以"守株待兔"反对固守经验；在《外储说左上》，他又凭借"买椟还珠"讽刺那些形式主义者。同时他还写出了诸如郑人买履、扁鹊治病、滥竽充数、宋人疑邻、画鬼最易、击鼓戏民、鲁人搬迁、曾子杀猪、自相矛盾、螳螂捕蝉等有趣而又富有哲理的小故事，通过这些发人深思。

邹衍——阴阳家的集大成者

【人物介绍】

邹衍,(约公元前324—前250年),齐国人,战国时期的思想家。

【阴阳家】

阴阳家,是流行于战国时期的一个借助阴阳解说事物存在和发展变化的学说派别。该学派和《周易》并没有太多的关系,相对于易家,他不仅用阴阳解说事物的存在和发展,而且还引进了"五行说",也就是借助金、木、水、火、土解释天地万物的构成和变化,阴阳派的重要代表人物是邹衍。

【生平】

百家争鸣时期阴阳家也不容小觑,而邹衍就是阴阳家的代表人物,他的生平事迹只能从司马迁的《史记》、吕不韦的《吕氏春秋》以及刘向的《别录》中找到一些资料。

邹衍的活动时期其实要先于孟子。他与公孙龙、鲁仲连是同时代人,齐宣王时,邹衍就学于稷下学宫,刚开始他研习儒家思想,后来改学阴阳五行学说,然而最终还是以儒家思想作为宗旨。不论是学习儒家思想还是学习阴阳五行,邹衍的目的就是在寻找经世致用的学问,这也体现了他匡世济民的思想和精神。对此司马迁有一定的认识,他说:邹衍看到了治国者日益荒淫的生活,于是他开始研究五行阴阳之学说……但是他的宗旨却始终是倡导仁义节俭,提倡君臣上下团结。后人对他所提倡的道理不学习,而是看重了他的怪诞言论,封建迷信兴起,这并不是邹衍的过错。

齐宣王是一个有着雄心的君主,他不仅决心像齐桓公一样称霸诸侯,还想要统一中原,所以厉兵秣马,国力逐渐强盛。齐闵王即位之后,国力强盛,接连取得了几次战争的胜利,在这种情况下,齐闵王的野心就更加大了,而邹衍的一套学说正是为了新的统治所设计的政治方案,于是邹衍本人以及阴阳学说都受到了齐宣王和齐闵王的高度重视。

后来,齐闵王失败了,他迫于当时的情势,只能接受了当时苏代提出的建议,去掉了自己的帝号,复称王,但是他的野心并没有减少,本人也变得越来越残暴,后来魏、秦、燕联合破齐,齐闵王在一次战斗中失利致死。

就在这个时候,燕昭王招纳贤士,为郭隗修筑宫殿以师礼待之,以此为榜样,此举赢得了各路人才的认可,纷纷来到燕国,邹衍也是离开了齐国,来到了燕国。

根据史料记载,邹衍来到燕国后,燕昭王亲自抱着扫帚扫地欢迎他,接着又拜邹衍为师,为他修建了石宫。

邹衍在燕国主要从事一些发展生产的工作,据说邹衍居住的地方很美,但是非常寒冷,不能种植庄稼,邹衍想办法引来暖气,黍就发芽了,这个地方也慢慢可以种植庄稼了,人们为了纪念邹衍,后来就将黍叫做黍谷。

公元前284年,燕昭王拜乐毅为大将,与秦、楚、韩、赵、魏联合伐齐。齐国毕竟是邹衍的家乡,他始终爱着那片土地。他并没有参加到这次战争中,这也为后来他被诬告下狱落下了口实。燕昭王死后,惠王即位,惠王和昭王是完全不同的人,他对于之前的老臣并不是很信任,对于邹衍这个齐国人更是不相信,于是他听信了别人的谗言,将邹衍逮捕,打入大牢。据说邹衍下狱之后,他仰天大哭,五月都下起了大雪。

邹衍后来被释放,此时齐闵王已经去世,齐襄王早已即位,稷下学宫也恢复了当年的繁荣局面,当时的邹衍已经万念俱灰,一心要回到家乡。

在公元前251年至公元前250年的燕赵之战后,就没有了邹衍的任何记载,人们怀疑他在这个时期离开了人世。

邹衍的思想

邹衍的主要兴趣集中在地理和历史两个方面,他的学说至今流传的是"大九州说"和"五德终始说"。

在邹衍之前的学者认为,全世界是一整块大陆,四周都是海洋,海的尽头和天相接,当时的中国几乎就是全世界的全部,而这块大陆曾经被夏禹划分为九州。不过,邹衍不这样认为,他认为中国名曰赤县神州,而该州内的九州才是夏禹划分的九州,在中国之外还有八个相当于赤县神州的州,这也是最初的对世界的想象。

邹衍之前还有一种非常流行的思想,叫做五行说。五行说认为世界上的万物都是由金、木、水、火、土五种元素构成,叫做五行。而世间事物也都可以凑成五项一组,与五行相配,比如五色、五音、五味、五方等。而一旦不足五个的,都从其他几项中划分一个出来,比如,四季里又划分出一个季夏,用以凑够五时。各组中的任何一项和五行中对应的一项有着某种神秘的联系。比如说,五时中的春季和五色中的青同五行中的木相配,所以帝王在春季要穿着青色的衣服才吉利,这是五行迷信的基本方式。

当时的一些儒者还认为一年之中五行的势力是轮流繁盛,在某行当盛时,帝王除了要穿颜色与其相配的衣服,还有许多宜做和不宜做的忌讳,比如仲春应当行庆施惠,禁止伐木筑巢,更不应该出兵。而帝王在一年中该做的事情和不该做的事情都被列成时间表,称作"月令"。

邹衍将"月令"的思想推广开来,他认为天地初开之后的历史也是靠着五行的势力,也就是所谓的"五德"轮流支配。在五德轮值的时候需要有特殊的服色、某种特殊的制度和某种特殊的政治精神与其相配。比如,周属火德,故色尚赤。某德既衰,继兴的一德,必定是与前相克的,例如水克火,故水德继火德。在两德相互交替的时候,就会有一些符瑞出现,符瑞的所在,就是新时代的主人的所在,就比如说,周文王时,有赤乌衔着丹书,落在周社。

到了邹衍的时代,社会的分割以及动乱已经持续了很长时间,百姓都很渴望统一,邹衍的五个德之说正好给即将兴起的新制度制造了符瑞。

相关人文景点

在北京市密云县南8公里的荆栗园村东的黍谷山上有一座邹衍庙,在黍谷山后还有一个风洞,洞口风气寒冷逼人,就算是夏天也没有人敢进去,相传这里就是邹衍的祭风台,台南有一座"别谷院",传说这里是邹衍分别五谷的地方。黍谷山最早的寺庙是建立在西坡山腰处的"圣庙",这座庙宇建筑年代不详,庙内是邹衍、刘猛等人的彩色塑像。

纵横家的学说对于我国的政治、经济、文化等方面的影响是非常深远的。秦国之所以能够最终一统中国,很大程度上依靠于纵横家的合纵思想。

鬼谷子——纵横家的鼻祖

【人物介绍】

鬼谷子,真实名字是王诩,又名禅,春秋时期人,经常入云梦山采药修道,因为隐居清溪之鬼谷,所以自称为鬼谷先生。

【学派】

纵横家是战国诸子百家之一,与儒家、道家、墨家、法家、名家、兵家、阴阳家、农家、杂家全称"十家九流"。纵横家的思想主要产生于战国到秦汉之间,因为当时地方势力割据,王权无法得到统一和稳固,需要在国力富足的基础上利用联合和排斥的方法不战而胜,或者通过较小的损失换来更大的利益,实现这样的政治目的就需要依靠一位口才出众的政治家,于是纵横家由此而生。

纵横家凭借着自己的三寸不烂之舌,在各国之间穿梭。他们发怒时,就算是诸侯的君主也会害怕;他们平静时,天下的战火也就会少一些。他们的三寸之舌,真可谓敌得过百万强敌。

相比于其他的学派,纵横家主要有三个特征:没有固定侍奉的君主、没有自己固定的政治主张以及没有确定的价值标准。他们没有特定的道德束缚,他们比一般的外交家权力要大一些,而且作用也要大一些。

和儒家思想不同的是,纵横家崇尚谋略,他们更追求个人名利,当然他们也有一定的革新精神。纵横家的思想也比较复杂。他们的思想境界一般都比较高,为了追求自己的个人名利,他们会不择手段。比如,苏秦刚开始依附于秦惠王,在其面前极言连横的好处,但是秦惠王并不为此所动,于是苏秦和秦国称敌,转而开始合纵,游说山东六国开始对抗秦国,他在游说秦国失败的时候说:"安有说人主,不能出其金玉锦绣、取卿相之尊者乎?"而在游说六国成功,衣锦还乡的时候,又说:"人生世上,势位富厚,盍可以忽乎哉!"

鬼谷子可以说是纵横家的鼻祖,苏秦和张仪都是他最为杰出的弟子,据说孙膑和庞涓也是他的弟子。

战国时期以纵横捭阖之策游说诸侯,从事政治、外交活动的谋士被称为纵横家,他们也被列为百家之一,主要的代表人物就是苏秦和张仪等人。

战国时期南与北的合作被称为纵,西与东的联合被称为横,苏秦游说燕、赵、韩、魏、齐、楚合纵从而抗秦;张仪则是力破合纵,连横六国事秦。纵横家的行为和活动对于战国的政治、军事格局的变化往往有着深远的影响。纵横家崇尚的是权谋和策略,他们借助言谈上的技巧取得成功,他们的指导思想也是和儒家的仁义道德思想不相同。

《战国策》中有大量纵横家的记载,根据《汉书·艺文志》记载,纵横家曾有著作"十六家百七篇"。

【生平】

鬼谷子是个在中国历史上真实存在,同时又极具神秘色彩的人物。

根据民间流传,鬼谷子是一位赵家女所生,是周家的后代。原来,周、赵两家人是邻居,周家务农,而赵家经商,两家关系非常亲近。赵家在经商破产后,周家慷慨救助了这位邻居,赵家为了感谢就把自己的女儿许配给周家的儿子。不久,周家的父母相继去世,家境也开始败落,赵家悔婚。周家的儿子生气之下,居然命丧黄泉,赵家女儿听闻此噩耗,赶到周家儿子的墓前哭泣不止,昏厥过去。恍惚中,好像是周家儿子让她把坟前的一株稻谷拿回家吃掉,等到赵家女吃掉后,居然怀孕,最终生下一个男孩,因为这个男孩长得很快,梦到鬼并吃了谷子生的男孩,所以被叫做鬼谷子。

沾染着鬼气的鬼谷子小时候就非常聪明,能够透彻众人众相。长大后,成为了一位知识渊博的智者。《史记》中记载,鬼谷子应该是位"师",而且是位名师,据说他的弟子有五百余人,苏秦和张仪都跟从鬼谷子学习十一年。

  鬼谷子著有《鬼谷子》一书,这本书中集中论述了论辩和游说的方法,比如在《捭阖》篇就告诉人们在游说时,什么时候适合直言陈词,什么时候又适合沉默不语;在《反应》篇中,应用逆反心理考察对方的言论和事物的道理;在《飞钳》篇中提出了如何把握对方说话的真实意图;在《谋篇》中侧重说明了计谋在游说中的应用;在《转丸》中介绍了游说者巧言善变的一些方法;而在《本经阴符七本》中具体介绍了通过盛神、养志、分威、散实意、转圆、势、损兑这几种方法达到游说的目的等。但是《揣篇第七》与《摩篇第八》两篇才是《鬼谷子》一书的真正精髓所在,在"揣篇"中,鬼谷子认为游说的过程中一定要仔细揣摩当时的情况,通过事物的表象,发现对方深藏起来的真相,只有懂得了"揣"的道理,人们就可以成功;"摩篇"中的"摩"观点,则是"揣"的另一种使用,他要求游说者通过各种手段得到对方的真实意图,从而获得成功,通过上面的内容,真的是可以看出鬼谷子思想是真正的博大精深。

  《鬼谷子》一书中详细介绍了游说之道,同时也涉及了一些治国和治军的道理,就像《持枢》中就提到了春生、夏长、秋收、冬藏的自然规律,君主应该根据这个自然规律来治理国家;《胠箧》篇中提出的圣、智之人所创造的业绩往往都成为了大盗的礼物,这种观点可以说是发人深省。另外《鬼谷子》中还提到,"材质不惠,不能用兵"的观点,认为那些带兵打仗的人,都应该具有大智大勇。

张仪——纵横家的代表人物

【人物介绍】

  张仪生年不详,卒于公元前310年,魏国人,是战国时期著名的纵横家。

【生平】

  张仪是魏国人,他在魏国穷困潦倒,于是到楚国去游说,但是楚王并没有接见他。一次偶然的机会,张仪遇到了楚国的令尹昭阳,昭阳将他留下来做了自己的门客。

昭阳为楚国立过赫赫战功,楚王将楚国的镇国之宝和氏璧赐给了昭阳。有一天,所有人都到昭阳家看和氏璧的神奇,但是就在这次宴会上和氏璧居然神秘失踪,人们都怀疑是张仪偷走了和氏璧,昭阳将张仪打了个半死,但是张仪还是没有招认是自己偷的。

无故遭受这顿毒打,张仪心中非常冤屈,于是跌跌撞撞赶到家中,对妻子详细说了事情的经过:"想不到在师傅处学得一身本领,现在不但无用武之地,反而遭受这般厄运。"他妻子一边帮他涂药,一边说:"你要是没有读书,也没有去谋官,怎么会受到这样的委屈?"张仪张开嘴问妻子说:"我的舌头还在吗?"妻子说:"当然在。"张仪笑着说:"只要舌头在,我就不愁找不到出路。"

后来张仪打听到和自己关系很好的苏秦已经官运亨通,于是他来到赵国拜见苏秦。当时苏秦正好缺少一位帮手去游说秦国,使秦国援助出兵,从而巩固自己建立起来的列国合纵,但是苏秦担心张仪不去,于是苏秦决定用激将法来刺激张仪。

当时,张仪来到苏秦家,苏秦并不召见他,反而叫佣人让张仪在一间小房子里等候,接连等了好几天,苏秦都没有和张仪见面,后来终于见面了,而苏秦并不和他一起吃饭,还安排他在最末的位置上吃饭,而且是奴仆吃的粗饭,用尽了各种方法来羞辱张仪。

张仪在遭受了这份屈辱之后,恨死了苏秦,于是怀着一份愤怒之心踏上了报复苏秦之路。他分析了当时的诸侯形式,认为其他诸侯都不足以成事,唯独强大的秦国可以说是前途无量。在他的世界观里,投奔了秦国,不仅可以攻打赵国,从而洗刷自己的屈辱,另一方面还可以借此大展宏图,实现自己的政治抱负,于是他决定投奔秦惠王。

一路上,苏秦一直在暗中派人帮助张仪,让他顺利到了秦国。周显王四十年(前329年),终于见到了秦惠王,秦惠王此时正在后悔失去苏秦,见张仪也是能言善辩,足智多谋,于是立即拜为客卿,参与到国家大事中来。

后来张仪连横取得了成功，苏秦派卧底说出了真相，张仪非常感激苏秦，决定苏秦在一天，就不出兵攻打赵国。

张仪到秦国一年之后，也就是周显王四十一年（前328年），秦惠王命令张仪同公子华率军攻打魏国，魏国大败，这也在军事上为秦国赢得了有利的条件，秦惠王此时对于六国诸侯的联盟深感不安，一心想拆散他们。

这一天，秦惠王向群臣询问拆散联盟的计策，有人建议秦国出兵攻打合纵之首赵国，很多大臣都同意整个建议。

但是张仪却反对，他早就料到秦国大臣会有这样的决断，自然也做好了应对的办法，他说：六国的联盟刚刚成立，彼此之间的关系非常紧密，贸然攻打任何一国，只能让秦国受损。

秦惠王被张仪的语言吓到了，他问张仪有什么好的办法，张仪胸有成竹地提出了自己的建议，也就是连横计划，通过联合小国，让合纵瓦解。

秦惠王感觉有一定道理，于是按照张仪的计策行事。

秦国首先连横的就是刚刚打败的魏国，魏国惧怕秦国强大的军事力量，除了答应对方的条件之外，还把自己的一些土地让给了秦国。

周显王四十四年（前325年），张仪亲自为将，率领秦国的军队在陕地攻打魏国，战胜之后将民众还给了魏国，这是一种且拉且打的策略。

两年后，即周显王四十六年（前323年），当时的魏国极力拉拢齐国对抗秦国，张仪亲自和齐、楚大臣相会，迫使魏国服从于秦国。张仪还和秦惠王策划，主动卸去了职位，暗中到魏国活动，目的就是为了拆散合纵计划。

张仪对魏国的内政是了如指掌，再借助他的巧舌，自然是蒙蔽了魏惠王，这为秦国攻打其他国家争取了宝贵的时间。

周慎靓王二年（前319年），随着秦国的势力不断扩张，张仪作为秦国间谍的身份也是暴露了出来，魏国将张仪驱逐出境，并且拜公孙衍为相，重新回到秦国的张仪迅速在秦国确立了自己的地位。第二年，公孙衍联合赵、韩、齐、燕、楚合纵抗秦，但是各国各自为政，最终被秦军打败。

周慎靓王七年（前314年），秦军从四面出击，接连拿下了赵、魏、韩三国，随着秦国在军事上的成功,张仪在外交上的能力也是日益显露。

当时除了秦国之外,齐国和楚国也是两个大国,为了防止秦国的吞并,他们两国缔结了同盟,为了拆散这个同盟,张仪又上演苦肉计,假装自己被秦惠王罢免,而逃去了楚国。

当时的楚国政治非常腐败,张仪看到了这一点,一来到楚国就用重金买通了权臣靳尚,靳尚向楚怀王推荐了张仪,张仪在楚怀王面前,依旧借助自己的巧舌诱骗成功,他说:齐国和楚国的同盟只是为在利用楚国的势力和秦国抗衡,楚国如果受到了秦国攻击,齐国是不会来救助的,并且许诺楚王,只要能够和齐国废除同盟条约,秦王愿意献给楚国600里的土地。果然,齐国和楚国的同盟在张仪的游说下解除。楚王还派将军逢丑父随张仪至秦,去要那600里的土地。

张仪一到秦国,就假装自己的脚受伤了,卧病不出,逢丑父在秦国待了三个月都没有讨到土地,于是逢丑父到秦王那里去要,秦王说:"如果真有这样的誓言,那也应该等到楚国和齐国断绝关系之后再来。"逢丑父没有办法,只好派人转告了楚王,楚王担心自己和齐国的关系会惹怒到秦国,于是派一位强悍的勇士,拿着楚国的符节赶到齐国去辱骂齐王。

齐宣王看到楚怀王如此背信弃义,而且还派人来骂他,于是他决定报复楚国,他和秦国迅速建立了盟友关系,约定好了一同攻打楚国。

张仪看到大功告成,于是开始上朝,对焦急万分的逢丑父说:"你怎么还待在这里,怎么不去要回土地呢?"逢丑父不知所措地说:"地在什么地方?"张仪很惊讶地说:"我有奉邑6里,不是都已经献给了楚王了吗?"逢丑父很生气,他质问为什么不是之前的600里。

张仪很坦然地笑了笑,然后说:"那肯定是你们的楚王听错了,我说的是我的封地6里,秦王的土地不要说是600里,就算是60里,我也没有权力去馈赠别人啊?"

方知上当的逢丑父赶回楚国,报告给楚王,楚王听后非常生气,率领十万精兵向秦国发动了声势浩大的进攻。周赧王三年(前312年),楚国和秦国在丹阳交战,刚一交锋,齐国就从侧翼向楚国也发起了攻势,在秦国和齐国的两面夹击下,楚国惨败,丢失了很多土地。让秦王忧心忡忡的齐、楚联盟在张仪的一张嘴之间化为乌有,甚至互相残杀。

自此之后,楚国的元气大伤,退出了争霸的舞台。周赧王四年(前311年),为了推行连横的政策,张仪建议秦惠王主动送给楚国一些土地,从而重归于好,但是楚怀王并不愿意接受,他非常仇恨张仪,听到这个消息的张仪,自告奋勇要前去说服楚国,最终他再次取得了成功,不仅保住了自己的性命而且为秦国拉拢了一位强大的朋友。

张仪从楚国回来的路上,顺道又去了韩国,拉拢了韩国。

张仪不费一兵一卒让楚国和秦国建立了良好的关系,而且又拉拢了韩国,秦王非常开心,决定表彰张仪的功绩,封给了他五个县的土地,而且还赐号为"武信君"。后来,张仪又东说齐王,西说赵王,北说燕王。凭借着自己的一张嘴和才能使得秦国操纵了其他六个强国,至此张仪的连横取得了卓越的成效。

周赧王四年(前311年),当张仪游说东方诸国成功返回秦国的时候,却听闻了秦惠王去世的消息,张仪一到秦国都城,群臣都纷纷进谗言。

齐国此时也落井下石,也派来特使指责张仪,在内忧外患的情况下,张仪的地位岌岌可危,为了自保,他只能逃去了魏国。

到达魏国之后,张仪再次利用计谋劝退了齐国对魏国的进攻,魏王对此也非常开心,张仪再次得到宠信,甚至最终还担任了相国,但是一年后张仪却死于魏国,至此,著名的纵横家张仪的历史结束。

张仪在历史上有着丰富的政治经历,但是并没有留下任何表达他思想的著作,所以流传世界的也只是一些故事和事迹。

文化遗产

鬼谷子讲堂是智圣教授徒弟的地方。

传说鬼谷子曾经隐居于蒙山的鬼谷子洞,一方面修身养性,一方面教授徒弟。而"鬼谷子讲堂"就是当年教授徒弟的遗址,现在已经得到了修葺,红墙青瓦,竹篱相围,院内有一古槐,三人合抱方拢,遮地近半亩,讲堂内有鬼谷子的塑像。

邓析——我国古代名家的先驱

【名家】

名家,注重辩论技巧的诸子百家之一,因为其注重探讨名称与概念之间、名称与实物之间关系的一个派别,所以又被称为"名辩学派"。著名的"白马非马"就是这一派别的讨论问题,他们有些观点看上去有些荒唐,但是却揭示着某种真理,反映着一种逻辑思维,可以帮助人们锻炼思维能力,主要的代表人物有邓析、惠施和公孙龙等。

【人物介绍】

邓析(前545—前501),春秋晚期新郑人,思想家,政治家。

【学派】

名家代表人物

邓析是名家的代表人物之一,非常擅长辩论,经常借助论辩的形式来宣扬自己的思想,在当时他的辩论之术已达到了顶尖水平,他也经常帮助别人打官司,所以也算是律师的鼻祖。

【生平】

邓析生于公元前545年,少年时就聪明好学,才智也高出一般人。成年后担任一个低级的小官吏。

邓析生活的那个时期,法律是贵族们的专利,对于平民百姓没有任何的保护作用,贵族们经常借助这些特权愚弄百姓。

郑国后来任命子产执政,借助周朝的礼仪作为他们的司法依据,并在铜鼎上铸刻了刑法,以此作为全国通行的法令,被称为鼎刑。邓析担任郑国大夫后,反对以旧礼作为全社会的价值观念,要求摒弃旧制,进行刑法改革,主张"事断于法"。他受到鼎刑的影响,在吸收了前人的一些经验之后,自己拟定了一部法律,还把这些法律刻在竹简上,使其在民间传播,让人们学习到法律知识,一方面做到守法，另一方面则用法律保护自己，此举受到当地百姓的欢迎，人们因此将邓析的这种法律称为"竹刑"。

竹刑比鼎刑的造价要便宜一些，而且便于传播，这大大提高了百姓的法律意识，同时也保护了人民的合法利益，他的这一举动也揭开了法律的神秘面纱，促进了历史的进步，让法律走向了民间。

邓析当时还提倡百姓参与到议政中，引导人民通过写匿名帖的方式揭发官吏们的过失，讨论国家大事。这样一来，贵族们都担心人民揭发他们的罪行，都对邓析很反感，便向当时的驷颛告了邓析一状，诬告邓析借助匿名帖煽动百姓闹事，意图谋反。后来驷颛就下令禁止匿名帖。

但是此举并没有吓退邓析，他又教会老百姓用"致书"的方式来评议时政，其实就是把匿名帖改成了匿名信，同样可以得到相互传递的作用，甚至还把一些举报当权者的匿名信直接递给了驷颛，紧接着驷颛又下令不许百姓写匿名信，邓析又想出了一个"倚书"，也就是把匿名信夹在包裹着其他物品的包裹中，继续相互传递，匿名信在当时一时难以禁止。

邓析在做大夫的时候，非常关心百姓的意见。他经常到百姓中，询问他们的生活状况。有一次邓析看到农夫们还在用瓦罐背水浇地，看到他们辛苦的背影感到非常难过，于是他就和农夫们一起研究，一起想办法，最后借助杠杆的原理，发明了一种可以自动提水的工具——桔槔，这样既可以浇灌农作物，而且大大节省了人力。

桔槔可以说是当时最为先进的生产工具了，以前一个农夫用瓦罐一天最多就能浇1畦地，现在他们一天至少浇灌100畦地。邓析将这种技术推广到卫国等地，一直被人们沿用了两千多年。

但是当时一些固执己见的人都不愿意使用这种新型的生产工具，面对这种不求上进，甘愿落后的现状，邓析就开始辩论，邓析认为只有通过辩论才可以提高人们的认识能力，才能够让他们明辨是非。

新郑境内有一条洧水，有一次发大水的时候，一个郑国的有钱人不小心淹死在里边，他的尸体被一个穷人打捞上来，富人的家属听说之后想要用钱将尸体赎回来,打捞的穷人知道这个人家里很有钱,于是就漫天要价,想要借助这个机会大赚一笔,富人的家属不想出那么多的钱,双方就把事情闹僵了。

此时,富人的家属想到了邓析,希望他能够出面解决这个事情。邓析说:你们不要担心,你们不会出太多的钱的,因为对方只能把尸体卖给你们,除你们之外是没有人要这个尸体的。尸体没有办法长期存放,只要你拖着几天,他自然会降价。富人的家属认为邓析的话有道理,就耐心等了几天。此时那个穷人坐不住了,也找到了邓析,邓析说:你不要着急,一文钱也不要降低,因为对方除了你之外,在其他地方是买不到尸体的。穷人听了他的话以后感觉有道理,也不再着急了。这其实就是著名的"赎尸诡论"的故事,邓析因为这件事被后人称为名辩师,千百年来,邓析所创造的这一经典辩论一直被人们传诵。

邓析非常喜欢为百姓讲理,他经常借助自己博学的知识和辩论才能,帮助人们写讼状,时间长了,在百姓之中如果发生了纠纷,都会去找邓析帮着想办法,人们自然也会给邓析送上一份厚礼。帮人打官司,邓析有规定,他会按照案件的大小来收费,有点像今天的收费律师。当然来找邓析打官司的人络绎不绝,根据《吕氏春秋》记载,邓析所代理的官司总是会获胜。邓析不仅代理别人打官司,而且还会大力宣传法律知识,教会别人诉讼。赵宪立先生曾经说过,春秋末年的时候,地方上已经出现了名为私学的私人开办的学校,当时邓析也办了私学,他聚众讲学,一方面教授自己的《竹刑》,一方面还教会别人打官司,给别人教一些诉讼的技巧,根据《左传》记载,到邓析所创办的私学学习的人络绎不绝,可以说是数不胜数,是当时私学中最为兴盛的。

邓析鼓励人们状告和揭发贵族们的罪行,这使得打官司的人越来越多,贵族们的行为也收敛了很多。邓析的这种倡导,很快在郑国兴起了诉讼的热潮,但是他的这种行为同时也触犯了贵族们的利益,贵族们都对邓析怀恨在心,在这种牵扯到利益的冲突中,邓析惨遭杀身之祸是在所难免了,那些贵族们都纷纷跑到驷颛那里说邓析的坏话,公元前501年,驷颛以邓析扰乱治安的罪行,杀害了邓析,并且将尸体示众,以儆效尤。

虽然驷颛下令处死了邓析,但是却沿用了邓析的《竹刑》,在郑国推行开来。

邓析的思想

邓析是一个非常伟大的革新家，他和子产都可以算作当时的革新派，不过他们两人的思想和主张却不是相同的。

对待周礼的态度是邓析和子产最大的区别。邓析对周礼进行了全盘否定，而且对子产的改良也进行批判；子产则以符合周礼作为自己行动的依据，而且还借助先王的旗号进行活动。

邓析提出了"不法先王，不是礼义"的观点，在此观点中，"法"即效法；"是"即肯定，"不是"即不承认、反对的意思，他的意思就是说：先王的做法并不适合后世的人效法，先王的礼仪也未必是正确的，没有必要全部依照。邓析还是一位民间的民主斗士，他希望政治能够公平，并且倡导百姓能够参与到政治中来，前文讲过的匿名信就是一个很好的例子。

在邓析的思想中将辨析法律概念看得很重，他所指定的《竹刑》和贵族们的法律是完全不同的，他在法律的维护过程中发扬自己能言善辩的才能。

邓析的《竹刑》为后人研究法律以及研究诉讼创造了可能，民间自此也多了很多帮助别人诉讼的职业和人员。邓析对法律的重视以及对法律的研究是无法用文字表达的。

另外，邓析在哲学逻辑方面也有很深的造诣，他是先秦名辩思潮的创始人。他还将这些辩证的方法用在法律中，从而使他的法律无论是形式还是内容都极具特色。

邓析的这种逻辑思维体现在上文提到的故事"赎尸诡论"中，这场案件不仅展示了邓析的口才，还展现了邓析的分析逻辑能力。相同的事实，邓析却可以提出截然相反的两种论断，而每个结论看起来都是有道理的，其实他的这种做法就是为了让双方能够在相持一段时间之后，提出一个双方都可以接受的价格，从而平衡双方之间的矛盾。他的这种揭示事物矛盾统一现象的辩证思维，对古代的逻辑思想发展起到了举足轻重的作用。

吕不韦 ——懂政治、懂生意

【人物介绍】

吕不韦(?—前235年),卫国濮阳(今河南濮阳西南)人,商贾出身,政治家,思想家。

【学派】

在战国末期的时候又出现了一个综合学派——杂家。杂家混合了各家的学说之后,独立而成的一家门派,他们以求达到取各家所长的目的,在此中吕不韦是代表人物,他和自己门客所合著的《吕氏春秋》也是杂家的代表作品,但是杂家的学者并不认为自己是杂家,"杂家"这个名词最早出现于班固的《汉书·艺文志》中。

吕不韦是杂家的代表人物,在中国历史上,他是一个特别需要关注的人。吕不韦出生于战国末年,一直以来都是一个神秘的人物,他经商可以成为一代富豪,从政同样可以做到丞相的位置。作为一个商人,他是第一个商人从政的成功范例;作为政客,他摄政、攻城、编书,是秦国能够得到统一的重要人物。他也是有史以来最大的投资家,虽然历史的长河中他不会待很久,但是他对后人的影响一直会影响下去。

【生平】

吕不韦约生于前290年到前280年之间,他的家世无法查考,成年后的吕不韦常年奔走于各国做生意,后来来到了韩国,当时他已经是有千金家产的大商人。

秦昭王末年,秦昭王让自己的第二个儿子安国君做了太子,安国君又立自己的爱姬华阳夫人为正夫人。安国君的儿子大概有二十几个,公子异人就是其中的一个。他从小就被秦国作为人质生在在赵国,但是当时的秦国总是攻打赵国,所以在赵国异人没有一点地位,备受冷落。

异人在赵国的生活非常拮据,而在赵国也没有人愿意帮助他,生活日益惨淡。

公元前265年,即秦昭王四十二年,在赵国都城邯郸做生意的吕不韦见到了异人,他非常同情异人的遭遇,同时他认为,异人是有开发潜力的,所以决定用自己的财力帮助异人成为王位的继承人。之前吕不韦和自己的父亲有段有趣的对话,吕不韦问自己的父亲:"耕田能获几倍利?"他的父亲回答说:"能获十倍利。"他又问:"经营珠玉又能赢几倍的利?"他的父亲回答说:"能赢百倍的利。"最后他又问:"帮助立一个一国之主,能赢几倍利?"他的父亲回答说:"能赢无数的利。"由此吕不韦认为,经营政治才是最划算的生意,这样既可以获取巨大的利益,同时还可以流传千古,这是在做最划算的生意。于是吕不韦决定帮助异人,也开始自己的政治生涯。

吕不韦亲自找到异人,并且对异人说:"我能帮助你实现你自己的愿望。"异人对此表示怀疑,还笑着说:"你怎么可能帮助我实现愿望呢?你还是努力让自己发达起来吧。"吕不韦说:"我的发达是在你发达之后的。"异人渐渐明白了吕不韦的意思,于是决定和他合作,两人促膝长谈。

吕不韦分析了异人的情况:秦王已经很老了,而安国君如今是太子,安国君应该会很快做王,安国君最为宠信的就是华阳夫人,但是华阳夫人并没有儿子,能够帮助异人从二十几个弟兄中脱颖而出的也只有华阳夫人了。吕不韦告诉异人,虽然自己不富裕,但是他还有一些积蓄,他愿意说服安国君和华阳夫人立他为太子。异人非常感谢,声称如果吕不韦成功,愿意分享秦国。

吕不韦将自己的家产分为两部分,一部分送给异人,让异人结交天下英雄,另一部分则是自己在全国各地购买好玩的东西,准备游说秦国。刚到秦国的吕不韦各方送礼,让他们都说异人的好处,而且天天思念安国君和华阳夫人,安国君和华阳夫人听说了以后,都非常高兴,在心里对异人已经有了一个很好的印象。

吕不韦又找到华阳夫人的宗亲姐妹让她们劝说华阳夫人立异人为继承人,因为女人毕竟有一天会容颜衰老,就不被宠信了,所以最好的办法就是让自己的儿子做继承者,既然现在还没有儿子,那么就在现有的这些安国君的儿子中选择一位,像自己亲生儿子一样对待,等到安国君去世之后,她就可以永享荣华富贵了。而现在的所有儿子中,异人最为孝顺了。

华阳夫人听了这些话后,深感有道理,于是在一次侍奉安国君时,华阳夫人说起了异人,并且夸他虽然身处赵国,但是心里一直放不下秦国,而且是诸位公子中最为孝顺的,从赵国来的人都在夸赞他。紧接着哭道:"我得大王错爱以服侍左右,却不幸膝下无子,我想让异人立为继承人,以减贱妾无后之过。"安国君看见自己的宠妾如此悲切,也就答应了,于是安国君选择了一个吉日立异人为嫡子,并且邀请吕不韦担任异人的老师,侍奉其左右,至此异人在诸侯国中名声鹊起。

当时吕不韦在赵国有一位容貌漂亮,能歌善舞的小妾,一天,异人和吕不韦在饮酒的时候,异人看到了这位小妾,一见钟情,喝到一半,异人站起来希望吕不韦能够将这个小妾送给他。吕不韦听后非常舍不得,但是想到自己已经倾家荡产为了异人了,于是就勉强答应了。不久那个小妾临盆,生下了儿子子政,其实就是后来的秦始皇,异人也将这位小妾立为夫人。

公元前257年,即秦昭王五十年,秦国的大将王翦围攻邯郸,情急之下,赵国想要杀死异人,异人找到吕不韦商议,他们用重金贿赂了看守,然后得以逃脱,赵国又想要杀死夫人和孩子,由于异人的夫人是当地一位富豪的女儿,所以得以隐藏,最终活了下来。

公元前255年,异人和吕不韦回到了秦国,吕不韦知道华阳夫人以前是楚国人,所以让异人穿着楚国的衣服去见华阳夫人,果然得到了华阳夫人的喜欢,当场将异人的名字改成了子楚。

公元前250年,安国君即位,为秦孝文王,华阳夫人做了王后,子楚正式成为太子,赵国为了讨好秦国也把子楚的夫人和儿子送到了秦国。一年之后,安国君去世,子楚正式即位,为秦庄襄王,吕不韦担任宰相,封"文信侯",赐食河南洛阳十万户。也是从这天开始,秦国的军国大权全部都掌握在吕不韦的手中。

但是,子楚即位三年后也死了,当时只有13岁的太子政即位,吕不韦号称仲父,辅佐太子政,稳定了秦国的政局。

当时的秦国已经是战国最为强大的诸侯国,吕不韦掌权后,仍然坚持用战争的方法达到统一。公元前249年,庄襄王元年,东周集结一些诸侯国进攻秦国,吕不韦亲自率领一部分军队击退了进攻,一举灭掉了东周,这次战争中秦获得了河南等重要的地理位置,而且结束了周朝长达八百年的统治。

吕不韦并没有停止自己进攻的步伐,接下来他派蒙骜东伐韩,取得成皋(今河南荥阳西北),秦的边界逼近魏的大梁(今河南开封),建立了三川郡(黄河、洛水、伊水之间),中原的心脏地区从此为秦所占有。前249至前248年,秦攻下了韩国和魏上党郡,一路向北攻击赵国,设置了太原郡,从此以后,秦占有了太行山以西的所有地区,进入太行山的要道被秦统治在手中。

公元前241年,"韩、魏、赵、卫、楚"五个国家联合,向秦进攻,秦国一举攻下了五国的联盟。公元前238年,秦又攻取了魏的垣、蒲阳,极大扩大了自己的地盘,并且横插在赵国、魏国和齐国的中间,隔断了赵国和韩国、魏国的联系,这样的有利地形最后帮助他们慢慢灭掉了韩、赵、燕、楚、齐等诸侯国。

在当时,魏有信陵君,楚有春申君,赵有平原君,齐有孟尝君这些是礼贤下士之人,被后人称为"四君子"。吕不韦为了仿效他们,于是广招贤士,一时间吕不韦的食客有三千多人,于是吕不韦效仿前人,让自己的食客编著了万物古今事,并且名之为《吕氏春秋》,并且将这本书放在咸阳市门,宣称能够对本书增减一个字的人都可以得到赏金千金。

当时的吕不韦位高权重,于是经常深入后宫和秦始皇的母亲赵太后私通,等到秦始皇渐渐长大,吕不韦担心此事暴露,于是给赵太后送了一位身强力壮的男人,以供太后淫乱,后来他们还生下了两个儿子,太后想借助这两个儿子谋反,被人告发,秦始皇将一干人等关起来,严刑拷打,得到事情的真相,才知道这件事情和吕不韦也有牵连,但是因为吕不韦辅佐先王有功,再加上吕不韦的宾客到处游说,所以秦始皇并没有治吕不韦的罪,只是杀死了赵太后私生的两个儿子,将赵太后迁到於雍。

公元前238年,秦王免除了吕不韦相国的职位,并且让吕不韦搬回自己在河南的封地。等到这年年末的时候,很多官员都去拜谒吕不韦,秦王担心他谋反,于是写信给他说:"您对秦有什么功劳,而有河南这块封地,食俸十万户?您又和秦国有什么亲缘,而可以被称为仲父?"于是让吕不韦和他的家属搬到了蜀地。

吕不韦想,按照这个削减的速度,终究有一天秦王会杀了他,于是在公元前237年,吕不韦在蜀地的家中喝下毒酒自杀身亡。

吕不韦的思想

吕不韦一生的精髓都集中在《吕氏春秋》中,这本书主要分为十二纪、八览、六论,共二十六卷,一百六十篇,二十余万言,因为书中集中了天地万物的事情,所以被人们称为杂家的代表作。这本书虽然内容很庞大,但是丝毫不杂乱,他主要融汇了儒、道、墨、法、兵、农、名等诸子各家学说,取得了这些学说的长处,并且形成了自己的风格和思想体系,从而反映了吕不韦的政治思想和见解。

吕不韦之所以主张博采众长也是为了适应当时战国的历史趋势,借助别人的长处从而避免了一家见解的短处,从而建立起一种统一的思想体系。按照这个指导思想,《吕氏春秋》承继了儒家"德政"和"重民"的思想,摒弃了儒家一些不切实际的空谈;批判墨家的"非攻"、"救守",却赞同墨家"尊师"、"节葬"的主张;吸收法家的"变法"、"耕战"、但反对法家一味地强调"严刑峻法"。《吕氏春秋》的这些做法是适合或者说有利于建立一个统一的封建王朝的,虽然书中也有一些矛盾或者重复的地方,但是却包含了更多的科学和合理的因素,因此对后人也有启示意义。

在政治上,吕不韦主要主张结束分裂,希望建立一个统一的王朝。《吕氏春秋》中认为战国之所以是一个杂乱的世界,就是因为"诈术并行,攻战不休"这样的分裂局面所造成的,于是他提出了"一则治,两则乱"的观点。

为了能够达到政令统一的要求,吕不韦建议实行中央集权制,也就是所谓的"王者执一而为万物正"。"执一"指的就是中央集权制。吕不韦认为要想建立一套新的统一的封建等级制度,应该实行"正名分",以此作为控制臣子们的手段和有效方法。

而对于施政的方针,吕不韦更加倾向于"德治",然后"法治"辅佐之。他永远把实行德的治理放在首位,否定了法家单纯地依靠法律作为治理的手段。其实他的这种思想就是软硬兼施,借助政治的说教和暴力的镇压两方面来统治百姓。对法家所提倡的君主必须有"权势",懂"君术"他表示赞同。但《吕氏春秋》却说:"大圣无事而千官司尽能",劝君主"清静无为",意思就是说他们没有必要事事躬亲,要让臣子们竭力所为。这种看似矛盾的行为,实际上更好地强调了中央集权制,也同时很好地处理了当时秦国的政治矛盾,这种思想其实也是一种政治的需求。

吕不韦是我国历史上一位奇人,他也是为数不多的以商人的身份作为政治家和思想家,对于"秦灭六国,盖始于魏冉,而成于吕不韦、李斯。"史学家认为这是一个中肯的评价,也是符合中国历史的。秦始皇的统一和吕不韦的贡献是分不开的,他的贡献不仅是思想和战争中,他还为秦国的统一做好了舆论准备。

吕不韦为我国思想史上增添了一些新的内容,虽然作为商人吕不韦进入政坛之后,有些贪婪和占有权力的做法,但是从整体上来说,他还是有贡献的,尤其《吕氏春秋》对后世有积极的影响。

孙子——被称为"兵圣"

【人物介绍】

孙子,名武,字长卿,春秋末期齐国乐安(今山东惠民县)人。生卒年代不详,人们猜测大概和孔子的年代差不多,孙武是中国历史上最为伟大的军事谋略家、军事思想家,后人称之为"兵圣"、"兵家之祖"和"兵家之师",他除了显赫的战功之外,还留给后人一本重要军事著作——《孙子兵法》。

【学派】

兵家代表人物。

【生平】

孙子是齐国的贵族,也是名将的后裔,他的祖上是陈国的公子陈完。公元前672年,陈国发生了战乱,陈完便逃至齐国避难,并且改名为田完。田完的第五代孙子田书也就是孙武的祖父曾经是齐国的大夫,在攻打莒国的时候立下了战功,于是齐景公将乐安封给了田书,并且赐给了他"孙"姓,以此表示对田书的嘉奖。

孙武出生在这样一个将帅的家庭,从小就受到了家庭气氛的熏陶,对军事产生了非同一般的兴趣,他年轻的时候就阅读了著名军事典籍《军政》,了解了黄帝作战的故事,并且从中学习了不少东西,这也为他很早成为知识渊博的军事理论家奠定了基础。

大约公元前532年,齐国的四大贵族田、鲍、国、高发生了较大的矛盾,并且发展成了斗争。孙武是田氏的后裔,在这场贵族的斗争中自然是站到了田氏这一边,但是无论如何其他家族的战斗都会殃及田氏的权力,纠缠于此中的孙武非常矛盾,他并不想成为别人斗争的牺牲品,于是选择了投奔他国,选择自己的路。

大约在公元前518年,孙武离开了生养自己的齐国,到了在春秋末期才发展起来的南方国家——吴国。作为一个隐士,孙武一方面在吴国种地休养生息,一方面潜心研究兵法,并且写作兵法,他还根据吴国当时的政治形势,等待着有朝一日可以实现自己的抱负。再后来他认识了伍子胥,根据《吴越春秋·阖闾内传》中的记载,诸侯争霸中,吴国的国军阖闾同样想得到霸主地位,所以想要攻打楚国。只不过一时间没有找到合适的将领,所以一直在推迟。伍子胥经常和阖闾在一起讨论国家大事,他曾经给阖闾建议说:"孙子精通韬略,有鬼神不测之机,天地包藏之妙,自著兵法十三篇,世人莫知其能。诚得此任为将,虽天下莫敌,何论楚哉!"经过伍子胥的多次推荐,阖闾决定让伍子胥拜孙武出山。

孙武见到阖闾之后,就将自己所著的十三篇文章给他看,阖闾看后,非常开心,根据史料记载,阖闾还选择了100名宫女让孙武操练,他和其他的大臣在旁边观看,以此检测孙武的统兵能力。

孙武将这些宫女分成两队,然后让阖闾最为宠信的两位妃子作为队长,命令全队拿起武器。

孙子在开始训练之前,先问她们:"你们都知道心、背和左右手的方向吧,当我说向前的时候你们就看心的位置、向后就看背的位置、向左就看左手的方向、同样向右就看右手的位置。"

宫女们组成的两队人马都表示已经领会了孙武的意思。

于是操练正式开始,同时孙武还宣布,如果有人违背命令,一律问斩。

宫女们穿上战衣,拿起武器之后,都感觉很新鲜,哪里还顾得上左和右呢!当孙武发号施令让她们向左的时候,她们都还在嘻嘻哈哈地大笑,孙武再次宣布了法令和规定,再次击鼓让她们向右的时候,她们仍旧是嘻嘻哈哈地,孙武很严肃地说:"如果规定不明确,那么是将帅的错;如果明确了规定,还不执行的话,那就是士官的错了。"于是下令斩杀了两个队长。

阖闾在高台上看见自己的两个宠妃即将被斩杀后,非常惊骇,急忙让人传话给孙武求情。孙武回答说:"臣既然是受命了的将领,那么就是将在外,君命有所不受。"仍旧派人斩杀了两个队长,接着又选出了两个宫女作为队长,重新开始操练,这下子这些宫女老实很多了,她们都很严肃地接受训练,最后全部符合要求。孙武整顿好队伍之后,派人给阖闾说:"现在已经训练好了女兵,不管怎么指挥他们都可以听令。"阖闾虽然对孙武杀死了两位妃子非常不开心,但是孙武毕竟是一个将帅之才,还是转怒为喜,开始重用孙武了。

当时吴国的最主要对手就是楚国,阖闾在发展经济和农业,不断增强国力的同时,还经常和孙武、伍子胥一起探讨国家大事,谋划着破楚的计策。伍子胥就如何加强战备的问题向阖闾提出了建议,他认为:可以在都城的附近建筑一些城堡从而防止邻国的侵略,同时将吴国的军队分为三个军,然后轮流去骚扰楚国,让楚国疲惫。孙武则加紧训练吴国的军队,孙武的训练非常认真,也非常严格,他经常让士兵们拿着锐利的武器训练,这样虽然士兵们有所受伤,但是增强了作战能力,也培养出了他们勇敢顽强的品质。在军队的管理方面,孙武听从了伍子胥的建议,将吴国的军队分为三个军,加强了他们陆战的能力,从而适应了战争的需求。同时让他们在六年里,轮番骚扰楚国的边境,楚国的实力受到了很大的消耗,士兵的锐气也受到了打击。

公元前506年,吴国认为已经有了攻打楚国的条件,于是调动了全国3万多人的部队,对楚国发起了强大的攻势,直捣郢都(今湖北江陵西北)。吴国的军队需要从今天的苏州前往江陵,整体上要奔袭1000多公里,孙武等人和阖闾一起制定了一项出乎所有人意料的进军路线:从淮河逆流西上,然后在淮内(今河南潢川西北)舍舟登陆,再趁楚军北部边境守备薄弱的空隙,从著名的义阳三关,即武阳关、九里关、平靖关,直插汉水。吴国的军队很好地贯彻了这一方针,顺利抵达了汉水,来到了楚国的腹地,楚国依靠着汉水组织进攻,和吴国隔河相对。由于楚军主帅令尹子常为了争功,擅自改变预定的夹击吴军的作战计划,单独率军渡过汉水进攻吴军,结果在柏举(今湖北汉川北)战败。吴国的军队乘胜攻击,最终是五战五胜,占领了楚国的都城郢城。

　　吴国的军队攻占了郢城之后,阖闾被眼前的胜利冲昏了头脑,竟然让自己的军队在城中进行大肆掠夺和抢劫,此举引起了楚国人的愤恨。公元前505年,楚大夫申包胥至秦国求援,借来了大量的军队和吴国作战。秦国的军队战胜了吴将夫差的军队,夫差受到了阖闾的谴责,夫差偷偷回到吴国自己称王,在这种情势下,阖闾、孙武和伍子胥只能是放弃郢城,回到了吴国,吴国军队撤退后,秦国的军队顺利收复了郢城。虽然吴国并没有获得成功,但是从此之后楚国走向了衰落。

　　公元前484年,孙武又一次显示了自己的军事才华,他辅佐吴王夫差在艾陵战胜了强大的齐国,从而使吴国军威大振,最终在两年的时间里取代晋国成为了新一代的霸主。

　　司马迁在《史记·孙子吴起列传》中指出:"(吴国)西破强楚,入郢;北威齐、晋,显名诸侯,孙子与有力焉!"

　　至于孙武之后的行踪以及他的命运成为了一个谜,有人说,孙武在辅佐夫差取得霸业之后,知道"飞鸟尽,良弓藏;狡兔死,走狗烹"的道理,于是退隐山林,晚年主要从事著述力作的工作;也有一种说法是,他回到了自己的齐国,隐居在家乡专门教授徒弟。

孙子的思想

孙武的军事思想是我国历史上最为璀璨的珍宝，也是中国优秀文化的重要组成部分。《孙子兵法》一书更是内容博大精深，思想精邃，逻辑缜密严谨，这本书成为了中国古代军事家研习的主要军事著作。

孙武的军事思想具有一定的辩证法的观点，他强调战争的成功与否并不是取决于鬼神，而是依靠于政治清明、经济发展、外交努力、军事实力、自然条件诸因素有联系，这就是朴素唯物论的基本观点。

孙武相信这个世界是客观存在的，还认为世界的万事万物都在发生着变化，强调在战争中应该想尽办法创造出有利于自己的条件，从而发挥出人的主观能动性，然后让事情向有利的方向转变。

也正是因为孙武在军事方面的卓越成就，以及他所总结出来的丰富的、多方面的哲学道理，确定了他和孔子、老子的并列地位，被认为是春秋末年思想史上的三位璀璨巨星。

当然孙武的军事理论并不是没有任何错误和缺点的，只不过是他的兵法著作已经远远超出了同时代的军事著作，也因为其富有远见的认识和思想影响着后世，成为中、外军事家推崇的典范。

比如说，孙武主张"慎战"，在《孙子兵法》中就明确指出，战争是国家的大事，此举会关系到人民的生死存亡，甚至会涉及国家的存亡，所以是需要悉心考虑之后才做的行为。

孙武同时还警告国军不能够因为愤怒而起兵，将帅也不可以因为愤怒而作战，一定要在作战之前冷静下来，分析好情势，要以国家的利益作为尺度然后再决定战还是不战。

孙武还提出了"知彼知己，百战不殆"的著名论断，只有对双方都有清楚的认识，对对方随时随地的变化做到了如指掌，只有这样才可以获得战争的胜利。

同时孙武还提出了集中优势兵力打歼灭战的主张，他认为不管敌我双方的整体实力是怎样，必须创造机会，使我方在局部的兵力上优于对方，从而一举击败敌人。

这些优秀的军事思想和论断几千年里一直受到军事家们的推崇。

历代的军事家和兵法家都是从孙武的思想中取得材料,从而用于自己的战斗中。战国时代的吴起、尉缭和孙膑等人就是推崇孙武兵法,同时延续孙武兵法的优秀军事家。三国时期的军事家、政治家曹操也对孙武的《孙子兵法》赞赏有加,他还亲自整理了前人对《孙子兵法》的研究文字,然后制成了简单易懂的"略解",此举也为后人学习《孙子兵法》提供了很大程度的便利。

《孙子兵法》不仅是中国的谋略宝库,在世界上同样享有盛名。8世纪的时候传入日本,18世纪的时候又传到欧洲,现在已经被翻译成了29种文字,在世界各国广为流传。英国著名军事理论家利德尔·哈特向人透露:他的军事理论书籍的内容大多数都在2500年前的《孙子兵法》中可以找到。尤其是在1991年的海湾战争中,美国海军陆战队的军官都奉命带着一本《孙子兵法》,以便于随时阅读,随时得到帮助。

相关人文景点

孙武墓:位于今天苏州市相城区元和镇陆墓境内的孙武墓,相传是当年孙武当着阖闾的面,操练宫女的地方,此处曾经还有二妃庙、二妃祠,现在建有具有纪念意义的建筑——孙武苑。

孙武苑:建在东吴国家森林公园穹隆山景区,这里是当年孙武隐居的地方,这里背靠太湖,四周环绕群山,丛林密布纵深幽静,是一处胜地。孙武苑是一处木结构的房屋,可以分为三间,最中间的房间里摆放着孙武的铜像,旁边的桌上堆放了多卷竹简,墙上还挂了一幅用金文画的作战图。两边的房子一个是厨房,一个是卧室,里面有孙武用过的斗笠、蓑衣,还有一些古代的灶具。

孙武祠:在今天山东省广饶县城中心,有7000多平方米,这个祠主要以关帝为主体,同时内含4个融古代与现代建筑风格为一体的仿宋式四合院。正门坐北朝南,为庑殿式建筑。大门内为孙武祠的南院,院落正中矗立着一尊汉白玉孙武雕像,高4米,身佩宝剑,手持兵书,昂首挺胸,睿目远眺。两边厢房为卷棚式仿古建筑。南院与北院由一歇山式仿宋门庭相通。北院的主体建筑为关帝庙大殿，殿内正中端坐着一尊巨型仿铜孙武塑像，两侧陈列着各种仿制的先秦兵器。三面墙壁上悬挂着孙武生平事迹壁画和仿制的《孙子兵法》十三篇木简。北院两侧为东、西厢房。西厢房中间有一穿廊，使北院与西北院联为一体。西南院为博物馆。整个孙武祠殿台亭阁，布局精巧匀称，结构错落有致。青砖黄瓦、朱门明轩、曲径回廊、柏槐花卉相互映衬，可谓巧夺天工，妙趣横生。

其他学派

农家

农家是春秋战国时期我国的一个思想流派，因为注重农业而得名，这一派主要来自于古代管理农业生产的官吏，他们认为农业为本，农业是一切工作的基础。

《汉书·艺文志·诸子略》将农家列为九流之一，并且说：农家者流，盖出于农稷之官。播百谷，劝耕桑，以给衣食，故八政一曰食，二曰货。"所重民食"也是这一派的特点，这一派主要尊奉的是神农氏。

农家主要主张推行耕战政策，鼓励人们发展农业生产，同时他们也积极研究农业生产问题。

农家的著作比较多，主要有《神农》20篇、《野老》17篇、《宰氏》17篇、《董安国》16篇、《尹都尉》14篇、《赵氏》5篇等，遗憾的是现在已经全部失传。《吕氏春秋》中的《上农》、《任地》、《辩土》、《审时》等篇，被认为是研究先秦农家的重要资料。农家的著作没有一篇完整地保留下来，只有从诸子百家的其他文章中看到一丁点儿。

农家的主要代表人物有许行。

许行(约前372—前289年)，是战国时期的农学家、思想家。楚国(都城江陵纪南城)人，许行生活于楚宣王和楚怀王的时期，借助远古的神农氏从而教民农耕，并且主张"种粟而后食"，同时他还认为贤明的领导者应该带领百姓一起劳作，他所带领的门徒大约有十多人,都是穿着简单的衣服,在江汉间打草织席为生。

许行的思想的核心内容是反对不劳而食,他和他的门徒们都是以农事为主业,同时还从事一些手工业工作,他们在市场上认识到了交换的重要性,用粟来交换帽、锅、炊具、铁制农具等需要品。他指出,如果一切自制,将妨碍农耕。对于价格的问题他也有自己的见解,他主张根据产品的长短、轻重、多寡、大小等方面的问题来制定相应的价格,从而保证相对的公平。

许行的思想反映了当时小农经济平均主义的思想,也是中国劳动人民自食其力的淳朴体现,表达了解除现实压迫的强烈愿望,此举为后世起到了深远的影响。

小说家

小说家,是先秦与西汉时代杂记民间故事的学派。

《汉书·艺文志·诸子略》载:小说家者流,盖出于稗官。街谈巷语,道听途说者之所造也。孔子曰:"虽小道,必有可观者焉,致远恐泥,是以君子弗为也。"

小说家著作有《伊尹说》27篇,《鬻子说》19篇,《周考》76篇,《青史子》57篇等,但是这些制作都已经失传。后来经过考证,发现小说家著作体例似外史、别传、笔及之类,其立说托诸古人者有《伊尹说》、《鬻子说》、《师旷》、《务成子》、《天乙》、《黄帝说》;杂记故事者有《周考》、《青史子》、《虞初周说》、《百家》等共15家1380多篇。

刘歆列九流十家,只有小说家被排除在九流之外,可见他的影响并不是很大,小说家反映的是古代平民的思想,这一点是九流的其他学派无法比拟的。

易家

在九流之外,春秋战国时期还有一个易家,因为对《周易》的研究而独成一派,形成了属于自己的哲学认识。

易家学说的主要思想来源于老子的宇宙学说,以及孔子的人伦学说,从《周易》中引申出来的一种学说,这一派别通过自己对自然的观察,通过阴阳的变化解读世界万物的变化和发展,主要的代表作是《易传》,其作者无考。

第二章
罢黜百家，独尊儒术

春秋战国时期中原大地处于百家争鸣的阶段，出现了很多具有超前意义和现实意义的思想，期间出现的学者也为后世几千年的中国发展起着重要作用。

秦国在统一了六国之后，他们主要依从法家思想，秦孝公任用商鞅进行变法，商鞅死后，秦国所实行的政策依旧没有变，秦国当时国富力强，已经从一个落后挨打的国家一跃成为了最为强大的国家，最终一举灭掉了其他六个较为强大的国家，统一了中原。

而在秦朝之后，法家的思想并没有一直走下去，在逐渐演变和历史发展的过程中，几位孔、孟之后的儒家集大成者董仲舒等人将儒家思想提升了上来，最终是"罢黜百家，独尊儒术"，让儒家思想成为了最为正统的思想，并影响了几千年。

秦始皇的时期，秦国依旧沿用法治政策，当时韩非子的同学李斯在秦国担任丞相，所以秦国的很多法令以及重大的措施基本上都是出自于李斯的建议。秦始皇当政的时候，无论大小事，都是由自己亲自处理的，甚至到半夜的时候还在批阅奏章，由此可见他的法家作风，后来秦始皇决定不再实行分封制，决定焚烧《诗》、《书》等百家经典，此举也证明了秦始皇时期实行法家政策已经达到了顶峰。

法家政策在秦统一了六国之后，稍微有所减少，但是这种变化并不是为了持续发展为目的，此举只能让秦国更加封闭。由之前的奖励耕战、加强君权、制约大臣转化成了普遍的刑杀，所有的事情都被列为刑罚，而且制定了很多重刑。

法令的约束对象也更为广泛，不再是上层官吏，而是社会中的每一个人，秦二世即位之后,将秦始皇勤于理政、经常出巡的法家作风,转变成了终日不见大臣的制御之术,结果导致人人自危,整个秦国也是杀戮不断。

法家学说就是秦代实行残暴的统治的理论依据,加快了秦国的灭亡。贾谊说:"秦离战国而王天下,其道不易,其政不改。是其所以取之守之者无异也。"他认为秦国借助法家的思想取得了天下的统一,但是统一之后他们仍旧沿袭法家思想,这也是他们失败的原因。他的思想也代表汉初的一批思想家的普遍认识,是非常中肯的评价。秦国借助法家的思想迅速积攒力量,取得了统一,但是又借助法家思想镇压百姓,控制百姓,使得百姓遭受疾苦,民间怨声载道,最终使得一番霸业熄灭于农民起义中。

李斯——法家从此无人

【人物介绍】

李斯(约前284—前208年),楚国上蔡(今河南上蔡县西南)人,秦代思想家,政治家。

【学派】

法家的代表人物。

李斯是法家思想史上最为重要的人物之一,同时也是法家思想史上最后一位重要人物。也正是因为李斯的出现,才使得法家思想走上了统治地位,在李斯之后,秦王朝覆灭,法家的思想衰落了,从此一蹶不振。

【生平】

李斯在楚国出生,年轻时曾经做过一些掌管文书的小吏之类的官职。司马迁在《史记·李斯列传》中记载了这样一件事:有一天,他在厕所中看到老鼠正在吃人的粪,一看到人和狗,老鼠就被吓跑了,后来他在仓库里看到老鼠在偷吃粮食,而且完全没有人去管,于是他生出感慨:"人之贤不肖,譬如鼠矣,在所自处耳!"也就是说,人想要出人头地,就得像仓库里的老鼠一样,只有为所欲为才能成功而且能够享受。

战国时期盛行的追名逐利的风气影响到了李斯,为了能够出人头地,李斯辞去了自己小吏的工作,而到齐国去求学,拜当时的大学者荀子为师。

荀子的确是当时很出名的学者,他会根据当时的政治形势,对孔子所提出的儒家思想进行了一定的改造,所以更适合新兴的地主阶级,荀子的思想也更接近于法家的主张,也就是研究所谓的帝王之术,学习如何治理国家的学问。李斯在学习的过程中有很长足的进步,并且在学习的过程中结识了韩国的公子韩非,学完之后李斯就要到当时强大的秦国去发挥自己的才学,从而谋得属于自己的富贵。

在李斯要离开的时候,荀子问他为什么要到秦国去。李斯回答说:"干任何事业都要有一个时机,现在各国都在争雄,而其中秦国的野心最大,所以我想我去会有一番作为,人生在世,穷困是最大的悲哀,卑贱的地位已经让我受够了,所以,我选择到秦国去。"于是他离开了自己的老师和同学们,去了秦国。

公元前247年,李斯来到了秦国,刚开始他在吕不韦的门下做食客,李斯的机智以及他的才学很快让他在一堆的食客中脱颖而出,很快得到了吕不韦的认可和赏识。于是吕不韦将他推荐给了秦王,担任了秦王政的侍从官,为了能够引起秦王政的注意,他不断揣摩秦王的心理,并且借助一切的机会接近秦王政。他曾经给秦王献上了《论统一书》,劝说秦王抓紧"万世之一时"的良机,"灭诸侯,成帝业",实现"天下一统"。秦王政非常认可李斯的观点,于是升他为长史,后来又拜他为客卿,然后让他制定吞并六国,建立一统天下伟业的策略和部署工作。

公元前237年,正当李斯准备有一番作为的时候,没想到秦国的一些旧贵族借口有人在秦国搞间谍活动,于是让秦王政下令驱除六国客卿,于是秦王政下达了一道"逐客令",驱逐了所有来自其他国家的官员,自然,李斯也是其中的一位。

李斯在离开秦国的路上,写下了《谏逐客书》,希望秦王政能够收回成命,而且他在该文中列举了大量的历史事实,说明客卿是有辅佐秦国的功劳的,还希望秦王政能够不论地域地收揽人才,秦王政看完《谏逐客书》后感觉颇有道理,于是下令收回了逐客令,追回了已经被驱逐的所有客卿,并且恢复了李斯的官职。李斯的直言劝谏为秦国留下了一大堆有才干的政治家和军事家,这为秦国建立一番伟业打好了基础,也加快了秦国统一的进程,同时奠定了李斯在秦国的地位。

逐渐平定六国,统一中国的提议被提到了秦王政的日程上来,李斯向秦王政建议,首先要进攻实力最弱的韩国,成功之后可以建立军威,从而震慑其他几个国家。

此时,李斯的昔日同窗韩非来到了秦国,秦王政同样非常赏识韩非的才干,想要重用他,这引起了李斯的嫉恨,后来借助秦王政对韩非的怀疑将韩非送到了牢房里,紧接着,李斯亲自给韩非送去了毒药,在李斯的恐吓下,韩非喝下了毒药,一代大家就这样不明不白地死于狱中。李斯虽然害死了韩非,但是他却贯彻了韩非的法家思想,此后只用了三年的时间,秦国就灭掉了韩国。从前236至前221年,秦国先后灭掉了六国,顺应了时代的发展需求,结束了从春秋时期开始的战乱、诸侯割据的局面,李斯在战争中也是立下了赫赫功绩,从而位列三公。

秦国统一之后,就如何管理这个统一的国家的问题,李斯又向秦始皇建议:"置郡设县,遣官治理",也就是说,将全国分为三十个郡,然后再在郡下设置县,秦始皇力排众议,然后接受了李斯的这个建议。

当时,博士淳于越坚持要实行分封制,这下子激怒了秦始皇,秦始皇将他交给李斯处理,李斯通过审查认为博士淳于越是个食古不化、厚古薄今的罪人,拟定了他的罪状,并且认为他之所以这样就是因为读书太多,建议秦始皇下令烧掉一些书籍。按照李斯的规定,凡《秦记》以外的史书,凡是博士收藏的诗、书、百家语等都要统统烧掉,只准留下医药、卜筮、种树之书。以后如果还有人敢谈论,就要将其在闹市区处死,然后暴尸街头;如果有人敢于评论古今的,就要全族处死;官吏中知道而不举报的,与此人同罪;下令三日还不烧书的人,在脸上刺字之后发配到长城上修长城。在焚书的第二年,秦始皇对书生进行了又一次更为严重的迫害,他下令活埋了咸阳的460多名儒士,这也就是历史是非常出名的

"焚书坑儒"。这次事件可以说李斯既是策划者,同时又是导演者,导演了中国历史上这一幕最为荒唐的闹剧。

公元前210年,秦始皇出游回来的路上,病死于沙丘行宫后,为了权力的争夺,李斯、秦始皇的小儿子胡亥、胡亥的老师赵高之间展开了一番明争暗斗,他们相互算计,相互提防,在他们的操纵下,本该由秦始皇的大儿子扶苏继承的王位,落到了昏庸无能的胡亥手中,后来赵高设计陷害了李斯,等到他发现自己被设计陷害的时候,已经无力回天。公元前208年7月,赵高诬陷李斯谋反,然后将其腰斩于市区,并且灭了李斯的三族。

李斯的思想

李斯的政治思想主要是继承了韩非子的法家思想的所有理论主张。

李斯的政治主张主要是建立一个中央集权的统一大国家,为了实现他的这一政治主张,他顺应了历史的潮流,帮助秦始皇制定了吞并六国,实现大一统的策略,并且继续努力,通过十年的时间,建立了这个大一统的国家。

在秦国刚刚建立的时候,为了维护他们的统治,李斯向秦始皇建议,要废除六国所有和秦国不一样的法律,重新修订一本法律典章,让全国的法度统一,让人民遵循。秦始皇自然采纳了这个建议,在秦原来的法律上建立、修订、补充了一些条文,成为了一套完整的、严密的刑罚制度,也就是《秦律》。此法的实施,不仅是史无前例,而且对后世的历史影响很大。

其实,李斯在辅佐秦始皇巩固秦朝的政权,促进秦朝的政治、经济、文化的发展方面都有着不错的建树。当时他建议秦始皇废除造成诸侯分裂割据、长期混战的分封制,实行郡县制,并且由中央任免官员。在中央设三公、九卿,分职国家大事。这一套封建中央集权制基本上铲除了诸侯分裂的祸根,为之后的国家统一,以及社会的进步都有着积极作用。所以,在秦朝之后,这一制度被封建社会沿用了两千多年。

在文化方面,李斯认为为了实现统一的政治形式,需要实行愚民政策,他建议秦始皇下令关闭私学,同时烧毁《诗》、《书》,在文化方面实行专制。秦始皇采纳了他的这些建议,将焚书的火烧到了全国,很多经典名著和文章都在这个时期被烧毁,这把火一个月都没有熄灭过,烧毁了秦朝以前的所有除自然科学(医药、种树)及神学(卜筮文献)以外的文字。

秦朝大一统之后,由于过去诸侯分割的局面,使得语言、文字等都不统一,有很大的差异,这对于国家经济、文化的发展,以及管理者的管理都很不利,所以李斯建议统一文字,并且亲自主持了这个工作,他以秦国的文字为主导,然后废除了一些异形字,简化了一些文字,形成了一些写起来简单,同时形体也比较规范的文字,这种文字比较适合于小篆,将此定位全国的统一标准文字。他还亲自用小篆写了一篇《仓颉篇》,将此作为范本,流传于全国。小篆的出现是中国汉字发展史上的一次进步。李斯还在统一货币、度量衡以及修驰道、同车轨等方面作出了巨大的贡献。

中国历史上的出名官吏数不胜数,但是他们大多数都只能对当朝起到作用,时过则境迁。但是李斯的很多做法都影响了几千年。司马迁在《史记》中评价李斯说,李斯作为一个普通民众怀抱着理想来到秦国做官,借助着机遇最终成就了一番霸业,如果不是一些让人无法容忍的恶行毁坏了他的声誉,那么他的功绩真的可以和周公、召公媲美了。

相关人文景点

李斯坑:李斯被害死于咸阳,当时赵高带着人来到上蔡还抄了李斯的家,对李斯的整个故居进行了挖地三尺的抄查,有的地方都深达丈余,这里后来就成为了一片芦苇地,后来人们为了纪念李斯,将这个地方称为"李斯坑"。

李斯楼:位于今天的河南上蔡县,是李斯曾经的居所。李斯被害死后,他的幼子在朋友的帮助下得到保护,藏匿于这里,直到现在,此地的很多居民都姓李,据说就是李斯的后代。从秦朝开始,这里就流传着一个风俗,每当清明节扫墓的时候,不在坟顶上放置祭物(即圆形土块)。这是因为李斯被杀头,以此永远纪念李斯被赵高所杀害的冤案。

李斯墓:位于李斯楼村的东南角,在今天的河南上蔡县城西关15公里,是一座非常高大的土冢,墓的四周都砌有石阶,墓碑上刻着"秦丞相李斯之墓"。在墓的四周有松树和柏树,墓西不远处有李斯跑马岗和李斯饮马涧。据说李斯在年轻的时候经常在这里骑马,马渴了就喝涧沟里的水,整个墓区岗岭高耸,涧水澄薄,云浮碧野,鸟语花香,是一处风景优美的游览胜地。唐朝诗人胡曾专为李斯墓题了诗,其诗曰:"上蔡东门狡兔肥,李斯何事忘南归?功成不解谋身退,直待咸阳血染衣。"宋朝大诗人刘敞也为李斯墓题了诗。诗为:"二事三公何足论,忆牵黄犬出东门。天人忌满由来事,枉持沙丘有旧恩。"

贾谊——生不逢时的才子

【人物介绍】

贾谊(前200—前168年),人称贾生、贾太傅、贾长沙。洛阳(今河南洛阳东)人。西汉初期的政论家、文学家。

【学派】

西汉时期儒家思想代表人。

贾谊是我国历史上很出名的才子,可以说是风华绝代,只可惜怀才不遇,最终郁郁寡欢,落得个英年早逝的下场,让多少人为之惋惜。

【生平】

汉高帝七年(前200年),贾谊出生在这个刚刚建立政权的年代,这既给了贾谊施展才华的机遇,同时也给他带来了一生的坎坷和痛苦。

贾谊小时候生长在平稳和和平的生活环境中,他的生活基本上是读书、写文章,18岁的时候就可以诵读一些非常著名的文章,并且赢得了"洛阳才子"的称呼。晋潘岳有《西征赋》赞叹贾谊:"终童山东之英妙,贾生洛阳之才子"。后人于是用"洛阳才子"泛指洛阳有文学才华的人。河南郡守吴公听说了贾谊的才华后,将他收到了自己的门下,作为自己的弟子,非常器重。可以说从生下来,到这个时候,贾谊都是一帆风顺的,贾谊本人也是风度翩翩,出口成章。因为少年的时候就已经成名,所以贾谊多少有些自负之气,性格也比较执著,可以用才高气盛来形容他。

公元前180年,汉文帝刘恒即位后,当时的河南郡守吴公有着显赫的政绩,而且和李斯是同乡,曾经跟从李斯学习知识,于是将吴公招为廷尉。汉元帝元年(前179年),吴公大力推荐贾谊,于是贾谊能够来到朝廷担任博士,当时的朝堂内大多数都是老年人,只有贾谊是二十多岁,是博士中最年轻的。每次贾谊参议召令,其他的博士还没有发言,贾谊已经对答如流了,而且还能够得到别人的赞同。后来贾谊被提升为太中大夫,年轻的贾谊已经在仕途上显示了他的过人之处。

年轻有为的贾谊希望自己能够有更多的作为。他认为:西汉建立已经有二十多年的历史,现在天下太平的时候,就应该改变历法、变易服色、订立制度、决定官名、振兴礼乐。于是他自己拟定了很多的仪法,并且崇尚黄色,遵用五行之说,创设官名,这对之前的秦朝旧法做了很大的改变。

贾谊当时非常提倡改革,在此方面也表现出了他的政治才能,只不过他的思想总是脱离当时的社会现实。文帝为高祖庶子,刚刚登基不久,他的地位都还不稳固,怎么有心情去搞这些看似有用,但对目前没有任何帮助的改革,因此他并没有接受贾谊的建议。此时的贾谊因为缺少政治经验从而接受了他人生中的第一次大挫折,他也因为这件事情得罪了很多贵族和大臣,为他后来的生活和仕途埋下了祸根。

汉文帝虽然没有接纳贾谊的建议,但是对贾谊本人却是器重有加,并且认可了他的政治主张。当时的汉文帝因为在朝廷里没有亲信,所以希望有几个有才干的人能够辅佐他,于是他准备提升贾谊为公卿。当时的贾谊只有二十来岁,也没有任何的政绩,再加上他自己太过于自负,有些恃才不羁,所以朝廷中的大臣都不怎么喜欢他。以丞相周勃和太尉灌婴等重臣为首,上上下下都反对汉文帝破格提拔贾谊,汉文帝最担心的就是自己的地位动摇,所以自然不敢招惹这些在朝廷和地方上有地位的大臣,因此提拔贾谊的事情也就作罢了。

经过这件事情,周勃、灌婴等一些大臣不仅对贾谊不喜欢,而且开始防备他,他们认为这个才华横溢而又年少轻狂的年轻人总有一天会误大事,于是他们经常在汉文帝的面前讲贾谊的坏话,汉文帝也慢慢开始疏远贾谊,最后派贾谊去了长沙,其实就是贬了贾谊的官职。

贾谊信心满满地希望自己能有一番大作为,没有想到最终落得如此下场,而且还离开了京城这个政治的中心,心里非常惆怅。他打听到长沙地势低洼,而且非常潮湿,所以认为自己到长沙后肯定会活不长。他在南下渡过湘水的时候,想起了战国时候的楚国大臣屈原,于是心里有了感触,写下了《吊屈原赋》一文,得以千古流传。

汉文帝七年(前173年),汉文帝开始有些思念远在长沙的贾谊,于是又将他招入宫中,一到宫中,贾谊就做了一番宏论,得到了汉文帝的表扬,汉文帝感慨着说:"吾久不见贾生,自以为过之,今不及也。"

后来,汉文帝拜贾谊为梁怀王的太傅,在担任梁怀王太傅的这段时间里,贾谊依旧关心政治,同时依旧敢于发表自己的政治见解,写下了《治安策》、《论积贮疏》等名篇。

汉文帝十一年(前169年),梁怀王刘揖入朝,不小心从马上掉下来,贾谊认为自己作为太傅是有一定责任的,所以很伤心,也是因为伤心过度,一年之后,也就是汉文帝十二年(前168年),贾谊离开了人世,只有33岁。

贾谊的思想

贾谊在政治方面有远大的见识,他对事情的洞察能力也非常强,同时又善于总结历史的教训,他总是能够抓住社会的当前动态和主要的问题,然后提出非常精辟的见解以及有效的对策。

贾谊权力最高的时候,正是"文景之治"刚开始,当时的治国方略已经有了一些成效,但是贾谊却从这种表面上的太平中看到了危机,并且他认为这种危机就像是放在烈火上的干柴,很有可能随时爆发,他对当时人们的麻木感到非常痛惜,他在此时提出了自己的政治见解和治国思想,其中最重要的步骤是兴礼义、定法制,也就是说通过礼仪的方式对旧的政治统治模式进行彻底的重建。

贾谊的思想中很看重百姓的作用,他认为"民"是国家兴衰、治国成败与否的最终决定者,同时他还指出统治者以人民为根本,并不仅仅是怀着一颗爱民的心,也不仅仅只是做几件爱民的举动,还应该将这种思想贯彻到自己的治国思想之中,也就是要努力实行仁政。他认为仁政就是在基本上做到有利于百姓。他也提出了几项措施:重本轻末、重农抑商、以农致富,在实行政策的过程中要尽量不扰民、不伤民。对于统治者的刑罚,贾谊认为要慎之又慎,甚至认为宁可错失了对犯罪者的惩罚,也不应该有滥杀无辜的现象发生。

在外交上,贾谊同样有着不同的见解,秦汉之际,北方匈奴强盛,对中原构成极大威胁。但是汉初的国力不是很强盛,所以一开始一直采用着和亲的手段,但是随着汉朝的逐渐强大,和亲的措施已经无法满足汉朝的需要,贾谊认为,汉朝和匈奴之间应该形成一种从属关系,让匈奴来朝贺汉朝,因为汉朝的势力要大于其很多。当然他也认为应该推崇儒家思想,感化匈奴,以德服人。

此外,贾谊希望设置专门处理匈奴事物的部门,将匈奴以一千家为单位,将其分为若干个小国,然后将其纳入中央的管辖范围,这样一方面可以解除匈奴带来的威胁,一方面也可以防范月氏等部落。

贾谊的《过秦论》、《治安策》、《论积贮疏》等名文也显示了他非凡的政治见解,所以刘向将其和古代的伊尹、管仲相提并论。

在散文的造诣方面,贾谊开两汉政论风气,紧扣时代脉搏,篇篇针砭时弊,说理透辟晓畅,深刻洗练,言词激切,理足气盛,比如《论积贮疏》、《治安策》等文章就是典范;也有一些文章铺张扬厉,排比渲染、辞采绚丽见长,比如著名的《过秦论》就是这样的文章,他的文章影响深远,唐、宋的文章都受其文章的影响。

相关人文景点

贾谊祠:在湖南省长沙市天心区太平街太傅里,是湖南省的省级文物保护单位,也被称作贾太傅祠、贾谊故宅。

贾谊祠一直没有被考证过,后来晋代的长沙郡公陶侃曾经居住在这个地方,所以一度有人将这里称为陶侃庙,唐朝时期的杜甫、韩愈、李商隐、刘长卿等人也都在这里做过文章和诗词,但是贾谊祠多次经历兴废。

明成化之前这里曾经是兵营,到了成化元年(1465年),长沙太守钱澍赎回修葺,仍旧作为贾谊祠,这件事情在李东阳《汉长沙王太傅贾公祠记》有着详细的记载。到了万历八年(1580年),兵备道李天植于祠内增祀屈原,又有屈贾祠之名。

清朝康熙和乾隆两个皇帝都对这里重新修整过,嘉庆年间,巡抚左辅又一次修整了这里。光绪元年(1875年),粮道夏献云、巡抚王文韶择地另建屈祠,这里仍旧是贾谊祠,他们大兴土木,还在后面建设了清湘别墅、怀忠书屋、古雅楼、大观楼等建筑物,将这里打造成了一个非常典雅的园林建筑群。只可惜在1938年的时候,毁于长沙大火中。

现在的贾谊祠其实是后来重建的,只有一间很简陋的房子,面积也只有56个平方米,坐东向西,砖木结构,青砖墙,小青瓦硬山顶,室内东向砖墙设龛,额题"太傅殿",里面供奉着贾谊的像。后来,1971年这座像失窃,到现在也没有找到。贾谊祠前,太傅里小街的一侧有两眼水井,其口敛腹阔,状如壶,据说是贾谊亲自凿出来的,因为杜甫写过"长怀井依然"的句子,所以这里又被称为"长怀井"。以前,这里还有一张独脚石床,但是后来也失窃,没有了踪影。贾谊祠被认为是长沙最为古老的古迹,来探访的人络绎不绝。

1988年,在做基建工程的时候,在此处发现了贾谊祠遗迹和有关碑文数通,这为研究贾谊及其思想提供了依据,所以引起了有关部门的关注,开始对此进行重建。

董仲舒——孔孟之后儒家又一集大成者

【人物介绍】

董仲舒(前179—前104年),广川(今河北景县西南)人,汉代政治家,思想家。

【学派】

董仲舒是汉朝时期儒家的代表人物,他曾经建议汉武帝"罢黜百家,独尊儒术",让儒家思想成为了中国统治者的正统思想,从而延续了两千多年,他因为研究孔子的《春秋公羊传》而出名,被后人称为"公羊大师","汉代孔子"。

【生平】

公元前179年,董仲舒出生在广川,这里东南两面,邻近齐鲁,北靠燕代,西界三晋。自古以来齐鲁之地就盛产儒生、燕国又多出方士、而三晋产法家学者,董仲舒从小生长在这种地方,接受着多种文化的熏陶,这为后来他形成多种思想奠定了基础。

董仲舒小时候特别喜好学习,几十年如一日专心于学习,据说他曾经真的做到了废寝忘食,他的父亲非常担心他,为了让他能够适当休息,特地在后宅建造了一处花园,让董仲舒在学习之余可以到这个地方换换脑子。

第一年,老爷子一边让人在南方学习建造花园的技巧,一方面让人准备材料,动工建成之后,这里阳光明媚,鸟语花香,姐姐多次邀请董仲舒一起去玩,但是董仲舒总是拿着竹简不愿意去,他一直在学习他的《春秋公羊传》,背诵老师布置给他的作业。

第二年,老爷子在小花园里建造了一座假山,附近的孩子甚至远地的亲戚都会带着小孩子来爬假山,但是董仲舒还是头也不抬地学习。

第三年,后花园终于彻底建成了,亲朋好友们都来参观,都在夸奖董家的花园建得好,大家都来邀请董仲舒玩,但是他还是在认真学习。到了中秋晚上,董仲舒全家人都在后花园里吃月饼赏月,就是看不到董仲舒的影子,原来他趁家人不注意,又跑回书房学习去了。

这个就是流传千古的"三年不窥园"的典故所讲的内容。

董仲舒的认真和努力终于换来了成效,他成为另一个学通五经、义兼百家、且善于议论、善为文章、知识渊博的学者。董仲舒本人非常重视自己的道德修养,言谈举止都很优雅,很多人都尊称他为老师。学人多仰慕他的才学,都纷纷来到广川拜他为师,在他的门下学习知识,因为这样的缘故,他也得到了"汉代孔子"的称呼。

董仲舒先是在家乡做着传道授业解惑的事情。现在河北景县还有当年董仲舒讲学的遗址。当时董仲舒的弟子非常多,已经没有办法全部亲自授课了,所以他就让自己的高徒去教授一些初级的学生。史书上说,董仲舒讲学的时候都是挂着一个帘子,他在里边讲学,学生在外边听,只有那些资质甚优,而且学习用功的弟子才能够登堂入室,当面接受他的教导。因此当时很多人慕名来学习,但是都没有见到董仲舒的真实面目,由此可见董仲舒的声誉和威望。

董仲舒博得了"博学君子"、"汉代孔子"的称号,后来他在西汉景帝的时候担任了博士官,主要从事汉朝文化教育的工作。武帝时诏举贤良文学之士以备咨询问对,董仲舒出了三篇对策,都写得非常精彩,通过此展现了自己卓越的政治才能和学术造诣,因此也是博得了汉武帝的赏识,他所写的三篇对策都被汉武帝所采纳,成为了汉朝治国安邦的重要政策。

汉武帝本人很赏识董仲舒,但是他并没有重用他,在采纳了董仲舒的三篇对策之后,他只是让董仲舒做了江都王刘非和胶东王刘端的国相,董仲舒的政治生涯同样是非常不得志。汉朝自吴楚七国之乱后,一直在打击诸侯王,所以董仲舒的诸侯国相,其实并没有多大的权力。

虽然没有得到重用,董仲舒还是去了千里之外的江都王国,也就是今天的扬州。这块地方原来是被吴王刘濞占有。现在的易王刘非是景帝之子,也是汉武帝同父异母的兄弟,因为平定七国之乱有功,所以改封为江都王。但是此人在江都开始招兵买马,对汉朝有着非分之想,作为中央派来的官员,董仲舒一方面要维护中央的利益,一方面还不敢得罪自己的主子,所以在江都的董仲舒可以说是左右为难,没有过过几天好日子。

董仲舒正心正己,威重自生。有一次易王非常得意地跟他说:"越王勾践依靠文种、泄庸、范蠡之谋,灭掉了不可一世的吴王夫差,三子称得上'吴之三仁'。"而且还说:"桓公决疑于管仲,吾将决疑于君。"齐桓公和越王勾践都是春秋时期的霸主,易王的意思其实就是要依靠董仲舒的帮助,然后完成一番伟业,取得霸主的地位。董仲舒委婉地劝导对方,应该提倡仁义,违背中央的思想不应该有。

董仲舒时刻以"兼济天下"为己任,他在江都的几年里,兴礼乐、致教化、调阴阳,所有的做法都是为了治国安邦、利民利国。他所治理的江都也是当时为数不多的几个有教化的地方之一。但是因为年代久远,董仲舒在江都的事情已经没有了详细的记载,记载较多的都是些董仲舒祈雨止雨的事情。

后来匈奴来犯,易王刘非主动请缨,希望自己来对抗匈奴,但是汉武帝实行的是国食税,不复治民的政策,他所担心的就是诸侯国的强大,这样会对中央形成威胁,所以汉武帝对他的主动请缨非常生气,汉武帝猜测刘非是想要据兵自傲,汉武帝没有答应他的要求,这件事情也连累到了董仲舒,他被降职处理,担任了中大夫。

董仲舒回到朝廷后,结合这些年自己在诸侯国的所见所闻,以及自己的理解和经历,认为诸侯国的存在就是破坏大一统的最大威胁,所以他起草了一份揭露诸侯王骄奢跋扈,预言朝廷如果不治理将会酿成大祸的文书,准备将此呈给汉武帝。

当董仲舒刚把草稿拟定好,还没有交给汉武帝的时候,当时以告发出名的酷吏主父偃来拜访他,主父偃看到这篇草稿之后,就偷偷放入怀中带走了,后来他将这份草稿进行歪曲注解,认为是董仲舒对汉武帝的嘲讽,并且上书给汉武帝。汉武帝将这份稿子和书生们讨论,董仲舒的弟子吕步舒并不知道这个就是老师的手稿,就说这份书稿的确存在迷惑百姓的嫌疑,汉武帝听后就将董仲舒抓捕起来,按照律法准备处以极刑。幸好汉武帝比较爱惜董仲舒的才华,在下牢房不久之后,又赦免了他的罪行,仍然让他担任中大夫的官职。

董仲舒经此一事,虽然有惊无险,但是死亡带给他的恐惧让他再也不敢随便预言什么了。没有想到的是,过了几年,胶西王刘端、赵敬肃王、常山宪王都多次触犯刑法,干了很多违法的事情,甚至还毒死了朝廷派去的官员,私下里打造武器、招兵买马准备造反,胶东王和江都王也积极响应。这个时候,汉武帝才想起董仲舒的预言,于是选拔了吕步舒拿着尚方宝剑去处理造反的事情。这件事情发生在董仲舒预言的第七年。

董仲舒主要的研究的是《春秋公羊传》,当时的丞相公孙弘也在研究学习

《春秋公羊传》，两人成为好友。历史上记载汉武帝曾经让董仲舒和瑕丘江公辩论《公羊》、《穀梁》这两部学说哪个更好一些，董仲舒善于文章，而且思维清楚，再加上公孙弘也在研究《春秋公羊传》，所以在整理辩稿的时候，有意识偏袒了董仲舒，这使得《春秋公羊传》得到全胜。由此汉武帝更加器重公羊学家，而且让太子等人也学习《春秋公羊传》，公羊学在汉代也是得到了独尊的地位。

因为公孙弘的原因，董仲舒又担任了西胶王刘端的丞相，刘端同样是汉武帝同父异母的兄弟，但是这个人行为乖张，而且阴险毒辣，给他做相国是件非常危险的事情，如果与他同流合污，那么很容易违背朝廷的意愿，会遭到朝廷的惩罚；而如果奉朝廷的命令行事，他又会暗中找到过失，然后加以陷害，所以没有人敢去做他的相国，董仲舒在担任了一段时间的相国之后，担心自己的生命受到威胁，索性于公元前121年弃官回家。

据说董仲舒回到家乡之后，再也不问其他的事情，只是在家中安心授徒和著书立说。当时朝廷有大事还会找他来询问，有些刑事案件也会派人来咨询他的意见，董仲舒对此都会引经据典，一一作答，在此期间他总共处决大案二百多件，后人还将此编成《春秋董仲舒决狱》一书，成为汉朝和晋朝时期最重要的断案依据。

公元前104年，董仲舒无病而终，死后葬于京师长安西郊。有一次，汉武帝路过这个地方，为了表达对这位知识渊博、忠心耿耿的老臣的敬意，特地下马步行而过，从此后人在此地都是下马步行，董仲舒的墓地因为这个原因而被称为"下马陵"。

董仲舒的一生虽然坎坷，但是他教授了大量的徒弟，为汉朝培养了大批的人才，他的弟子中就有：叱咤于汉代政治舞台的卿相大夫，如官至梁相的"兰陵褚大"、官至长史的"温吕步舒"；也有见于文坛的学者教育家，如被称为"守学不失师法"的嬴公。嬴公也是一边从政，一边讲学，曾经教出了东海和鲁眭孟这样的徒弟。而孟卿又教出了戴德、戴圣叔侄二人，让《大戴礼记》和《小戴礼记》流传千古；鲁眭孟也授徒颜安乐和严彭祖，最终二人也成为了一代鸿儒，这些直接影响到西汉的官学和私学等，所以董仲舒对后世有着深远的影响。

董仲舒的思想

董仲舒的思想体系很庞大,内涵非常丰富,对后世的影响也非常深远,他的主要思想可以概括为如下的内容:

"天"的学说

董仲舒的哲学体系中,认为"天"是最高的哲学概念,主要说的是神灵的天,他认为这些神灵都是有意识和知觉的,可以主宰人们命运的人格神。董仲舒把道德的主要属性赋予上天,让它变得更加神秘和伦理化。当时,董仲舒还吸收了阴阳的思想,建立了一个以阴阳和五行为基础的宇宙图式,他给上天加上了道德的属性,自然现象在他的眼里被认为是神的有意识的活动,就连日月星辰、雨露风霜也是神有意识的行为。

天人感应说

董仲舒所提出的天人感应说主要有两大要点:一、神学的灾异谴告说,被认为是天对君;二、"天人同类"、"天人相副"说。上面的两种思想根据需要同时或者交错出现,这种学说多少有些牵强,带有一定的迷信色彩,对于人们认识大自然、揭示大自然的规律有一定的限制,当然董仲舒所宣扬的这种学说,还有限制君权、维护地主阶级长远利益的内容和目的。

人性论

在天人感应说的基础上,董仲舒又提出了人性的理论,他认为人就是宇宙的一个小缩影,人的性情受制于上天。他认为,人和禽兽有着本质的区别,人体内存有先天的善性,但是这种善性是潜藏的,需要通过学习然后激化它。董仲舒将性划分为三大类:"圣人之性"是善性、"中民之性"可以名性、"斗筲之性"是下愚者,在他的眼里被统治者大多数都是"中民之性",需要统治者的教育才能够有道德修养。

董仲舒的伦理学说对之前的儒家伦理学说进行了一定的改造,并且加入了神学的思想,他认为道德都是"天意"和"天志"。从天人感应的角度出发,明确指出，人性包含着"性"与"情"两个方面。"性"可以产生善，表现于外就是仁；"情"表现于外就是贪了，可以产生恶。所以需要以性来控制情，"损其欲以辍其情以应天"。董仲舒继承了先秦时期孔子和孟子的义利观，并且经过改造提出了"正其道不谋其利，修其理不急其功"的主张，强调义重于利。在志与功的关系上，董仲舒比较看重志，主张"本其事而原其志，志邪者不待成"，认为志，也就是动机不善，就应该遭受处罚，不应该等到酿成事实后再处罚。

董仲舒的历史观和社会政治思想指出，历史上按照赤、黑、白三统不断循环，每一任的君王受命，就必须通过赤、黑、白三统改正朔，易服色，这叫新王必改制，但是对于封建社会的根本原则是不可以改变的。"天不变道亦不变"这种形而上学的思想桎梏和阻碍了社会的发展。董仲舒生活的时代，土地的兼并现象很突出，看到如此现象，董仲舒提出了"限民名田"，废除盐铁官营等措施，并且主张对于农民的剥削和压迫应该减少一些，从而让土地和百姓能够很好地结合，这样才可以缓和矛盾，促进经济和社会的发展，从而巩固国家的统一。这些思想在中国历史上有进步意义。

董仲舒在儒家的思想中植入神学思想，这为当时的封建制度提供了重要的理论依据，也因此而被称为群儒之首，称为汉代乃至整个中国历史上重要的理论家。

相关人文景点

下马陵：在今天陕西西安城内的东南角上，东起今天的和平门，西至今天的文昌门，全长有800余米。据说董仲舒的墓曾经迁到这个地方，他的儒生以及门人甚至路人经过这里，都会下马步行，所以被称为下马陵。

董子祠：相传董仲舒在做江都相的时候曾经居住在现在扬州的老城区北柳巷，后人为了纪念这位大儒，所以在这里修筑了董子祠，以缅怀他对中国思想史的发展作出的贡献。

董子祠建于明朝宣德年间，清朝同治年间重修，董子祠有很高的文物研究价值。现在的董子祠前还保留着重修时留下的三块石碑，分别在大殿的门前、大殿的墙上以及大殿门口。前面的两块都保存完好,上面的文字和图案也是清晰可见。

明嘉靖二十一年(1542年),陕西巡按都御史赵廷锡将位于唐长安常乐坊(今西安城外交通大学东)的董子祠迁到了西安城内该条街东段路北。

清康熙六年(1667年),成宁知县黄家鼎又在董子祠后建汉儒董仲舒墓。据说董子祠的前面之前还立着两块牌子,上面分别写着"文官下轿,武官下马",算是对官员们的提醒,要尊重这位学者,后世的官员和百姓都会遵守这条规定,以表示对董仲舒的尊重。

董子读书台:董子读书台又称董子台,因董子著有《春秋繁露》,也称"繁露台"。是董仲舒读书的地方。董子读书台始建于何时、何地、为何人所建,已不可考。明正统六年(1441年),重修学宫(即文庙)时发掘出隋代"董子读书台"石碑,即在现碑处修建了董子读书台。明万历四十三年(1615年),董子读书台和董子祠因年久失修,破旧不堪,于德州西门外运河东岸堤坝上,重建了董子读书台和董子祠。明清两代,南北来往的文人学士路经德州时都要登台游览,吟诗作赋。

这座重要的历史古迹,从民国之后,因为连年的战争,再加上年久失修,现在已经变成了一片废墟。

刘向——目录学的创始人

【人物介绍】

刘向(约前77—前6),原名更生,字子政,沛县(今属江苏)人。西汉经学家、目录学家、文学家。刘向的散文主要是秦疏和校雠古书的"叙录",较有名的有《谏营昌陵疏》和《战国策叙录》,叙事简约,理论畅达、舒缓平易是其主要特色。

【学派】

西汉经学家、目录学家。

【生平】

刘向出身于贵族，12岁的时候就应该开始做官，刘向一生嫉恶如仇，刚正不阿，同时敢于和当时的外戚宦官进行斗争，从而被这些人视为眼中钉、肉中刺。刘向的一生也是挫折不断，但是他始终不屈不挠，不断揭露朝廷的腐败现象，批评外戚和宦官，为匡扶正义而努力。刘向曾经先后三次蒙冤入狱，最终被贬为庶人，在饥寒交迫的生活中度过了最后的十余个春秋，更具有讽刺意味的是，在他死后的13年，果然和他预料的一样，王莽篡夺了汉朝的权力，外戚之祸患从此开始发生。

走入仕途的刘向总是不得志，但是在文学的路上他却留下了光辉的名字。

汉成帝时，光禄大夫刘向受诏校阅整理皇家堆积如山的先秦古籍。他一边校阅群书，一方面给它们编订目录，评论史实是非，分析和确定一些书籍的价值，最后刘向又将校书时所撰叙录全文汇编成《别录》，总共有二十卷，这是世界上现存最早的书目解题式图书总目，开创了中国古代目录学。作为我国第一位文献学家，刘向二十多年的不懈努力，开创并且奠定了目录学和校雠学。

关于刘向有这样一个传说：刘向有一天在暗夜中独坐，突然看见一个着黄色衣服的老人，他手持青藜手仗，轻轻敲门进来，吹燃藜杖，以藜光照明，传授刘向《五行洪范》之文。刘向尝试着询问老人的名字，老人说："吾乃太乙之精，天帝悯卯金之子，特派我来传道给你。"走的时候还把怀中的竹牒和典天文地图之书赠给了刘向。有人认为刘向最终成为一代经学大师，就是因为有次机遇，但其实刘向之所以成为一代经学大师和自己的努力以及天赋是分不开的。

刘向在文学上的造诣和地位也很高，是西汉末年的代表作家之一。他的散文用意深切、辞浅理畅、平易近人、在舒缓的叙述中流露了他匡救时弊的热情，他所写的《〈战国策〉书录》分析六国倾覆以及秦朝最终灭亡的原因，虽然没有贾谊《过秦论》的气势浩大，但是也别具风格，对后人的影响深远。

刘向一生的著作非常多，具有代表性的是《五经通义》、《新序》、《说苑》、《列女传》、《洪范五行传》等。在他编著的《新序》、《说苑》中有很多寓意深远的故事，比如人尽皆知的"叶公好龙"等；而其编著的《列女传》与后世纯粹意义上宣扬女子遵守封建思想有很大的区别,对此的研究价值也非常大。

公元前6年,一代经学大师刘向辞世。

刘向的思想

汉代著名的经学大师刘向的文学思想和经学思想紧密结合,他经学思想的主要特性是天人感应之下浓厚的人本主义和他贯通百家的广博学术思想。

刘向是我国目录工作的创始人和奠基者,也是我国最早的目录学家。

刘向的主要思想还是来源于儒家的思想,经学其实就是解释和阐述儒家经典的一种学问,历史上经学有很多派别,但是各派都严格遵守"师法"、"家法",当然为了自身的利益,他们也经常通过争论学术的方法分出胜负。

汉成帝的时候,刘向曾经担任整理宫中藏书的工作,他的儿子刘歆也和他一起整理和编校。

在汉代由于文化的快速发展,使得宫中书非常多,但是书也没有形成整体,只是散乱地堆放,身为光禄大夫的刘向受命于皇上校订整理图书。在当时整理的过程中刘向就有两个目的:一是整理这些图书,从中分辨学术派别和学术的思想;另一方面就是发展儒家的思想。

在儒家思想的指导下,在经学思潮的影响下,刘向在整理图书的过程中,给各个图书都做了叙录,叙录主要包括:书名篇目、叙述校勘经过、介绍著者的生平和思想、说明书名的含义、著书的原委与书的性质、辨别书的真伪、评论思想或史实的是非、剖析学术源以及确定书的价值,从而编出了中国第一部目录——《别录》。

从《别录》的内容中就可以看得出来,刘向所阐述的学术思想以及学术潮流都是站在经学的立场上进行阐述。刘向之后,他的儿子刘歆继承了父亲的事业,他继续校书,在《别录》的基础上,又整理出了中国历史上最早的图书分类目录——《七略》,整个体系虽然是按照当时的图书和学科建立的,但是整体上还是体现了儒家的思想,所收的文献总共分为六个大类:第一大类为"六艺略",所收文献是当时学术上和政治上的经典著作;第二类为"诸子略",把诸子之学分为"九流十家",包括哲学、政治、法律、经济、自然科学方面的学派;第三类为"诗赋略",收录文学作品;第四类为"兵书略",收录军事学书籍;第五类"术数略",包括数学、天文、历法、占卜、星象等书籍;第六类为"方技略",收医药与巫术书籍。

《别录》、《七略》体现的是我国最早的目录学思想,它的历史价值和研究意义不可小觑。

刘向除了经学方面的思想之外,在文学史上的价值也很高,这主要表现在他文学思想中的贵礼贵德观、对文学情感性的认识、文学观的进步以及对"小说"文本的界定和对"小说"概念的阐述。

刘向有关于政治的文章很多,有依经立义的婉曲典雅,也有直陈政见的纵横驰骋。所以他文章中体现的引证详备、意蕴深刻的文风,对于后人的学习是有着一定的研究价值的。

相关人文景点

天禄阁:陕西省西安市区西北7.5公里未央区境内,汉未央宫前殿遗址北面约六七百米处。天禄阁是汉宫御用藏书典籍和开展学术活动的地方,是我国,也是世界上最早的国家图书馆和档案馆。

《三辅黄图》卷六载:"天禄阁,藏经典之所"。《汉宫殿疏》云:"天禄麒麟阁,萧何造,以藏秘书处贤才也。"根据这些文章的片段我们可以推测,天禄阁建成于西汉初年。汉成帝时,使谒者陈农在全国各地收集秦朝末年留下来的书籍,然后组织有才能的人在这里进行编校,《汉宫殿疏》记载:"刘向于成帝末,校书天禄阁。"

刘向是一个博通今古的大学者,他校订和整理了先秦诸子百家的书籍,并且亲自撰写了《战国策》这一不朽的著作。他是个尊重历史、尊重各家思想的学者,所以在编订的过程中尽量保持原貌,因此为我国古代图书作出了不可磨灭的贡献。

刘向为人正直,当时汉成帝营建昌陵(今灞桥镇吕家堡的八角琉璃井),长达五年的时间,而且工程非常浩大,五年时间也建成了不到一半,刘向于是写了

《谏止昌陵疏》,将近上万文字,汉成帝也是倍受感动,于是下令终止了昌陵的修建,《谏止昌陵疏》也成了千古名篇。

后人为了纪念刘向,为了歌颂他的功绩,在他生前工作过的天禄阁旁边修建了刘向祠,"文革"之后,政府又对刘向祠进行了整修。

天禄阁是我国最早的国立图书馆和图书编校地,只可惜在王莽执政的时候,将这里的图书全部毁弃,将此地改成了铸造铜币的地方。

王充——无神论的先驱

【人物介绍】

王充(27—约97),字仲任,会稽上虞人(今属绍兴),他的祖先从魏郡元城迁徙到会稽。王充有作品《论衡》流传于世,是中国历史上一部不朽的无神论著作。

【学派】

王充是无神论的代表人物,他的无神论思想闪耀着批判和战斗的精神,也正是因为这个缘故,当时持主流思想的人对此是远远避之,他的作品《论衡》在中原地区未能流传,后来因为著名的学者蔡邕到了吴地(即今江浙一带),始得此书,然后将这本书带到了中原地区的西安,王充的思想才没有被淹没。王充的思想直接刺向汉朝的儒家神学,在中国的历史上留下了重要的篇章,成为后代唯物主义思想家和无神论者研究的对象,有着深刻的影响。

【生平】

王充出生于公元27年,他的家本来是在魏郡元城(今河北大名),但因为其祖上有军功,所以被封在稽阳亭,成为了一个封建主。后来他的祖上失去了爵位,就在会稽落户,后来又迁到钱塘,最后迁到上虞,家族中不仅从事农桑之业,而且还会从事一些经商的事情。

王充小的时候就很聪明,六岁的时候开始读书,他非常喜欢学习,并不喜和小朋友玩耍。他的父亲对此很惊讶，于是对王充说："你看别人家的小孩子都在玩，那么热闹，你为什么不去玩儿呢？"王充只是低着头说："他们总是玩上树抓鸟的游戏，实在没有意思了，我不怎么喜欢。"父亲又问他说："既然这样，那你喜欢做什么？"王充回答说："我喜欢看书写字。"

王充的父亲听到这些后感到很开心。王充在八岁的时候，父亲就把他送到了书馆里去学习，当时书馆里有十多个学生，学习成绩有很大差别，那个时候，老师会惩罚不听话、不愿意背书的学生，书馆里的学生每天都要受到老师的惩罚，但是王充上学好几年，一次都没有受过惩罚。

有一次，老师给学生们讲《论语》和《尚书》，讲完之后的第三天，老师让王充背诵，王充居然一个字不差地全部背了下来，老师非常开心，惊讶地问道："你怎么能这么快就背下来？"王充就说："您讲一段，我就背一段，一天我就能背1000多字了，所以，您讲完了，我也就基本背完了。"连要求严格的老师也禁不住夸奖他说："真是个用功的好孩子。"

因为王充努力，他的学习进步非常快，15岁的时候就被送到了洛阳的太学，也是全国最好的学习的地方，他师从的是当时著名的历史学家班彪，但是他并不遵从于一家的学说，而是博闻强记，统览了百家的思想，也正是因为这个缘故，使得他的见解和班彪的思想有着不相同的地方，最后他离开了洛阳太学，自己开始独立研究学问。

王充在洛阳游学，当时生活非常窘迫，又没有钱买书，所以他经常到市场上的书肆里去读书，这里有很多书，当时他还学习了自然科学类的书籍。洛阳当时是中国政治、经济和文化的中心，也是各种学派思想争论、争斗的地方，他在洛阳游学的十几年里，使得他自己的思想逐渐开始形成，这里对他来说具有重大意义。

在洛阳游学十九年后，王充回到了自己的家乡，担任上虞县掾功曹，不久又升任会稽郡都尉府掾功曹，此时王充拥有强烈的政治抱负，希望可以实现。

当时正好碰到会稽郡大旱，物价不断上涨，民不聊生，但是贵族和富豪们却依旧可以过锦衣玉食的生活，极尽浪费。当时王充就提出了禁止奢侈的意见，但是他的建议并没有被采纳；他还给郡太守上奏，希望可以禁酒，从而节约粮食，但还是没有被采纳。王充终究因为和同僚们合不来，而离开了官场。王充升官的时候，那些趋炎附势之人都来和王充攀结亲戚，等到王充辞官回家后，这些人就都离开了他，王充非常看不起这些人，感觉他们非常可憎，于是写下了一部著作——《讥俗节义》，深刻讽刺了当时黑暗社会中人情冷暖的现状，遗憾的是这部著作现在已经失传。

从东汉明帝永平十八年（75年）春开始，旱情变得更为严重。

建初元年（76年），耕牛又遭受到了瘟疫，让农业损失变得更大，耕地开始减少，粮食的价格也开始飞涨，人们流离失所。

建初四年（79年），又连遭水涝之灾。

建初五年（80年），又是旱灾。

大量的农民离开了土地，这一般都是农民起义的征兆，代表地主阶级思想的王充对此很看重，但是贵族和地主们对此却是漠然置之，继续沉醉于自己的奢侈生活中。王充冥思苦想，写下了一部政治著作——《政务》，以此来批判和劝解当时的封建统治者。

《讥俗节义》、《政务》两部著作之后，王充的主要精力集中在了自己最为重要的著作《论衡》中，该著作对当时已成为封建法典的"天人感应"和谶纬神学的妄说，展开了系统的批判和猛烈的抨击；同时他对其他的诸如道家和墨家的思想进行了评述；另外书中还涉及农、医、天文、算学等自然科学方面的知识，可以说《论衡》是一本百科全书。王充在写《论衡》的时候已经是非常穷困了，他在这样恶劣的环境中，奋笔疾书了十几年，终于在汉章帝元和三年（86年）的时候，完成了这部不朽的著作，当时王充已经有60多岁了。

60多岁的王充随后又应扬州刺史董勤的征辟，到扬州郡的丹阳（今安徽宣城）、庐江（今安徽庐江）、九江（今安徽寿春，一说东汉时，九江府治在阴陵县，今安徽建远县西北）等地任职。

汉章帝章和二年，也就是王充62岁的那年，东汉王朝撤销了扬州郡的建制，王充也就因此而离开九江，返回自己的家乡上虞。王充的挚友、巨鹿郡太守谢夷吾特地给汉章帝上书,推荐王充,汉章帝看到奏章后,特诏公车署派员到会稽征辟,但是王充以年老无用为由谢绝了好意,并没有奉诏。

王充回到故乡上虞后,过着贫困的生活,他晚年没有可以依靠的子女,而且自己又疾病缠身。为了和病魔作斗争,他决定用"闭目塞聪,养精自保"的方法,在此期间,他不仅对《论衡》进行了修改,而且还写了《养性》一书,但遗憾的是该书也已经失传,这本书是一本养生保健的书。在他晚年的最后时刻,他还写了《自纪》篇,将此收录到《论衡》一书中。

大约在汉和帝永元九年(97年),王充离开了这个世界,终年约为71岁,死后,门人将他葬在了上虞县城的西南处的乌石山。

王充的思想

《论衡》前前后后王充总共是用了三十年时间才将其完成,这是一部不朽的巨著,也是王充哲学思想的代表作品。这部著作中,王充还总结了汉代自然科学的成果,同时也批判了汉代的唯心主义哲学思想,非常系统地阐述了他的朴素唯物主义的思想。

王充对世界本原的问题进行了回答,他认为世界并不是之前学者说过的"天"或者"道",而应该是"气"。他认为气是一种物质的存在,是构成天地万物的本原。他认为各种自然现象都是由"气"相激而形成,这就是王充的"元气自然"的学说。

王充多次强调万物之生是一个客观的过程,是自然而然的,绝对不是上天或者诸神创造的产物。在他的眼里,整个世界就是遵循着自然规律的发展,物质世界之外,没有任何的精神主宰,这就是王充的"天道无为"的思想。这些思想从根本上打击了唯心主义的哲学思想。

"元气自然"和"天道无为"两者结合起来就形成了王充一元论的唯物主义哲学的思想基础,他也根据这些思想对董仲舒提出的神学思想进行了批判。

王充首先批判的就是维护封建统治的"君权神授"思想,他认为根本就没有天生贵人这一说法,这些都是人们编造出来的谎言。他对"祥瑞"这一现象也进行了分析,认为祥瑞的出现和君王的统治没有任何的关系。同时王充还指出人的精神和存在也是因为"精气"的原因,是以"精气"为物质基础的。人死之后是不会存在所谓的灵魂,他大胆批判了鬼神论者,以及他们的善恶报应的思想,抨击了他们的迷信活动。

王充在理论上批判鬼神迷信思想的同时,还在实际生活中帮助大家揭开封建迷信活动的真实面目,这也流传下来了很多故事:

有一天,王充在路上看到一堆人围着,所以也挤进去凑热闹,看到一个和尚模样的人盘腿坐在地上,前面还摆放着一尊金佛,上面写着"如来算命"几个大字,口里面还在念念有词。

王充心生一计,就说:"我是个生意人,不知道现在能赚钱吗?"只见那个和尚向金佛鞠了几躬,然后微微睁开双目,启动两片嘴唇,拿着戒尺在佛像面前绕了几圈,佛像却跟着点起了头,和尚也频频点头道:"恭喜,恭喜,你这次生意必能发财。"并且向王充索要三两纹银作为算命钱。

第二天,王充自己带了一个泥塑的佛像上街,然后又跟昨天的那个和尚说:"我们今天试试这个佛像灵不灵。"和尚看出来者不善,慌忙抱着自己的小金佛逃之夭夭了。

原来,佛像是用铁做成的,戒尺的一头是铁,而另一头实际上是磁石,如果那个和尚想要让佛像点头,只需要动一下手中的磁石就可以了。就这样,王充当面揭开了和尚的骗人机关。

针对当时社会中充斥着的贵古贱今的复古主义思潮,王充大胆肯定了汉朝文化的进步,对这种论调进行了批判,他还写下了《问孔》、《刺孟》等文章,通过这些文章反对将儒家的经典变成教条的东西。其实王充在根本上还是接受过儒家思想,也受着儒家思想的影响。他认为礼仪要根据人们的性情而设定,这是国家太平以及人民安居乐业的基础,但前提是保证了百姓的温饱问题。《论衡》中强调"尚真"、"嫉虚妄"就是对走向神学化的儒家思想的批判。

王充的故事

　　王充在洛阳求学的时候,生活非常贫困,没有钱买书,为了能够读到书,他经常到书肆里面去读书,在读的过程中,他努力将看到的重要内容全部用脑子记录下来,然后回来后,再赶紧默写下来,慢慢地自己也拥有了很多书。

　　那些卖书的人看到王充只是看,而不买,非常不开心,后来就开始驱赶他,不让他再去书肆里看书。但是王充学习的心无法阻止,他还是会跑去看书,后来有一个摆书摊的老年人可怜他,于是让他到自己的书摊前看书。

　　其他卖书的人感觉很奇怪,于是纷纷来问老年人:"他只知道看书,从来不买书,你让他看书,难道你就不担心你赔本吗?"

　　老年人笑着说:"你们不知道啊,我发现他看书基本可以达到过目不忘,看一遍也就记下来了,买不买已经没有多大关系了。"

　　其他的人听后都感觉很惊讶,同时也被王充的这种学习的精神所打动,都愿意王充来自己的书摊前看书。

第三章
三教合一：儒释道思想的交融

汉朝气数既尽，魏王曹操应时而出，他不喜欢儒士，送人的送人，杀的杀，统一了几乎整个北方。而"仁厚"的刘备，江山断送在儿子的手里。此后，"以孝治天下"的司马王朝，又恢复了儒术的统治地位。三国至唐这一时期，儒学渐大，但并非一帆风顺。佛教与道家思想对儒学有很大冲击，但其他思想从者甚少。魏晋以来，随着佛、道二教的兴盛，思想界形成了三教鼎立的格局。

在思想上，以五经博士为代表的汉儒正统思想随着东汉政权的崩溃已无法维持其统治的地位，统治阶级纷纷对它重新估价，并寻求为新的士族服务的思想武器"清谈玄学"来代替它。就魏晋南北朝的学术思潮和玄学思潮来说，都在一定程度上反映了当时一部分知识分子改革、发展和补充儒学的愿望。他们不满意把儒学凝固化、教条化和神学化，故提出有无、体用、本末等哲学概念来论证儒家名教的合理性。到了唐代，佛教的发展势头大有凌驾儒学之势。

魏晋时期的儒、道、佛纷争

魏晋时代的名士专谈三玄。三玄是老子、庄子与《易经》。魏晋的三玄以道家的精神为主，讲老庄之学。易经是儒家的经典、孔门的义理，以道家精神来讲易经并不合适。魏晋时代的主流思想由儒家变为了玄学。

南北朝时主要吸收佛教，佛教是由印度传来的，至隋唐就完成了吸收消化佛教的工作。可是隋唐的政治文化又回到了儒学。由魏晋玄学的歧出，再经南北朝的吸收佛教（佛教是外来的，既不同于儒家也不同于道家），离儒家的骨干更远，此即歧出中的歧出。这一段时间很长，由魏晋、南北朝至隋唐初年共约五百年的时间，以三玄道家的复兴为桥梁进而吸收佛教。这个阶段为中国思想歧出的阶段。

先秦以来宗教家和辞赋家显然不同。宗教家的神仙观念核心在信仰,最终要落实到养炼之类的求仙实践;辞赋家的神仙观念则出自幻想。表现在文学作品里,主要是精神的宣泄和寄托。魏、晋文人生存在这两种潮流之间,对这两种观念各有领会,在创作中的具体表现也各种各样。

尽管魏晋南北朝时期中国文化的发展趋于复杂化,但儒学不但没有中断。相反,却有较大发展。孔子的地位及其学说经过玄、佛、道的猛烈冲击,脱去了由于两汉造神运动所添加的神秘成分和神学外衣,开始表现出更加旺盛的生命力。就魏晋南北朝的学术思潮和玄学思潮来说,都在一定程度上反映了当时一部分知识分子改革、发展和补充儒学的愿望。他们不满意把儒学凝固化、教条化和神学化,故提出有无、体用、本末等哲学概念来论证儒家名教的合理性。他们虽然倡导玄学,实际上却在玄谈中不断渗透儒家精神,推崇孔子高于老庄。此时期虽然出现儒佛之争,但由于儒学与政权结合,使儒学始终处于正统地位,佛道二教不得不向儒家的宗法伦理作认同,逐渐形成以儒学为核心的三教合流的趋势。

嵇康——博学多才的音乐家

【人物介绍】

嵇康(225—263),字叔夜。因做过中散大夫的职位,又称"嵇中散"。三国时魏末著名的文学家,思想家,音乐家。"竹林七贤"的领袖人物。

【学派】

魏晋玄学的代表人物之一。《晋书》文风严肃,极少在人物的相貌上花费笔墨,对嵇康却破例作了详尽描述:"身长七尺八寸,美词气,有风仪,而土木形骸,不自藻饰,人以为龙章凤姿,天质自然。"嵇康无论是身材仪表还是气质风度都美妙绝伦,是一个不用打扮就能倾倒天下的美男子,更是一个不可多得的才艺多面手。

【生平】

嵇康的远祖本来住在嵇郡上虞(今浙江省上虞市),后来为避怨仇,迁徙到了谯国铚县的嵇山北侧(今安徽省濉溪县临涣集西15公里)。嵇康的父亲名叫嵇昭,字子远,负责督军粮,治书侍御史(掌律令),早卒。母亲孙氏,温柔慈祥。兄长二人,长兄名、字不详;次兄名喜,字公穆,曾任晋朝的徐州、扬州刺史,官至太仆、宗正卿。嵇康出生不久,父亲就过世了,由母亲和兄长抚育长大。

由于嵇康自幼励志勤学,"学不师受,博览无不赅通",这与其后来思想上的狂放不羁、不受礼法约束有很大关系。他读书的方式不是死记硬背,而是重在理解,得其要领,阅读面很广泛,特别喜欢《老子》、《庄子》,声言"老子、庄子,吾之师也"。魏明帝太和二年(228年)下诏尊儒贵学,贡士以经学为先。当时嵇康才6岁,处在魏陪都谯郡这样的特殊地区,必定接受过儒学的教育和熏陶,故而有《春秋左氏传音》一类的著作,而且在现存的嵇康诗文中,可以看出,他对《易》、《书》、《诗》、《春秋左传》等经典相当熟悉,且运用自如。

嵇康可谓魏晋奇才,精于笛,妙于琴,还善于音律。尤其是他对琴及琴曲的嗜好,为后人留下了种种迷人的传说。嵇康从小喜欢音乐,并对音乐有特殊的感受能力,有极高的天赋。他擅长弹琴作曲,相传他的作品合称为"嵇氏四弄"。他在《琴赋》序中说:"余少好音声,长而习之,以为物有盛衰而此无变。滋味有厌,而此不倦。"他对传统及当代的琴曲都非常熟悉。传说当年嵇康学得《广陵散》,是由仙人所授。嵇康早年携琴去洛西游览,有一天晚上,他投宿华阳亭,当他弹琴时,忽然有自称故人的来客求见。随即两人共谈音律,非常投机。后来仙人索琴弹奏一曲,将其授于嵇康,弹前提出一个条件,学成之后,不得再传与他人。仙人随后便在琴上奏出一支美妙绝伦的曲子,嵇康听得如痴如醉。这首美妙绝伦的乐曲就是《广陵散》。嵇康非常喜爱此曲,经常弹奏它,以至招来许多人前来求教,但嵇康一直遵守誓言,从不传授他人。

博学多才的嵇康善书法,尤工于草书,墨迹被列入"草书妙品"。他诗文俱佳,文风犀利,泼辣洒脱。嵇康是"正始文学"的代表作家,一生勤奋著述,他的诗文在我国古代文学史上有较高地位,"心写心声不失真"是嵇康诗文最突出的特

点。《三国志》中记载:"谯郡嵇康,文辞壮丽,好言老、庄,而尚奇任侠。"比嵇康小9岁的陈寿写《三国志》时,处在西晋司马氏的统治下,因形势所迫,对嵇康只能这样略带一笔,分量却是很重的。从中可以看出这位接受过儒学,崇尚教育而又扬言师法老庄玄虚之道的嵇康,不只是舞文弄墨,"文辞壮丽"而已,他还有"尚奇任侠",将理想付诸实际行动的决心和勇气。他并不苟同于庄周的"齐物"(齐同万物),而是"抱玄守一",是有所抱负、有所坚执的硬骨头。

魏明帝景初二年(238年),嵇康16岁那年,写了《游山九咏》,明帝对他的文辞很感兴趣,问旁边的人:"这人在哪?我想提拔他!"就把他封为浔阳长。

嵇康个子很高,有七尺八寸,约相当于现在的1.88米以上,"美词气,有风仪"。嵇康20岁前后,被曹操的儿子沛穆王曹林看中,把女儿下嫁给他,成了皇室的外戚,迁郎中,拜中散大夫,第七品,并无日常事务,属于散官。嵇康有了俸禄六百石、掌议论的中散大夫这个虚衔,举家迁往曹魏宗室聚集的河内郡,居住在山阳达20年之久。

正是在这冀、晋两省交界之地,在磊落雄壮的太行山环抱中,在那清幽的灵山秀水之间,嵇康与阮籍、山涛、向秀、阮咸、王戎、刘伶等名士相与友善,常聚集于竹林之下,肆意酣畅,世谓之"竹林七贤"。经常和他们在一起的,还有嵇康的好朋友吕安。他们摒弃礼俗,弹筝抚琴,饮酒咏诗,清谈玄远,高倡自然。东晋秘书监孙盛上距魏末已近百年,犹能感受到"七贤"之风,可见"竹林七贤"的活动在当时的思想、文化界,影响非常之大,声誉之高,其中坚人物当首推嵇康。

以阮籍、嵇康为代表的"竹林名士"们,逍遥于林泉之间,狂放不羁,固然与汉末以来的个性解放思潮有关,但更为切实的缘由是躲避司马氏集团的笼络、威逼和利诱。而司马氏集团恰恰是名士们的克星。特别是司马师,不仅集军政大权于一身,且颇有才学,几乎与正始清谈的领袖人物何晏、夏侯玄齐名,他代父掌权之后,更是加紧网罗人才,"礼"、"法"并用,软硬兼施。山涛、王戎、阮籍等相继走出竹林,但嵇康始终不与司马氏合作,并且坚决与之斗争,展现出他思想、性格任性的一面。

司马昭曾想拉拢嵇康,可嵇康政治上倾向曹氏集团,对于司马氏采取不合作态度,又锋芒毕露,公开发表"非汤武而薄周孔"的言论,因此颇招嫉恨。司马昭的心腹钟会想结交嵇康,受到冷遇,从此结下仇隙,常在司马昭面前说他的坏话。嵇康的友人吕安被其兄诬以不孝,嵇康出面为吕安辩护,钟会便诬陷嵇康"言论放荡,害时乱教",即劝司马昭乘机除掉吕、嵇。问斩的消息传开,群情激奋,学子3000人联名上书,为他请命,许多人甚至愿意随他入狱。这些救援嵇康的行动,加速了嵇康的死亡。这样一个拒不合作而又广有影响的人物不杀,司马昭心中总是不安,当场决定:处以死刑。

临刑前,嵇康以一曲《广陵散》来表达他的心绪。曲调反复哀怨地进行许久,终于戛然而止,然后嵇康深深地叹了一口气,自言自语地说:"袁孝尼一再要向我学这支曲子,我始终不肯传授给他,《广陵散》从今绝矣。"一代名士,终究难逃权臣魔掌,走完人生的最后旅程,年仅41岁,留下广陵绝响,千古遗憾,他的人生被蒙上了一层悲剧性的浪漫色彩。

嵇康思想

玄学是三国、两晋时期兴起的、以综合道家和儒家思想学说为主的哲学思潮,故通常也称之为"魏晋玄学"。随着司马氏集团夺取政权,各士族集团内部的斗争日趋激化,玄学思潮内部也出现了"贵无"与"崇有"、"任自然"与"重名教"等各种争论,并出现了以嵇康、阮籍为代表的"名教不合自然"的"异端"倾向,他们与司马氏集团在政治上不合作,强调"名教"与"自然"对立,主张"越名教而任自然",轻视礼法。

嵇康身处魏末玄学兴盛时期,虽家世儒学,但学不师授,对玄理有自己的见解,他崇尚老庄之学,称"老子、庄周,吾之师也"。

在政治思想上嵇康"托好老庄",排斥"六经",强调"名教"与"自然"的对立,主张破除礼法束缚。他的哲学思想基础是唯物主义自然观,坚持朴素的唯物主义的认识论。他认为"元气陶铄,众生禀焉",肯定万物都是禀受元气而产生的。他提出"越名教而任自然"之说,厌恶儒家各种人为的繁琐礼教。

嵇康在思想上基本属于道家一派,同时又研练名理,信仰神仙,提倡养生术。他把道家的外荣华、去滋味、清心寡欲、遗事坐忘等保性全真之术当做保养以尽性命的主要手段。他在阐发这种具有独特内容的神仙思想时，又显示出对现实政治的激烈、尖锐的批判精神。

他又认为，神仙禀之自然，非修炼所能致，然而如导养得法，常人也能够长寿，与流行的服食飞升神仙之说有所不同。他著有《养生论》，强调"修性以保神，安心以全身"等精神上的自我修养功夫。他所提倡的养生术的理论基础是老、庄思想。他更自觉地以老、庄来与儒家的"世教"、礼乐相抗衡，甚至直接表示"每非汤、武而薄周、孔"。在这一点上，他与王弼、何晏等玄学家以老、庄来解释儒家学说的态度和做法是截然不同的。这也流露出他政治上鲜明的批判姿态。

《声无哀乐论》中，也渗入进了嵇康的玄学思想。在这篇论著中，他首先提出"声无哀乐"的基本观点，即音乐是客观存在的音响，哀乐是人们被触动以后产生的感情，两者并无因果关系。用他的话来说就是"心之与声，明为二物"。他又进而阐明音乐的本体是"和"。这个"和"是音乐的形式、表现手段和美的统一。它对欣赏者的作用，仅限于"躁静"、"专散"，即它只能使人感觉兴奋或恬静，精神集中或分散。音乐本身的变化和美与不美与人在感情上的哀乐是毫无关系的，即所谓"声音自当以善恶为主，则无关于哀乐，哀乐自当以情感而后发，则无系于声音。"

站在反对派的立场，嵇康攻击了那种不管自己政治的好坏，拼命反对民间音乐的儒家正统思想。反对他们以音乐的哀乐为借口随便给音乐加上"乱世之音"、"亡国之音"的罪名。他指出，"郑声"是美妙的，而对美的喜爱又是人的天性，所以它能使人迷恋，但与"淫邪"无关。有的音乐之所以"淫邪"，那是"上失其道，国丧其纪"的结果，也就是统治阶级不良统治的后果。他把责任推到了当权者的身上，这在当时是很大胆的。

陶渊明——"桃花源"中的田园诗人

【人物介绍】

陶渊明(565—427),字元亮,晚年更名潜,别号五柳先生,私谥靖节。是东晋乃至整个魏晋南北朝最杰出的文学家,有"田园诗人"之称。

【学派】

陶渊明的哲学中,老庄哲学占有主导地位,同时他又取儒、道两家思想之长处,并进行了有机的融合,从而产出了一种与众不同的"自然"哲学。

而陶渊铭心所向往的理想社会,正是一种"自然"的社会。在他内心的理想世界中,儒家与世无争的超然脱俗及道家小国寡民的脚踏实地巧妙地交融在一起,成为一种几近完美的社会形式,被他不厌其烦地四处赞扬。譬如在《桃花源记》中,这种思想便被借助虚构的情境,被表现得淋漓尽致。在这种"自然"的社会中,不论男女老少,皆能够自力更生、以诚相待,争斗和欺骗都不复存在,就连君臣之分也都不见踪迹了。

【生平】

在陶渊明所处的东晋后期,黑暗腐朽的政治环境、相互勾连的达官贵人、森严至极的门阀制度,让整个国家民不聊生,让势同水火的阶级矛盾更加尖锐复杂。作为东晋开国元勋,陶渊明的曾祖陶侃官至大司马,封长沙郡公。他的祖父和父亲也曾经做过太守一类的官,生活富足,衣食无忧。但到陶渊明这一辈时,家族已经没落,一贫如洗,所以他自幼便是不名一钱,尝尽各种疾苦。

他自年少时便胸怀大志,尔后又接受了来自于儒家的用世思想,颇具"大济于苍生"的远大抱负,希冀日后能立下丰功伟业,造福社稷。在书中他曾经写道:"忆我少壮时,无乐自欣豫,猛志逸四海,骞翮思远翥"。在少年时期,他勤敏好学,学识渊博,满腹经纶,诗、赋、文写起来都得心应手、成竹在胸。可迫于政治黑暗腐朽，以及门阀制度的排挤打压，他的远大抱负完全无法得到施展，也就导致了他仕途多舛的悲剧。

在29岁时，陶渊明初次被选派至江州祭酒，不过由于各种束缚和打压，他很快便去官归故里了。之后，他于晋元兴三年随镇军将军刘裕参军，次年又追随建成将军刘敬宜参军，但终因内心不悦而返乡。由于他家的耕植不足以自食其力，再加上人丁兴旺、儿女众多，生活非常拮据，家贫如洗。亲戚和朋友都力劝他重返官场，他的叔父陶夔曾任太常卿，见他不名一文，便引荐他去做小县之令。

然而彼时恰逢战乱，他对于远赴他县任职充满畏怯，而彭泽县离家较近，俸禄又足以让他酿酒，他便赴彭泽县任职。年关将至，郡督邮将前来巡察，有县吏好心提醒他，应该毕恭毕敬、穿戴得体地前去迎接郡督邮，千万不能有任何闪失。陶渊明听罢，叹息道："我岂能为五斗米折腰向乡里小儿！"——这便是广为后世传颂的"不为五斗米折腰"的故事出处，后用于形容为官清廉而正直。无奈怎么也不能接受当时政治的腐败、官僚的横行，他即日便主动辞去官职，结束了短暂而颠簸的仕途生涯，自此"归隐田园称元亮"。

辞彭泽令成为了陶渊明一生非常重要的分水岭。在此之前，于官僚与隐者这两个截然不同的社会角色之间，他总是要做出非常艰难的抉择：隐居时，迫于生计他想出仕；出仕时，他又无奈官场险恶要归隐。复杂而矛盾的心境可见一斑。但此后直到逝世，他从一而终，隐匿于世间，并始终过着十分清贫的生活。起初，由于他在家乡有自己的田地、庄园和仆人，所以生活衣食无忧，安宁自得。他间或身体力行，参与农活和劳作，也算是对于自己的社会观和人生哲学的一种实践。

但天有不测风云，他的田地总是遇上凶年饥岁，连年收成惨淡。44岁那年，家里又突遭大火，全部身家毁于一炬，全家被迫栖身于船上。他之后的生活更加贫困潦倒，到了晚年，甚至经常食不果腹，以至于有时被迫去街上乞讨以维持生计。然而尽管饥寒交迫，伟大的诗人陶渊明丝毫没有改变自己的志向与思想，他暮年时期由于饥饿而病倒在床多日，江州刺史檀道济力劝他重回官场，但被他坚决回绝了。檀道济赠予他粱肉，他亦没有接受。不久之后，他就在贫病交迫中离开了人世，享年62岁。

陶渊明的思想

时至东晋，社会风气有所转变，思想趋于平静，佛教思想几乎无处不在。晋末时期，权位更迭频繁，各类谋权篡位屡见不鲜，此时的文赋诗词更加和平安宁，陶潜便是其中最为杰出的代表。尽兴地饮酒、乞食是他始终坚持的人生态度，兴起之时便会挥毫撰文，并对他人的作品品头论足、高谈阔论，无忧亦无怨，随遇而安，是个不折不扣的心如止水、恬淡和平的田园诗人。诚然，鲜有他人能够成功模仿、借鉴他的态度和做法。陶潜十分穷困，心境却异乎常人的平静。家里时常无米下锅，他就跑去人家门口乞求接济。有客人前来拜访他，他却穷到连鞋也没有，打一双赤足，那客人从家丁处取鞋给他，他便大摇大摆地伸足穿上了。他穷到衣衫褴褛，可还悠然自得地在东篱下采菊，偶然抬起头来仰望远方，便望见了悠远的南山，这是何等的自然啊！

在诗歌、散文、辞赋等诸多方面，陶渊明都有着他人难以企及的成就，但其中对后世流传最广、影响最大的是诗歌，这其中最具代表性的便是田园诗。他的田园诗所散发出来的艺术魅力，已然是陶渊明的人生理想的一种寄托，而不仅仅是对于对于淳朴、安宁田园生活的真实写照。陶渊明用诗的构造手段对田园生活进行了高度纯化、美化，从物质层面升华到了精神家园，变成了痛苦世界中的一座可贵的精神避难所。

无须多言，陶渊明思考人生得出的两个主要结论，就是安贫乐道与崇尚自然，同时也是他人生的两大支柱。

"安贫乐道"是陶渊明的为人准则。他所谓的"道"，偏重于个人的品德节操，无时无刻不在体现着儒家所推崇的道德与思想。颜回、黔娄、袁安、荣启期等安贫乐道的贫士和他们所坚持的气节、品德，正是陶渊明特别推崇的，他要求自己一定要像他们那样，绝对不能玷污自己的道德，追求高官厚禄、荣华富贵，而是要尽力保持纯洁的操守和品质。对于他来说，要坚持做到的是不同流合污，而不仅仅是简简单单地鄙视出仕而已。就像疏广对疏受所说的"知足不辱，知止不殆"一样，他非常希望能够建功立业，又要功成身退。在他心中，安贫和求富时常

发生矛盾与争执,贫富的问题也在他的考虑之内,但他能用"道"来求得平衡"贫富常交战,道胜无戚颜",这才是最为可贵的。而他最好的榜样,就是那些安贫乐道的古代贤人了。他的诗句"何以慰吾怀,赖古多此贤"中,便表露出一种超然的高洁,他的晚年虽然很贫穷,以至于到了忍饥挨饿的地步,但是他并没有因此丧失自己的为人准则,这正是他为人称道的地方。

"崇尚自然"是陶渊明对人生的更深刻的哲学思考。"自然"一词是老庄哲学特有的范畴,并不见于《论语》、《孟子》。不同于近代与人类社会相对而言的客观的物质性的"自然界",老庄所谓的"自然"是一种状态,是自然而然的、非人为的、本来如此的。上至宇宙星辰,下至露水尘埃,世间万物皆是按其本来的面貌而存在,无须任何外在的条件和力量,仅依其自身固有的规律而变化。人应当抱朴而含真,尊重自然的法则,顺应自然的状态和变化。这种自身本来具有的、未经世俗异化沾染的、天真纯洁的性情,正是陶渊明希望返归和保持的。因为感觉到自己的质性天然如此,受不了绳墨的约束,才有了"质性自然、非矫厉所得"的感叹。因为品尝到返回自然得到自由的喜悦,才有了"久在樊笼里,复得返自然"的抒怀。在《形影神》里,他让"神"辨自然以释"形"、"影"之苦。"神"以自然的之义化解人们的苦恼,"形"指古代人企求长生的愿望,"影"指古代人求善立名的愿望。形影神三者,其实是陶渊明自身三个方面的矛盾的化身,他人生中的种种冲突与调和也是三者的碰撞和交流的真实再现。由此可见,陶渊明已经建立了比较完整而一贯的哲学,不仅有崇尚自然的思想,也包含了由此引导出来的顺化、养真的思想。

陶渊明的思想以一言蔽之,即为求返归一个"真我",须通过泯去后天的经过世俗熏染的"伪我"。陶渊明没有力量去改变他所看到的,并深切体会到的社会的腐朽,只能尽自己所能,不断完善自身的道德。他找不到正确的途径去挽救看到的社会的危机,只好穷微薄之力,求救于人性的复归。然而,或许他自己能够部分地成功达到,尤其是在他所创造的诗境里,但遗憾的是对于医治社会来说,这却是无效的药方。

相关人文景观

陶靖节祠：公元427年，陶渊明走完了他的生命历程，与世长辞。青山碧水沐陶魂，为仰慕这位靖节微士，人们在他的墓葬地左前方的山麓间，修建了陶靖节祠，祭奉前贤。

据史料记载，靖节祠原有6处，分别建在柴桑面阳山九江都督府巷内、南康府府学东南、彭泽城区东面、瑞州府城南、都昌县南山。除面阳山靖节祠保存较好外，大多都在战乱中被破坏。现存之祠坐西北朝东南。明嘉靖十二年（1533年），巡按御史季循义与九江知府马纪合出官银，命同知黄敏才督建，嘉靖十七年竣工，后进行过几次大的修缮。

靖节祠为砖木结构，古书院建筑风格。分正堂和前室两殿，中有天井，侧配厢房。面积为250余平方米。大门首有明嘉靖进士、浙江提学副使薛应祺题书浮雕的"陶靖节祠"石匾，左右耳房门首各书"菊圃"、"柳巷"。祠内有陶渊明神龛、塑像，正、前殿檐首分别挂有两副九江清代翰林刘迁琛所题书的匾额；"羲皇上人"、"望古遥集"。

陶渊明纪念馆：1984年，九江县在县城沙河东郊蔡家洼辟建"陶渊明纪念馆"，并将面阳山陶靖节祠拆迁，按原样复建于纪念馆旁。新祠正堂中塑立着一尊3米高古铜色陶公全身像，诗人头扎漉洒巾，面目庄重深沉，手握一卷《山海经》。祠中朱柱横梁上，悬挂着许多当今书法名家题书的楹联匾额。祠外山边溪畔筑有园林小景"菊圃"和"柳巷"，使人缅怀陶公的高风亮节。

该馆为明清时代江南民居建筑风格，青砖黛瓦，朱柱翘檐，骆驼山墙，花石点缀。馆内陈列着《陶渊明集》历代版本、陶学研究论著、陶公大事年表、陶公活动遗址图片，有及以陶公靖节为题材创作的书画。

韩愈 ——"文起八代之衰"

【人物介绍】

韩愈(768—824),字退之。邓州南阳(今河南孟县)人。郡望河北昌黎,世称韩昌黎。晚年任吏部侍郎,又称韩吏部。谥号"文",又称韩文公。唐代文学家、哲学家、唐宋八大家之一。

【学派】

儒家孔孟"道统"的继承者和捍卫者。

韩愈反对藩镇割据,在政治上力主加强统一。思想上以孔孟道统的继承者自居,尊儒排佛。他大力提倡古文,和柳宗元共同领导了中唐的古文运动,反对六朝以来的骈偶文风。韩愈是唐代著名散文家。苏轼称他"文起八代之衰"。

【生平】

唐代宗大历三年(768年),韩愈出生在邓州南阳一个世代官宦之家,也是一个书香门第,自幼便受到家学的熏陶,对源于中土的儒家文化有着十分深厚的感情。由于他的先世曾居昌黎,故韩愈也自称昌黎人。其七世祖韩茂曾于后魏立下赫赫战功,被封为安定王。父韩仲卿,曾做过武昌令,官至秘书郎。在任武昌令时,因两袖清风,爱民如赤子,广受百姓爱戴,在他离任后当地百姓为他树立了丰碑,歌颂他的功德,就连当朝大诗人李白都大笔一挥,写下《去思碑》来赞扬他的政绩。叔父韩云卿曾任监察御史,以文章闻名于世。伯兄韩会官至起居舍人,后来贬韶州刺史,善清言,有文章。

韩愈年仅3岁时就失去了父亲,再加上他的母亲早逝,如此幼小的年纪便痛失双亲,抚养他的责任便被他的伯兄韩会承担下来。韩愈后来的学术思想受到了韩会十分重要的影响。甚至宋人王铚提出了韩愈是由"兄弟师授"的观点。韩愈7岁时随伯兄赴长安。此时的韩愈虽然年幼,但已经才高八斗,记诵数千言仅需一日,出口成章,不可谓不是年少成才。他的所学以儒家文化的经典——六经为主导,同时广涉经、史、百家之言。

韩愈在他的著作《与凤翔邢尚书书》中,自言道"生七岁而读书,十三而能文",他自幼便熟读儒经,崇信孔孟之道,以至于他后来力排佛老"异端",大肆宣扬正统儒家思想,全都归功于这种自动的读书生活。韩愈对三代两汉时期的文章有着极大的兴致,对司马相如、董仲舒、司马迁、扬雄的作品尤其偏爱和赞赏,同时他对钻研六经也十分卖力。得益于年少时打下的坚实基础,他后来倡导文学的创新与改革,崇尚古文贬鄙时文时才能成竹在胸。

韩会于唐代宗大历十二年被贬之岭南韶州,此时年仅10岁的韩愈也随伯兄南下。然而过了不久,韩会就病逝于贬所,韩愈的兄嫂郑氏便接管了他,护送伯兄的灵柩,将其安葬于河阳老家。唐德宗建中、贞元年间,社会动荡,中原多故,李希烈等相继作乱,韩家百口迁至江南避乱。韩愈小小年纪便萌发了平定国家、造福社稷平天下的志向,正是受到了这种动荡不安的时局的激发。而他养成的坚强不屈的奋斗精神,也是长期的颠沛流离、居无定所磨砺出来的。他沉醉于讲习学业,沉湎古训,全得益于避地于江南。

贞元二年,刚满19岁的韩愈从江南第二次赴京城长安,此时他虽然年少但已能通晓六经、百家之学。他在京城不仅亲眼目睹了繁华的街市,进士在人们心目中相当重的分量更让他体会颇深,这一点促使他跃跃欲试,十分想把进士的桂冠收入麾下。他将自己所作之文投于公卿间,被故相郑余庆颇为看重,所以韩愈当时名声十分响亮。韩愈与文士交游,受他们的影响十分深远,亦颇受启发,故锐意进取,"欲自振于一代"。初露锋芒的韩愈,其济世经国的信念和决心变得更加坚定和执着。次年他到州县参加科举,经过四次层层筛选,直到贞元八年韩愈25岁,由陆贽主持科举考试时,经过梁肃大力引荐,他才成功考取了礼部进士。不得不提的是,欧阳詹等闻名天下的有识之士也和韩愈一同进榜,以至于当时该榜被称作是"龙虎榜"。

照例来说,韩愈如愿以偿得了功名应是春风得意、趾高气扬,只等入仕做官,平步青云了。但学子高中礼部进士之后,依据唐朝的制度,仅仅是具备了入

仕的资格而已,只有经吏部考试合格之后,新进士方能得到一官半职。韩愈于次年就满怀憧憬地应试吏部的"博学宏词"科,但三年来屡试屡败。此时的韩愈28岁,在京城中为谋求官职已历经十年,尚未得一官。他深感命运的作弄与多舛,内心极其焦灼、复杂。他始终得不到机会来展现自己的宏图大志,就如一匹被困在栏中不能尽情奔驰的千里马。再加上长安作为京都,各方面的开销都十分大,此时的他已床头金尽,送不出别的见面礼,只能以文为礼,奔走于权贵之门,希冀能有一位欣赏他的才华的伯乐能够提拔他。

他曾于当年正月三次上书宰相,发自肺腑地表达了自己的才华和抱负,以及穷愁潦倒的窘境,笔调极其优美秀丽。可是当权者并没有把韩愈的恳求放在心上,如石沉大海一样,他的上书得不到任何音讯,真可谓"可怜夜半虚前席,不问苍生问鬼神"。韩愈求仕不得,只得怀着怀才不遇的无奈离开繁华的京城,返回故里。他经潼关,游凤翔,再次上书京西节度使邢君牙。权势者依然无动于衷,韩愈陷入了极度的痛苦和郁闷当中,他想以此说服权贵重用自己的幻想再次破灭了。万般无奈之下,他只好按捺住自己迫切想要出仕的念头,把自己的穷困窘境归结于命运的安排与捉弄,相信"善上天之生余,亦有期于下地",等待出头的机会。

皇天不负苦心人,机会终于在第二年姗姗而来。由于汴州发生叛乱,宰相董晋兼汴州刺史、宣武军节度使,因此韩愈被委以试校书郎,随董晋离开洛阳,奔赴汴州。这是他第一次为官。虽然经过了多年的努力,历经各种坎坷,但他也终于如愿得到了官职,照常人的想法,应已经得偿所愿,只需按部就班、平步青云了。但一年以后,他又以生病为由,辞去了官职。不久之后,汴州就发生兵变了,韩愈不得不携带家眷出城,几经辗转去投靠武宁节度使张建封,被辟为推官。刚过而立之年的韩愈年轻气盛,在仕途中阅历尚浅,对官场了解比较匮乏,人情世故几乎一无所知,往往对上级出言十分直率,毫无畏忌。贞元十八年,调授四门博士,做了学官。此时的韩愈在文坛中的地位已是举足轻重,远近闻名。次年,36岁的韩愈被升为监察御史。此时,他与文坛的另两位领袖柳宗元、刘禹锡结成了好友。

此后，韩愈便上书宰辅，期盼升迁，却因《御史台上论天旱人饥状》一奏得罪了"专政者"，被贬为连州阳山令。为求一官半职，他耗费了十年的时光，却在两个月内被贬。当"永贞革新"的期间，韩愈正在贬所。永贞元年(805年)八月，宪宗即位，韩愈遇赦，移官江陵，为法曹参军。元和元年(806年)，奉诏回长安，充国子博士。因避谤毁，求为分司东都，移官洛阳。元和四年，韩愈改任都官员外郎，五年为河南县令，六年任尚书职方员外郎，七年韩愈因管闲事受连累，降官国子博士。他才华横溢，一向自视甚高，但却屡屡遭到贬职，心中充满了挫败感，情绪也是一落千丈，在这种情境下他挥毫写下了《进学解》一文，尝试解析仕途顺利与否与学识渊博与否之间的关系，思考自己经常会被责难和牵累的原因。谁曾想到，这篇牢骚满腹、积怨颇深的文章，却出人意料地被执政者高度赏识，认为他在修史方面具有相当的才能，改官郎中、史馆修撰。

但好景不长，他在不久之后就经受了政治生涯中最大的一次起伏，这全部归因于"佛骨事件"。佛教在唐代是相当盛行的，颇具有影响力，在元和年间得到了宪宗的全力支持后变得更加泛滥。唐代元和十四年(819年)，正当宪宗迎接佛骨之时，他又上书直谏，建议皇帝停止迎接法门寺佛骨到长安供奉，上《论佛骨表》一书，引起宪宗震怒，勒令将其处死。幸好宰相裴度等帮忙求情，才改贬为潮州刺史，真可谓是朝上一书，夕贬潮州。一到贬所，他立即上表请罪，长庆元年(821年)又返长安做官。虽然有罪在身，但韩愈在潮州七个多月里为民众做了许许多多的好事，大兴教育，将中原的先进文化带到岭南，驱鳄鱼，被潮人奉为神。笔架山被潮人改称韩山，山下的鳄溪改称韩江。韩愈后移袁州，不久回朝，又做过国子祭酒、吏部侍郎、京兆尹等显职。

在这二十年里，韩愈两次遭贬，都有贵人相助，能够逢凶化吉，说明其人确有正直的道德和品质，且是一个有用之才。因祸得福的是，他的思想和文章都因为这几年波折的贬官生涯而获益不少。但不幸的是，他贬官不久又被升官，倘若长期被贬，成就可能会更高，晚岁定居长安，生活平稳而没能写出更好的文章，或许是这一点的佐证。

韩愈于长庆四年去世，终年57岁。韩愈生命历程并不长，其中充满了坎坷和起落,但他能够对生死有着清醒、达观、理性的认识,不怨天亦不尤人,儒家的理性主义精神得到了充分体现。他临死时很平静,回顾自己的一生,欣慰地说,以我的伯兄韩会那样高的德行,又懂得养生,也只活了43岁,而我天资不高,却官至侍郎,享年比伯兄还高出14岁,如果还不满足,要怎么才满足?并且我能在家里寿终正寝,又没有失去为人臣、为人子的大节,在九泉下面对先人也可以无愧了。他还告诉家人,丧葬要按儒家传统礼数举行,"俗习夷狄、画写浮屠、日以七数之,及拘阴阳所谓吉凶,一无污我"。由此事可见他对儒家传统的维护,对佛教的排拒,至死不渝。

韩愈的思想

韩愈反对藩镇割据,在政治上力主加强统一。思想上以孔孟道统的继承者自居,尊儒排佛。他大力提倡古文,和柳宗元共同领导了中唐的古文运动,反对六朝以来的形式主义的骈偶文风。

越过西汉以后的经学,复归孔、孟,重建儒家的道统,极力使儒家思想成为主流,是韩愈最突出的主张。以孔孟之道的继承者和捍卫者自居的他曾经声称:"使其道由愈而粗传,虽灭死而万万无恨。"当然,"适于时,救其弊",为了造福江山社稷和平民百姓,解救社会现实的各种危难,才是韩愈大力弘扬儒家传统思想的基本着眼点,而不是想在思想、理论上有所突破,也不是想成为孟子之后儒学的第一传人。韩愈认为,藩镇割据以及佛老繁滋乃当下最大的现实危机。其中,中央皇权的力量被藩镇割据、权力争斗激烈大幅度地削弱,使得社会动荡、民不聊生;而在他心中,佛老和儒家思想是处于对立面的,他认为佛老盛行导致了以紫乱朱,使得人心浇薄、风气不正,同时大片的良田被寺庙占据,僧徒不纳赋税,国家的财政收入受到了非常严重的影响,因而都急需扫除。韩愈以此为中心思想,创作了大量政治论文,其中以《原道》为代表,藉此明君臣之义,严华夷之防,对藩镇尤其是对佛、老进行了不遗余力的抨击。

韩愈在被贬期间,写下了五篇哲学论文——"五原",这些论文在中国思想史上具有极其深远的影响。这五篇文章标志着韩愈的新儒学思想已经成熟,是他政治、哲学思想的杰出代表作,而不仅仅是散文史上的名篇佳作。这一年韩愈38岁。他十分敏锐地发现了孔孟以来的儒学在与释、道二教的竞争中面临着危机,正在逐步走向衰落。他以卫道者自居,独自扛起了复兴儒学的旗帜,挺身而出大声疾呼,要扶正名教,喊出了尊孔孟、排异端的口号,以使儒学重新占领思想阵地。

韩愈明确提出过一个观点,儒家有一个始终一贯的有异于佛老的"道"。他说:"斯吾所谓道也,非向所谓老与佛之道也"。他所说的儒者之道,即是"博爱之谓仁,行而宜之谓义,由是而之焉之谓道,足乎己无待于外之谓德。仁与义为定名,道与德为虚位"。简而言之,作为儒家思想核心的"仁义道德",便是所谓的道。传承儒家此道者历经千百年,都有一个历史的发展过程,即"尧以是传之舜,舜以是传之禹,禹以是传之汤,汤以是传之文武周公,文武周公传之孔子,孔子传之孟轲。轲之死,不得其传焉。"

关于韩愈,他的《原道》曾得到过宋代的朱子的高度评价,他说:"如《原道》一篇,自孟子后,无人似它见得。"朱子反对人们一味地批判、指责韩愈,而希望人们能够看到、体会、斟酌其学说比较合理的部分,并称赞韩愈具有"辟佛老之功"。当然,凡人谁能无过,朱子对韩愈有褒亦有贬,韩愈能说出汉唐其他人所说不出的话来,是他所大力褒奖的,而韩愈说话经常欠妥、不完整,不能充分表达自己的思想和心意,学问知识上也有诸多的缺点和不足,正是他所贬的地方。由朱子对韩愈的褒贬,可以看出他认识到并承认韩愈在儒学发展史上是有着承先启后的地位的。

柳宗元 ——"歧黄大师"

【人物介绍】

柳宗元,字子厚(775—819),祖籍河东(今山西永济),后迁长安,世称柳河东。因官终柳州刺史,又称柳柳州。唐代杰出的文学家、哲学家、政治改革家。他与韩愈共同倡导唐代古文运动,并称韩柳,为唐宋八大家之一。

【学派】

推崇经世儒学和唯物自然观。

身为著名的文学家、政治家和思想家,柳宗元更一位是"歧黄大师",而所谓"歧黄"指的是中医学术。之所以称之为"歧黄大师",一是因为他对于病理、药性比较了解,在"有形之药"的研究方面颇有建树;二是因为他能对苛刻政令、刑罚泛滥、贪污腐败、愚昧无知进行有效的治理,把"无形之药"运用得得心应手、恰到好处。

【生平】

柳氏在北朝是远近闻名的门阀士族,是"河东三著姓"之一,另外两姓则为薛、裴。自北魏以来,柳宗元的祖先世代显宦,到唐朝,河东柳氏作为"关陇集团"的一个有势力的家族,在朝廷中据有显赫的地位。柳宗元的家庭出身,使他始终保持着对祖先"德风"与"功业"的向往。他常常以自豪的语气,叙说祖上的地位与荣耀,表现出强烈的重振"吾宗"的愿望和对功名的追求。

唐代宗大历八年(773年),柳宗元出生于祖籍河东(今山西省永济市)的一个世代仕宦之家,他家有几百亩田地,父亲柳镇曾任长安主簿、侍御史等职,是一个刚直不阿、学识渊博的封建官吏。母亲卢氏也有很好的文化素养。柳宗元四岁时,因家中缺书,母亲向他传授古赋十四篇,令其诵习。正是母亲的启蒙教育,使柳宗元对知识产生了强烈的兴趣。卢氏勤俭持家,训育子女,在早年避乱到南方时,宁肯自己挨饿,也要供养亲族。父亲和母亲给予柳宗元儒学和佛学的双重影响,这为他后来"统合儒佛"思想的形成奠定了基础。

唐德宗兴元元年(784年),柳宗元12岁时,第一次离家随父亲到南方任所,初步接触了社会,开阔了视野。第二年,即贞元元年,13岁的柳宗元应崔中丞之请,代为向德宗皇帝写了一篇《贺平李怀光表》。少年才俊,一时传为美谈。

贞元五年(789年),他17岁的时候,就参加了进士科考试,但名落孙山。此后他又连续两次投考,都没有及第。在唐代,进士有"白衣公卿"之称,由进士出身入仕,是读书人的理想出路和梦寐以求的目标。但中唐以后,科场往往被权贵把持,请托、干谒之风盛行,考试等级往往先定。读书人空有文采,没有得到权贵的援引、推荐,要想及第是相当艰难的。贞元九年(793年)柳21岁,户部侍郎顾少连主持贡举。顾少连是个不畏权贵、执法严格的人。他主持考试,不顾权势者"众口飞语,哗然涛张",大力选拔孤寒之士,柳宗元于这一年二月及第,同榜32人,其中包括他的终生尊友刘禹锡。

第二年,他专程赴汾州叔父的任所,在西北一带游历考察,接触边地将士,向老兵退卒了解到不少奇闻逸事,后来写出了著名传记文《段太尉逸事状》。后来其父病逝,他回到长安。贞元十二年,柳宗元父丧期满,便与少年时订了婚的弘农杨氏成亲。贞元十四年,柳宗元进入了仕途。其后又担任了蓝田县尉、监察御史里行等职务。

唐朝自安史之乱以后,国势一蹶不振。到德宗时代,政治上由宦官专权,藩镇割据日趋严重,经济上贵族大地主肆意兼并土地,社会生产遭到严重破坏,民不聊生。柳宗元对这种现实极为不满,立意改革图新,又由于他青年入仕,才华出众,目光敏锐,意气风发,所以他表现得极为活跃。

贞元二十一年(805年),唐顺宗即位,改元永贞。革新派领袖王叔文执政,开始实行一系列改革措施,反对藩镇割据和宦官专权。柳宗元是这一集团的中坚人物,他由监察御史里行升任礼部员外郎,主管百官奏章,积极参与了惩贪官、为宫市、罢进奉等一系列改革活动,由于这次改革触犯了宦官和大官僚贵族的利益,受到了反动势力的联合反扑,顺宗被迫退位,改革只进行了164天就被扼杀了。

永贞元年(805年)九月,革新失败,王叔文遭贬并被杀害,柳宗元被贬为邵州刺史,十一月加贬永州(今湖南省永州市)司马,其他参加革新的人物如刘禹锡等七人都被贬为边州司马,这就是历史上所谓的"八司马事件"。

永州在唐代为边远之地,人烟稀少,瘴疫横行,生产落后。这时,柳宗元的妻子杨氏早已去世,他膝下也没有子女。那年冬天,他只身带着老母凄然地离开京师来到永州。柳宗元生活非常困难,住在一座庙里,得不到帮助。不久,他的老母亲生了重病,没钱看病吃药,不幸去世了。柳宗元孑然一身,谪居异乡,精神上和生活上都受到严重的打击。他虽然身为朝廷命官,但是遭贬来到永州,到处受人歧视。

柳宗元想在永州续弦再次成家,但当地的仕官缙绅人家都不愿把女儿嫁给他,这给柳宗元又带来了新的精神痛苦。柳宗元作为地主官吏,娶不到缙绅、士人之家的女子,只好在当地找了一户农家的女子为妻,这件事足以说明他在政治上受贬,又在上层社会受人歧视的严重程度。可贵的是,这些都没有使他屈服和心灰意冷,反而让他更清醒地认识到反动统治下的腐朽和丑恶,也让他有更多的机会去接触下层人民的痛苦生活。唐宪宗元和十年(815年)正月,柳宗元接到赦令,回到长安,与刘禹锡等友人重逢。但他很快又被挤出京师,贬到更远的柳州去作刺史。

柳州比起永州来说,不仅距离京城长安更加遥远,而且当时在经济文化方面也更加落后。除了被当权者认为是罪重难饶的人,是很少有被派到这地方来做官的。他到柳州任刺史,是"官虽进而地益远",受到又一次的排斥和打击。面对这种遭遇,他的心情十分复杂:一方面,是满腔愤懑,愁肠百结,痛苦不已;另一方面,又感到可以利用作为一州刺史掌握有一定实权的条件,干一番的事业,施展自己的抱负。所以,尽管他那"十年践踏久已劳"的身体到柳州后又患上了心脏病,但他仍然拖着病躯,以极大的热情投入了地方的治理。

柳宗元到任后办的第一件大事,就是修复崩坏了的文宣王庙(孔庙),积极传播孔子创立的儒家思想。他认为孔子思想的传播与朝廷政令的推行是密切相关的。柳州经济文化比较落后,人们有喜欢攻打劫掠、争斗行暴的陋习,治理起来有较大的难度。他认为,要使朝廷的政令在地方上得到贯彻,就应该大力宣扬儒家的思想主张,从教育开导入手,改变地方百姓的愚昧落后观念。他把修复孔庙提到巩固教育基础的高度加以重视,通过这事对百姓晓之以理,动之以情。把孔庙修好之后,他还亲自写了《柳州文宣王新修庙碑》,要求人们对孔子"永永是尊"。不到三年,百姓们果真自爱奋发起来。

当时,柳州一带还流行着迷信巫神、鸡卜、滥杀牲畜的习俗。人生了病,不是求医问药,而是请巫师来占卜吉凶。开始时宰杀鸡鸭一类的小牲祭神;病情没有好转,就杀猪羊一类的中牲;再不行,就杀牛马一类的大牲;还是不行,病人就认为是鬼神不肯放过,于是和亲人诀别,用布遮面,不吃不喝等死。因此,这一带田耕荒废,给生产生活带来了很大的破坏。柳宗元针对这种情况,采用了援佛入儒的办法,主持修复被大火焚毁100余年的大云佛寺,让僧徒们击磬鼓钟,宣传佛教戒杀的思想,对百姓进行教化,引导人们注意保护牲畜,努力发展生产,有病就求医找药,不要迷信巫神。还充实庙内的设施,让学生们在里边读书学习。这种"以佐教化"的办法,取得了良好效果,滥杀牲口的恶习也改变了。

柳宗元在柳州受到了人民的欢迎和支持,很多有志青年,不远千里投到他的门下,向他请教,时人称其为"柳柳州"。

元和十四年(819年)十一月八日,柳宗元于柳州病逝,年仅47岁。他的灵柩被停放在他生前喜爱的罗池的西北侧。第二年,由他的上级、朋友裴行立资助,运回长安万年县栖凤原安葬。柳宗元死后三年,柳州人民为了纪念他,在停放灵柩的地方建了一座衣冠墓,兴建了庙宇,对他寄以永远的怀念。

柳宗元的思想

柳宗元也是重新阐发儒家义理的重要理论家,与韩愈有所不同的是,他对所谓儒家"道统"没有多大兴趣,也不排斥佛教,他更重视的乃是不拘空名、从宜救乱的经世儒学。柳宗元、吕温等人都曾师事陆质,受到他的直接影响。柳宗元的观点鲜明地体现了他通经以致用的治学特点。

柳宗元的世界观是自然混沌存在的唯物主义"元气"一元论,否定在"元气"

之上虚构一个东西,当作有意志的决定者;否定由人们设计出一个"极"物,当做最初的原因。被谪以后,柳宗元除应达官显贵之请,写了不少表状墓志外,也开始写作政论文,著名的如《天说》,文中批判"天人感应"、"天能赏善罚恶"等唯心主义谬论,表现了他的朴素唯物主义思想。

这一时期,柳宗元所著的《天对》是中国古代哲学中的一部奇书。它进一步反映了作者对宇宙万物的认识水平和自然哲学思想。《天对》在形式上是为回答伟大诗人屈原的著作《天问》而写的。屈原在《天问》中,一共发出170多个质疑性的问题,从天上问到地下,从万物问到人间,从自然现象问到社会现象,从历史事件问到现实问题,鲁迅称赞其"放言无惮,为前人所不敢言"。但屈原只问不答,给人们留下了无穷的思索空间。只有到了唐代中期,贬于永州的柳宗元,才把对屈原所问概括为122条,逐个作了精辟的回答。

在宗教和科学相联系在一起的《天问》中,充满着古代哲人在大问题方面的知识,其领域是非常之广阔的。要解答屈原所集中起来的古代人提出的宇宙和历史的问题,那么,按照柳宗元的方法,首先便须研究古人的知识,然后再根据自己的认识,排除神话传说之谬误部分,而提出"革"命的世界观和历史观。因此,《天对》一文可以看作柳宗元唯物主义思想的代表著作,但遗憾的是,历来把这篇哲学名著大都看成了一种游戏的或愤慨的笔墨。

柳宗元这里以直截了当的方式,对答了这些宇宙根本问题,同时揭出了他的唯物主义世界观:宇宙是一元混沌之气而成的,没有任何怪物在那里主宰造为,而那种所谓本始的神秘的东西,原来是怪诞的迷信者所传道的,完全不可信赖。这里"惟元气存"而否定有作者的自然哲学,比天说中的"元气"范畴更丰富了。他在非国语上说,"阴与阳者,气而游乎其(天地)间者也,自动、自休、自恃、自流",和这里所说的命题相同。

由于吸取了当时自然科学的成就,柳宗元认为:自然的规律运动是实在的,而且这些规律是可以认识的,彻底驳斥了一切有神论和唯心主义的虚构。他揭示了这样一个宇宙运动的基本规律,那就是对立的阴阳二者的统一或同一,表面上是合而为三,实陈上是一中有二,自然的运动,并不赖有一个本始的东西来助成变化,而只是由于对立物的交错而发展的。这一天才的洞察,具有辩证法的朴素形态。

这一基本规律的特色,要比刘禹锡基本规律的自然生杀观点,更高明些。柳宗元对于自然发展变化的规律,从天文到地理,都依据了当时科学的知识,作了物质自己运动的解答,而同时也斥责了宗教的世界颠倒意识,并从世界可知性方面反复阐发着唯物主义世界观。因此,他在《天对》中坚决地反对命定论。

柳宗元的自然哲学,也有其历史的局限性,他对于好多问题,不是依据实验科学的结论,而是依据古代传说性的知识来解答的,更应指出的是,当他无法对答时,便露出了偶然论的缺点。在这一点,他便不及刘禹锡的观点,而和范缜相似了。

相关人文景点

柳侯祠原叫罗池庙,位于柳侯公园的西隅,它的附属建筑还有柑香亭、罗池和柳宗元衣冠墓。北宋末年,宋徽宗追封他为"文惠侯",因而纪念柳宗元的祠堂称为"柳侯祠"。从柳宗元病逝至今的历朝历代,每年清明节和农历十一月初八,柳州人民和社会各界都要到柳侯祠祭祀柳宗元。现在的"柳侯祠"是按照清代建筑物重建的。祠内陈列有许多文物、史料反映柳宗元的生平和政绩。

荔子碑:又称三绝碑,碑文内容是唐代文学家韩愈写给柳州市人民祭祀柳宗元的祭歌《迎享送神诗》。碑文字体系北宋著名文学家、书法家苏轼所写,宋嘉定十年刻石。珍藏在柳侯祠内。因为诗文的开头一词是"荔子",故名《荔子碑》。又由于碑文把柳宗元的事、韩愈的诗文和苏轼的书法集为一体,而他们三人都在唐宋八大家之列,所以被誉称为《三绝碑》。此碑是柳侯祠内现存最为珍贵的国家一级文物之一。

柳宗元故事

柳宗元在永州住了好几年,也没有得到朝廷的再次任用。他只好在潇水西岸买了一块荒地,盖起草堂,准备长期住下来。他经常到附近走一走,有机会接触劳动人民。当时的永州,是一个人烟稀少,荒凉偏僻的地方。但是,这里的百姓年年都要交很多的租税。

有一天,在一条山路上,柳宗元看见一个衣着破烂的男人,手拿木棍在草丛里拨弄着什么,就上前盘问缘由。那男人就一五一十地说起来。原来,永州郊外有一种毒蛇,黑色的身子,上头还有许多白色的花纹。这种蛇可毒了,谁叫它咬了,准得死。可如果把它捉住了,晒干后又能做成一种特别贵重的药,能治不少难治的病。朝廷为了能得到这种蛇来做药,规定凡是一年里交两次蛇的人,就可以免征他的租税。因此,不少永州百姓都冒着生命危险去捉这种蛇。

这个人家里已经三代以捕蛇为生了,他爷爷和父亲都是被毒蛇咬死的。他也已经好几次差点叫毒蛇咬死……柳宗元听了一阵心酸说:"我帮你说说情,不叫你干这种捉毒蛇的差事,恢复你应缴纳的赋税,你看怎么样?"想不到那男人更伤心了,流着眼泪拒绝了:"这些年,乡邻们为了缴纳租税,往往把地里打下的粮食全交了,还不够,只得到处讨饭,常有饿死在路上的。从前跟我爷爷一起居住的人家,到现在十家剩不下一家,只有我按规定每年献上两次蛇,就不用缴纳租税,日子倒还过得去。您想想,捉毒蛇虽然有危险,可总不像我的乡邻那样天天为缴纳租税担惊受怕吧!"

柳宗元非常愤怒:这租税比毒蛇还厉害呀!他把这件事记了下来,就是著名的散文《捕蛇者说》。文章揭露了繁重的租税带给人民的苦难,向统治者提出了强烈的控诉。

第四章
持续斗争带来思想禁锢的断裂

中国在清朝末年被卷入了世界体系,思想界也被西方近现代思想强烈冲击,比如一系列政治思想解放运动:推翻满清统治和封建帝制、各民族求平等、追求民主共和以及平均地权、节制资本、争取民生等。随之而来的是许许多多社会解放的思想,如科学主义、实业兴国、发展教育、学习西方文化等,都风行一时。

洋务运动时期,科学救国意识居于中国文化的中心,尤其以魏源的"师夷长技以制夷"为代表。自此到19世纪末20世纪初,人们开始注意并深入研究这一主题。自魏源、龚自珍以及严复等人带起"自强富国、学习西方文化"的潮流,国人迎来大量的先进的西方思想文化,直接推动了中国社会的变革。

从那以后,中国的思想文化的变革觉醒分为两个阶段:维新变法和辛亥革命。维新派以君主立宪派的康有为和梁启超为核心,在1895年达到顶峰。而1902年,资产阶级革命派掀起辛亥革命的热潮,以孙中山为主的资产阶级革命派坚持革命救国,认为只有革命推翻清政府的统治才为正途。资产阶级革命获得胜利,旧王朝解体,中国人获得了比较宽松的思想环境,可以自由地进行学术研究。而到了五四运动爆发后,各种思想更是如雨后春笋般出现并繁盛发展,著名的新文化运动便是以五四运动为起点。新中国成立后,思想家们回顾中国局势的变化,重点总结了近代中国思想文化的变迁过程,并分别针对传统思想和外来文化归纳发展,形成了中国的现代思想系统理论。

魏源 ——国士无双

【人物介绍】

魏源(1794—1856),原名远达,字默深,一字墨生,又字汉士。湖南邵阳市隆回县人。著名的爱国主义文学家,维新思想先驱之一。

中国近代史上的第一代思想巨人出现道光年间,有龚自珍、魏源、林则徐等,其中最杰出的即是魏源。鸦片战争前后,魏源主张政治改革,大力发展经济,并提出一个影响中国历史深远的反侵略战略"师夷长技以制夷"。此外随着时代的变迁,他的思想也被继承发展。整个中国大变革时期,无论是戊戌变法还是辛亥革命,都闪耀着魏源的思想光芒。甚至传播到了海外,对日本等东亚国家的近代发展也产生了深远的影响。

发表了许许多多的思想著作,分别在经济、史学、地理等各领域造诣深厚。同时,魏源集才学和军事理论家于一身,能文能武,见解独到。此外,魏源还是忠实佛家信徒,也有"州有九,涉其八;岳有五,登其四"的旅游事迹。因此龚自珍评价魏源:"读万卷书,行万里路,综一代典,成一家言"。还有后人认为魏源是"生前有学名、有政绩","死后遗泽人间,博大精深"的伟人。

【生平事迹】

清朝乾隆五十九年(1794年),魏源生于湖南,他父亲名叫魏邦鲁,做过一段时间小官吏。在魏源十岁时,家乡发生了严重的灾荒,当时魏父恰好离开家乡去往江苏,无法救济他们。饥荒带来极为艰苦的生活环境,成为魏源与中下层社会人们接触交流的契机,他了解到了民间疾苦。但好学的小魏源在这种情况下,还是坚持看书学习,他最喜欢阅读的是历史书籍,但由于历史书籍无益于科举考试,魏源和他伯父发生了矛盾。

1814年(嘉庆十九年),魏源跟随父亲上京城,跟随常州学派的刘逢禄学《公羊春秋》,开始研修通经致用。在1820年(嘉庆二十五年),魏源携母亲和妻子迁居江苏宝山,和在那里当官的父亲魏邦鲁团聚。1822年,魏源科举有成,是顺天府乡试第二名。

1825年(道光五年),江苏布政使贺长龄看中魏源的才华,聘请其编辑《皇朝经世文编》,该书共有120卷,在一年内完成,因为搜集了很多的社会政治经济资料,并且坚持以经世致用为指导思想,成书后有很大的社会影响力,当时风靡一时,好评不断,凡是关心国事的官员几乎人手一本。魏源编辑了《筹漕篇》、《筹鹾篇》和《湖广水利论》等书后,知识活用,协助苏巡抚陶澍办漕运、水利诸事。经过这些,当时年轻的魏源,已经因长于经世学问而为众人所知。

然而,魏源的才华并没有使得他获得功名。从学习王守仁的心学,到跟从刘逢禄学习公羊学,他接受了比较多的今文经学的影响,强调经世致用,与传统的文人官僚走上了不一样的道路。加上性格使然,魏源完全不认同儒家烦琐浮华的文风。即使29岁中了举人,但一直没有成功考上进士。功名场的不如意并不能掩盖魏源的才华,很多人对他赏识有加。据史料记载,1826年(道光六年),魏源曾入京应科举,恰好是老师刘逢禄参与分阅试卷,刘逢禄大力向主考推荐魏源的答卷,但没有成果。于是刘逢禄作了《两生行》,去表达他的惋惜,他在诗中评价魏源是"无双国士长沙子,孕育汉魏真精神,尤精选理砾鲍谢,暗中剑气腾龙鳞"。虽然刘逢禄预言"且看明日走马填城",即来年魏源一定会高中。但1829年,34岁的魏源再次参加会试仍然落第。于是魏源按照当时的惯例,捐资得到"内阁中书舍人候补"的职务,获得进入内阁阅读所藏有关清朝开国以来主要史事的大量档案材料的机会,他开始了《圣武记》撰写。

1835年(道光十五年),魏源在扬州新城抄关门定居,购买宅基地营造自己的家园。而1840年鸦片战争期间,他放弃了对内改革的思路,开始思考如何抵御外敌入侵。当时魏源在两江总督府裕谦处做幕府,亲身经历了浙东抗英战役,在前线亲审战俘。由于眼见林则徐等能臣被腐败政府撤职,甚至充军新疆,而琦善之类的卖国贼却被重用,魏源愤慨难当,辞官归家编著后世闻名的《海国图志》,前60卷在头年完成。

1844年(道光二十四年)，魏源再次参加了礼部的会试，终于考中了第十九名的贡士。但由于试卷不工整被主考官挑剔，被罚推迟一年殿试，第二年补行殿试才真正成为进士，不可谓不坎坷。此时魏源已经51高龄，被分派江苏东台县任知县。1847年(道光二十七年)，魏源先到江苏做幕僚一段时间后，就任高邮州知州一职。此前，魏源的写作都是为了做幕僚和探索救国的方法。

　　魏源和龚自珍一经认识，便成为同道好友，他们都不满于当时陈腐而浮华的儒家文风，不愿做儒家书籍的蛀虫。两人都喜欢研究"经世致用"的真学问，积极务实地寻求国家改革图强的方法。之后，魏源游历了东南各省，远到澳门、香港等地区采访和收集资料，把《海国图志》增补到100卷。

　　1853年(咸丰三年)，太平军曾攻打到扬州，魏源以"团练"的形式组织当地地主武装对抗太平天国。接着不久后，魏源因与人有宿怨，被诬陷"迟误驿报"，从而被免职。

　　1854年(咸丰四年)，清政府通知魏源，想恢复他高邮州知州的官位，但魏源表明，世道混乱，不想做官，便拒绝了朝廷的任命。魏源晚年时期在杭州隐居，潜心研究佛学以求内心平静，其思想也变得消极。在1857年(咸丰七年)，魏源生病而死。

思想体系

　　魏源一生写作传世著作47种，共计800万字，字字珠玑，展现了他"经世治国"的中心思想，是位杰出的爱国主义思想家。他的主张有"以经术为治术"，倡导"通经致用"及"变古愈尽，便民愈甚"的社会改革论等。可以分以下几个方面来理解：

　　一、反腐朽的封建政治，提倡学习国外的先进政治制度。魏源的这一观点，在当时引人深思，振聋发聩。魏源为这一观点提出了配套的具体改革办法，认为改革始自人心，才能"天日昌"、"风雷行"，从而达到富国强兵的目标。

　　二、反外国的思想侵略，提出"师夷长技以制夷"的主张。魏源认为，只有对西方资本主义世界有深刻了解，才能抵御西方的思想侵略，并且战胜外敌和富国强兵。魏源提出他最有名的主张是"师夷长技以制夷"：即学习西方比中国先进的科学技术，其目的是反抗西方列强的侵略及战胜敌人。这一主张现在为所有中国人熟知，但在一个半世纪之前，深刻而极富远见，是一个极其卓越的爱国主义的纲领思想。

三、主张学习资本主义国家的先进工业，使得国家富强。不仅要学习西方的政治思想制度，还要学习他们先进的工业技术，用此来发现中国本民族的工业。尤其要注意引进军事工业技术，以改进改进中国的国防设施和武器装备，加强国防能力。

魏源充分吸收先人贤者思想中的精华，围绕"经世致用"以及"师夷长技以制夷"的思想主张，在政治、经济、文化以及人才等各个方面，也均提出具体实行措施。他有很多先进思想，首先提出历史是不断进化的，因而随着时代的进步，法令制度也需要不断的变革进化。同时他提倡实事求是和身体力行，认为人只有实际见到并亲身经历，才能认识事物的好坏和难易。综上所述，魏源提出了认识事物和实践解决问题的方法。他的开明世见的思想和务实避虚的治学态度，均对后世有深远而积极的影响。

著作作品

魏源所著颇丰，其作品中最具代表性和知名度的两部，是《海国图志》和《圣武记》。

《海国图志》是一部划时代的巨剧，全书共 100 卷。此书的编写有其历史原因，鸦片战争后，魏源好友林则徐被罢免官职，遣戍伊犁，途经镇江时与魏源相会，便委托好友，以自己的《四洲志》的资料来源，编写出中国人研究东西方世界的划时代著作——《海国图志》。魏源不仅不负故人之托，还在创作中绽放了自己的才华。经过一年的辛勤耕作，就在扬州新仓巷的絜园中，魏源创作出了中外闻名的《海国图志》初版，著作一出，振聋发聩，一时洛阳纸贵。之后魏源陆陆续续扩充，直到 1852 年才完成现在 100 卷的浩瀚全卷。《海国图志》是近代中国第一部由中国人编写的介绍西方的著作,其内容不仅包含了西方各国国情如政治、经济、军事、历史、地理、文化等各方面,更是表达了魏源自己"师夷长技以制夷"等反侵略和自强的主张。近代国人通过《海国图志》睁眼看世界,不仅打开了眼界和激发了爱国热情,更是有力抨击了清政府昏庸愚昧、投降媚敌、倒行逆施的卖国行径。之后,该书传入日本,获得追捧,也促进了日本后来的明治维新运动。

相关人文景点

魏源故居:我国著名思想家魏源的故居是一座江南农村风情的典型清代民居,位于湖南隆回县司门前镇学堂湾村的沙坝上。这座两正两横的木结构四合院始建于乾隆年间,以木结构槽门作为前院,四周围墙是干打垒土。总占地面积约2300平方米。具体来看,第一、二栋正房和左侧厢房为平房,单檐悬山顶、盖小青瓦。正房面阔五间,进深二间;左侧厢房面阔五间,进深三间。右侧厢房为二层楼房,面阔七间,进深四间;底层五间正房全为谷仓,两端为楼梯间;二楼为读书楼,正中三间为课堂,两梢间隔书房。就是在这样一间风景如画并且结构精巧的居室中,魏源度过了他的童年和少年时期。

龚自珍——百年一流

【人物介绍】

龚自珍(1792—1841),又名巩祚,字璱人,号定庵,浙江仁和(今杭州市)人。道光年间的进士,曾官至内阁中书、礼部祠祭司行走、宗人府主事等。中国近代杰出的思想家之一,清朝晚期著名诗人和文学家。

龚自珍是中国社会由古代向近代转折时期的一位重要思想家,在中国思想发展史上占据重要地位。他主要从事社会现实问题的研究,如政治上提倡变法改革,在推动社会进步和学术发展方面影响重大。梁启超曾如此评价龚自珍的

《定庵文集》:"晚清思想之解放,自珍确与有功焉。光绪间所谓新学家者,大率人人皆经过崇拜龚氏之一时期,初读《定庵文集》,若受电然。"可以说,龚自珍出身儒学,却有突破性的社会启蒙思想,因此在中国儒学发展史上,也占据着极其重要的地位。

【生平事迹】

龚自珍是官宦世家出身,祖父龚敬身官至云南楚雄府知府,父亲龚丽正也曾官至江南苏松太兵备道署江苏按察使。而他的外祖父段玉裁,则是乾嘉时期著名学者和音韵大家。家庭环境如此,龚自珍从小就受到系统而严格的封建传统文化的系统熏陶。他年幼学习诵读《说文解字》和考订古今管制,弱冠年间便通读《四库全书总目》,开始搜罗罕见古籍,致力于目录学。之后他还对石刻和金石文字有一定研究。由于当时盛行乾嘉考据之学,龚自珍被祖父辈和师友耳濡目染,也热爱考据学,"以字说经,以经说字"。

由于从小跟随做官的父亲游宦于苏、浙、皖各地,走出了封闭的书房,耳闻目睹了官场的黑暗,并广泛地接触了广大群众,龚自珍内心对社会现实有深刻的了解和感悟。

龚自珍虽然从小被家庭推往仕途,但他的科举之路一直坎坷。按照清朝惯例,他完全可以祖父辈的荫庇直接入仕,但骄傲的他却以普通学生的身份参加考试。从19岁开始应试,27岁第四次应乡试,才中了举人。1821年(道光元年)在内阁中书任国史馆校对,龚自珍直到38岁才考中进士,被留任礼部主事,担任客司主事等一些小官。在其政治生涯中,虽然提出过一些改革政治的建议,但是从未得到重用。

由于龚自珍所受的儒学教育是脱离社会现实和人民群众的,且当时整个社会的学术发展由于康乾文字狱的刺激,转向了繁杂的考据训诂,整个社会虽然危机日益严重,却缺乏对经世致用的重视,也缺乏经世致用的人才。龚自珍观照社会现实,毅然放弃从小接受的汉学考据训诂的教育,而开始研究现实的社会政治问题,并提倡学问要致力于解决当时社会政治经济问题等。这是龚自珍思想的重大转变。

龚自珍的思想，为后来康有为等人提倡维新变法打下了基础。他青年时代撰写的《明良论》、《乙丙之际著议》等文，不仅揭露和抨击了封建专制的积弊，深刻揭露了清王朝封建统治即将覆灭的事实，指出社会变革的风暴即将来临。也为扭转这一局面提出了改革弊政，提拔人材，以安定社会的建议。《明良论》被他外祖父段玉裁阅读，段十分赞赏龚自珍，认为："四论皆古方也，而中今病，岂必别制一新方哉?髦（耄）矣！犹见此才而死，吾不恨矣。"

　　龚自珍在28岁，也就是中举那年，结识并拜今文经学家刘逢禄为师，开始专注研究春秋公羊学，思想上得到进一步发展。他对社会的批评，从对社会现状的揭露扩展到对封建历史的批判；学术上，也从借用各派学术的思想深入到反思传统哲学体系。然而，思想上的进步并没有给龚自珍带来顺畅的仕途。反而龚自珍越发受到各方面的排挤，官职卑微。

　　龚自珍有两位同样抱负的好友——思想家魏源和清末名臣林则徐。1838年冬天，林则徐动身前往广州查禁鸦片前，龚自珍在送行信中表示，坚定支持林则徐的禁烟主张和信念，并提出了许多的建设性的建议，如制止白银外流、平定银价以及严惩鸦片的贩卖者和制造者等。在信中，龚自珍还要求跟随林则徐去广州禁烟，虽然最终因受到当权者的阻挠，未能成行为禁烟效力。在得知林则徐于广州虎门成功销烟，并积极抵御和反抗英国侵略者的武装进攻时，龚自珍特地给林则徐致信，提供对敌作战的建议，还作诗抒怀："故人横海拜将军，侧立南天未蒇勋。我有阴符三百字，蜡丸难寄惜雄文。"

　　龚自珍的仕途终止于1839年（道光十九年），也就是鸦片战争爆发的前夕，原因是得罪了当权者之一——当时的军机大臣穆彰阿，只能下任并且离开了京城南下。之后龚自珍在云阳书院做老师，两年后因为暴病而故。

思想成就

　　时势造英雄，龚自珍生活在中国由封建社会没落晚期，整个国家走向半殖民地半封建的历史新阶段。当时清王朝走向崩溃，国家内忧外患交困，严酷的社会现状使得龚自珍意识到了封建国家和社会的内在危机，因此龚自珍的理论偏向社会批判,他严厉抨击和讽刺旧事物,大力歌颂新事物和倡导变革。龚自珍的这一取向也映射了当时学术界急需进步的要求。

具体而言,龚自珍针对封建土地严重兼并的现象,以及其他各类社会危害作出点评。他认为社会危机的重要原因,是土地兼并和贫富两极分化。这些现象的背后,是封建官吏对人民的残酷剥削和罪恶压迫,巧取豪夺民众的财富,使得民不聊生,社会极其黑暗。而社会衰落的根本原因则是封建君主专制制度,也就是"霸天下之氏"的皇权统治。这样的统治制度滋生国家政治的黑暗和社会风气的败坏,人心不古,其结果是国家的覆灭。

龚自珍看到了国家即将覆灭的情况,担当了拯救国家民族危机的任务,希望依托春秋公羊的学问,抨击和改革时政的弊端,寻求社会改良。他的变法主张主要有两个方面,一是改革封建社会生产和分配制度,修改封建礼仪制度,取消八股取士等,二是反对当时社会腐朽的学术风格。龚自珍漠视当时学术界的师承门户之见,"不拘一格降人才"等。这些学术论见思想,深刻影响了晚清社会的发展,如启蒙了后来的"同光学派",更是间接为戊戌变法打下了思想基础。

著作作品

《乙亥杂诗》创作于 1839 年(道光十九年),诗集名字源于当年是天干地支纪年的己亥年。龚自珍于当年农历四月二十三日辞官离京,七月初九回杭州,九月十五日北上接家眷,十月二十六日抵达江苏昆山。旅行往返九十里,共创作绝句 315 首。在第二年,龚自珍把诗稿编排并刻印成集。

《乙亥杂诗》是龚自珍辞官后所做的大型杂诗组,主要记述了诗人的生平、思想、抱负,也是龚自珍思想和文采最精华的体现。此组诗是龚自珍的回忆诗录,包含了诗人回顾过去的生活,产生的所思所感,如家世出身、仕官经历、诗友交往、生平著述以及思想感情、革新建议,等等。

即使龚自珍这位爱国诗人对政治环境失望,在对担忧国家命运的同时,他并没有退缩,反而有一个积极向上的心态,难能可贵。《乙亥杂诗》流传至今,最脍炙人口的一句诗"我劝天公重抖擞,不拘一格降人才"便是诗人的远大抱负和乐观坚强双重精神的展现,为现在世人所感动。

相关人文景点

龚自珍纪念馆:龚自珍在北京的居所,位于北京西城区手帕胡同21号。整个纪念馆占地600多平方米,主体是座清代风格的两层楼房,上下五开间,兼有耳房,整个建筑仍然保持了清朝时期的建筑风格,雕梁画栋,古朴典雅。龚自珍的半身铜塑像置于馆内正厅,四周悬挂名家匾额,院内有当时道光皇帝御笔字。馆内分为四大展室,陈列龚自珍生平介绍、作品以及后人研究文集。宅院则分为住宅区和花园庭院,庭院是中国古典园林,小桥流水、假山亭榭,花木互相衬托,一派静雅。

严复——思想先驱

【人物介绍】

严复(1853—1921),曾名传初、体乾、宗光,字又陵、几道,晚号瘉壄老人,福建侯官(今福州市区)阳岐村人。近代资产阶级思想启蒙家、翻译家、教育家。

严复是中国近代史上向西方国家寻找真理的"先进的中国人"之一。他一生颇具戏剧性,青年时期对新事物充满洋溢的热情,而在中老年却墨守成规。虽然严复思想起落较大,却也是受到当时社会环境和文化思想变迁的影响。无论在其老年如何守旧,他仍然为中国近代思想启蒙作出了不可替代的贡献。

严复是第一个把系统的西方资产阶级思想著作介绍给中国知识分子的思想家,尤其是推动西方资产阶级社会政治学说在中国的积极启蒙。严复的思想,代表了我国近代思想界对自由问题的系统思考。他积极倡导自由、民权的思想,推动了近代中国的思想发展,不仅影响了梁启超、鲁迅等思想文学巨匠,受到众多旧民主主义革命者们的赞颂;也深刻影响了新民主主义革命者,如陈独秀和毛泽东等革命思想先驱。毛泽东指出,严复是近代中国向西方寻求真理的先进,是在中国共产党出世以前向西方寻找真理的一派人物的代表。

【生平事迹】

严复出生于一个中医世家,祖籍是在福州南台。从七岁开始,严复进入私塾接受旧式教育。9岁时,严复被父亲送入当地闻名的宗彝书馆,跟随当时盛名在外的老师黄少岩学习。相传有个如此小趣闻:当时书馆位于一个戏班的楼上,戏班经常在前半夜锣鼓喧天地彩排,而勤奋的小严复无法睡觉也无法静心读书,只能用手紧紧捂住耳朵。黄老师知道此事后,便想了个主意,劝他前半夜安心回家睡觉,等下半夜戏班彩排结束后再做功课。痴迷学习的小严复采纳了此建议,往往一做,就做到天亮。

然而,如此体贴机智的名师黄少岩,在严复入学第三年便逝世了。祸不单行,一年后,严复的父亲也因抵抗瘟疫和抢救霍乱病人而感染,不治身亡,随之家道也逐步走向败落。严复的人生也从此转折。

家道中落后,严复放弃了科举的道路,而是在1867年(同治五年)考入了政府主办的马尾船政学堂,成绩是第一名,不仅获得了上学机会,更是有了一定的生活补助。船政学堂并不是一个退而求其次的选择,这段不同于科举的学习经历,反而让严复学习了英语以及近代自然科学知识,接受了广泛而先进的西方自然科学教育。五年后(同治十年),严复以优等成绩毕业,是该学堂第一届毕业生。毕业后,他先后在"建威"、"扬武"两舰实习了五年。

1877年,严复被派往英国普茨茅斯大学读书,后转到格林尼茨皇家海军学院学习海军。在留学期间,严复热心于学习和研究英国的社会和政治,阅读了大量资产阶级政治学术理论,对进化论有了尤其深刻的理解。1879年,严复回到中国后,受聘在福州船政学堂,做后学堂教习。次年,调任天津北洋水师学堂总教习(教务长),之后荣升为总办(校长)。然而由于和当权者李鸿章意见相左,严复开始另谋发展,想离开海军界。

真正让严复下定决心的,是1894年的甲午中日海战。北洋水师的全军覆没,代表中国在军事和外交上全面溃败,这一事件促使严复认识到,"中国今日之事,正坐平日学问之非,与士大夫心术之坏"。因此严复从海军界转入思想界,决定致力于译述以警世,并积极推广西学启蒙科学教育。在康有为公车上书及强学会办报之前,他已经在天津《直报》上连续发表一系列变法维新的主张,如政治变法、武装抗击外来侵略及宣扬资产阶级民主等,轰动当时知识界,报刊纷纷转载。

在1895年,严复持续发表一系列论文(《论世变之亟》、《原强》、《辟韩》和《救亡决论》等),沉重斥责了中国社会在长期封建专制政体下,产生的种种弊病。严复认为,中西方社会的根本区别在于对"自由"理解的不同,中国社会的变革应该以"自由为体,民主为用"的政治理念为中心。同时,严复强烈批判阻碍思想创新的八股科举,他希望以"黜伪而崇真"、实事求是的精神,并试图用"自由"和"人道"的理念教化中国大众,以期开启"鼓民力,开民智,新民德"的中国社会新境界。随之他意识到,只有学习西方才能拯救国家,于是投身于教育界,以求从思想上教化中国民众,达到救国的目的。

1896年(光绪二十二年),严复创办了中国最早的俄语学校——俄文馆,自己担任校长。1897年(光绪二十三年),他和同道好友王修植、夏曾佑等人,在天津创办两个近代著名报刊——《国闻报》和《国闻汇编》,这两个报刊的内容,主要是介绍国内外情况和宣传维新变法思想,以求开民智。严复不仅在报上发表了许多著名的政论文章,更是将英国生物学家赫胥黎的著作译成著名的《天演论》在报上连载,第一次向国人介绍西方的进化论思想。先进而独特的进化论思想大开中国人的眼界,《国闻报》也成为了维新运动的重要言论宣传报纸。然而,随着维新浪潮日益高涨,严复的言论也开始日益保守,他认为中国民智的培养开化还需要较长的时间,暂不宜大讲资产阶级革命,以及弱君权兴办议院等事宜。

1898年(光绪二十四年),严复受到光绪帝的召见,他撰写《上光绪皇帝万言书》一书,向皇帝表达自己的变法主张。同年九月,戊戌变法失败,《国闻报》由于报道了戊戌政变的实情,并对死难烈士致敬,被清政府当权者勒令停办。

1900年(光绪二十六年)义和团运动爆发时,严复离京南下,去到上海,创办了名学会,将全身心投入翻译事业,翻译了大量西方资产阶级学术名著。此后,严复在政治上慢慢转向保守,如虽然参加了唐才常在上海创办的自立会,任副会长,但并未参加自立会的活动。

1901年(光绪二十七年),开平矿务局总办张冀邀请严复去往天津,主持开办开平矿务局事务,出任总办的职务。1902年(光绪二十八年),严复去往京师大学堂附设译书局,任总办职务。1904年冬天,开平矿业局与英国发生诉讼事件,严复受命去往英国伦敦进行交涉。

而在1905年(光绪三十一年),孙中山恰好由美洲去往英国,特意去拜访同在英国的严复,从此两人交往甚密,成为至交好友。

严复从英国回到上海后,协助马相伯创办了复旦公学,也就是现在的复旦大学的前身,次年严复任该校第二任校长。从1908年起,他在北京担任学部审定名词馆总纂,次年被清政府授予文科进士的荣誉官职,之后被海军部授为协都统,并担任资政院议员。此时,严复在当时思想界和学术界地位卓然,连辛亥革命爆发后,袁世凯就任临时大总统,也希望严复能担任京师大学堂(现北京大学)校长。严复的学术和社会地位,可见一斑。

然后,此时的严复进入了思想上自身反省的阶段,希望把文科和经学合为一体,其治学思想主张变为"用以保持吾国四五千载圣圣相传之纲纪彝伦道德文章于不坠",趋向复归传统文化。这一行为虽然用心良苦,但因其逆当时社会潮流和民众期望,受世人多方指责。

1913年,此时的严复转向支持恢复帝制,成为封建主义卫道士,国民政府任命他为总统府外交法律顾问。次年,先后被举为袁世凯操纵的约法会议议员和参政院参政及宪法起草委员,成为筹安会的发起人等。之后严复又对张勋复辟表示同情。直到五四前夕,严复还是逆历史潮流,提倡尊孔复古,反对新文化运动。严复晚年,疾病缠身,开始相信灵学,回到福州养病。1920年,病死于福州。

思想成就

严复在中国近现代思想史上的地位,主要是由对西学名著的翻译及对资产阶级先进思想的宣传所奠定。他最先提出了人权法思想——"自由为个人本位",这一思想的重要性随着时代的前进逐渐凸显。

达尔文达尔文、斯宾塞和赫胥黎等人的生物进化论和社会进化论的先进思想深刻影响了严复,他认为"物竞天择"的生物进化论思想也适用于人类社会,并从"群学(社会学)"的角度分析人性、自然法则以及两者之间的关系。严复得出结论,人的本性决定人是社会性的,然后物争自存,人也争自存。

在这样的思想基础之下,严复还认可西方个人主义自由观,同时对西方的法理有较深理解,赞成西方的"以自我为本位以自由为宗旨"的人我法律关系论。

"自我本位主义"思想是严复自己的人权法律思想基础,这一思想在方法论和立场上,是完全区别于中国传统文化中道德理论和伦理法律观的。严复的自我本位主义的自由论,对于当时道德完全扭曲的腐朽封建社会,是一股清流,也推动了后来中国的人权法观念的产生发展。

严复在资产阶级"自我本位主义"人权思想之上,也深刻整理了资产阶级社会中自由与法律、法治以及民主之间的关系,提出了一个"三民"理论——鼓民力,开民智,新民德。这一理论主张逐渐成为严复思想体系中的重要纲领理论,对于人权法的每一项具体制度和思想内容,都有统领提挈的意义。可以说,这一纲领性的理论加强了严复的人权法思想的理论性和逻辑性,使他整体的思想体系完整和升华,影响更加深远。

而在当今,人权议题的重要性不断上升,成为全中国以及全世界的重要时代课题,严复的人权思想,以其特有的格调和深刻的哲理性,给后人以启迪和鼓舞。

相关人文景点

严复故居:严复家道中落,现在留存最有名的严复故居,是在福州三坊七巷,那是块人杰地灵的宝地,诞生了中国近代很多文人名士。我国近代著名思想家严复就曾居住在郎官巷20号。这是1920年严复从北京回到故里时,当时福建督军李厚基赠送给严复在此楼养病,直到病重亡故。

福州三坊七巷是一整片风格相近的明清古民居建筑群,严复故居始建于

1867年,占地625平方米,建筑上,融合了中国晚清及民国时期两个时期的风格。整个故居的前厅分为正厅与花厅两部分。正厅也称正座,为典型的晚清风格,而花厅则是民国初年的面貌。进门楼内为天井,两侧有披榭,主座为四柱三开间房屋,正厅两旁为东、西厢房,前檐的廊轩西侧有门通向隔壁花厅,隔壁花厅有假山园池,一座二层楼阁藏在花厅之后。

康有为——维新主帅

【人物介绍】

康有为(1858—1927),原名祖诒,字广厦,号长素、更生。广东南海县丹灶苏村人。中国近现代著名的改革政治家、思想家、教育家、文学家。

康有为忧国忧民,极富政治才能,是近代中国资产阶级改革的先行者。他一生波澜壮阔,堪称一代巨人。同时,他也是清朝末期和民国初年最有影响力的思想家和文学家之一,其思想著作针对当时代学子的疑惑,并为学子文人指明思想方向。在19世纪的最后几年,他甚至领导了中国知识界的启蒙运动。

康有为在近现代中国历史上,最具里程碑的事件,是在1895年,和学生梁启超一起"公车上书"给光绪帝,申请政治改革以求救国。康有为以写书上书和进谏等方式,说服了光绪帝,掀起了一场自上而下的政治体制改革。在中国历史上,从来没有一个思想家敢于像康有为那样,把自己对政治体制改革的建议设想,反复向封建统治者提出,这一行为勇敢而大气,也取得了惊人的成果。光绪帝接纳了康有为等人的改革建议,并确定了康有为作为戊戌变法核心人物和维新运动领袖的历史地位。虽然由于光绪帝本身的弱势,维新运动并没有成功,在坚持一百天后失败。

然而,康有为和许多思想家一样,在人生后期整个思想体系转为保守,他开始独尊孔学,有浓厚的保皇意识。虽然他反对袁世凯复辟帝制,但最终步其后尘，积极支持张勋复辟，成为帝制复辟的帮凶。

但无论如何，中国近代真正意义上的资产阶级哲学和学术研究，是从康有为开始的。康有为也带领了中国第一次的资产阶级革命，即使维新运动失败了，也为后来中国革命前路的摸索，留下了宝贵的经验。

【生平事迹】

康有为出生于一个封建官宦家庭，祖父康赞修和叔祖康国器都是封建大官僚，推崇程朱理学并维护封建统治。这样的家庭背景下，康有为从小受到父祖辈的传统文化教育，师从名儒简凤仪，研修儒学，涉猎群书，熟知程朱理学。他少年老成，言必称圣贤，于是在乡间有了"圣人为"的外号。

从康有为的父亲康达初开始，其家道开始中落。康有为 11 岁时，父亲积劳成疾，不幸中年早逝。同时康有为从 17 岁开始接触外国史地知识，1876 年，在九江礼山草堂从师于当时著名的今文经学家朱次琦，接受读宋儒书及经说、小学、史学、掌故词章的教育。面对国家的危亡、现实的刺激以及视野打开后，康有为对人生有了深入的思考，开始怀疑旧儒学的真理性，也曾一度对于人生感到迷惘，甚至在家装疯卖傻。

直到结识翰林院编修张延秋，张延秋指点康有为，开始了新的学习和思考。他先后到香港、上海等地游历和考察，接触到西方资本主义思想和当时的改良思潮，康有为结合自己的理解，开始糅合古今中西之学，逐步形成了自己的人生观，并开始思考政治改良的方向。

1882 年，康有为进京参加顺天府举办的乡试落榜，回途经过上海，他被上海的发展和变化所震慑，于是开始大量寻买西方书籍进行阅读了解，据传，他曾一次购买了上海江南制造总局的西方译著达 3000 余册，这数量是当时该局售书总数量的 1/4。之后，康有为通读了大量的西方科学技术的论著和思想著作，逐步吸收了当时最先进的资产阶级政治思想以及西方进化论的思想精髓。在大量的阅读和紧密的思考后，他形成了维新变法的思想体系。

1888 年，家中长辈一直催促康有为再次上京参加顺天府乡试，当年恰好中法战争爆发，清政府胜利求和的软弱行径，让每一位中国人都极其痛心，康有为为国忧愤,第一次上书光绪帝,第一次提出了变法改革的政治建议,重点有变成法、通下情、慎左右三事。

可想而知,康有为上书的这些维新变法的思想,受到了当时统治阶级内部顽固守旧派的攻击,在他们的阻挠下,此次上书并未传达到光绪帝的手中。但康有为没有放弃变法劝谏的努力。此后,康有为一边著书立说,一边创办学堂和大规模地聚徒讲学活动,全力宣传自己维新变法的改良主义理论的同时,还培养及带领出一大批具有先进思想的改良主义人才,一起为变法维新的救国运动而努力。在1891年,康有为在广州设立著名的万木草堂,收徒讲学,弟子梁启超、陈千秋等人和康有为一起,闻名至今。

1895年,康有为上京参加会试,恰逢清政府和日本签订丧权辱国的《马关条约》,闻此消息,作为文人,他只能把满腔的悲愤化为文字,奋笔疾书一天两夜,写成一份一万八千余言的上皇帝书,并联合了1300名举人一起上奏,表明对《马关条约》的坚决抵抗。这一事件就是现在中外闻名的"公车上书"运动。虽然此次上皇帝书并没有真正上达皇帝,但在该年的京城会试中,38岁的康有为第一次中了进士,还被钦点为工部主事,成功进入朝廷体系,给之后的上书创造了条件。当年五月底,康有为的第三次上书,几经转呈,终于到了光绪帝案前,这是光绪帝和康有为第一次沟通。

继第一份奏折上达皇帝,之后两个月中,康有为紧接连续三次上书,系统全面表达了自己的变法主张,将维新变法运动推向了高潮。康有为自己也成为了人们公认的维新运动的领袖。他与学生梁启超创办了著名的《中外纪闻》,又在北京组织了强学会等举措,意在提倡西学,考察各国强弱之源,以实现国家的变法维新和救亡图存。但由于维新派大肆表达对西方资产阶级民主政治的倾慕,在民众中造成影响,威胁到了封建顽固派的统治基础,清王朝多次封杀康有为的书籍和报纸。

直到1898年,德国强占胶州湾次年,光绪皇帝才终于下定决心变法。他下令让康有为列出各项变法建议,康有为写作《应诏统筹全局折》一折,充分表达自己的思想。此文不仅涉及了清朝中央政权体制的改革,体现了维新派追求资产阶级民权制度的政治理想。封建顽固派见到此文的激烈的言辞和改革建议，竭力阻止了此文的上达，甚至阻拦了光绪帝对康有为的召见。四月，康有为和梁启超组织起保国会，号召知识分子和民众救国图强。六月，光绪帝在颐和园召见康有为，任命他为总理衙门章京，开始筹备变法事宜，这一事件史称"百日维新"。

维新派的变法运动一共持续了一百天左右，九月下旬，封建顽固派代表慈禧太后发动政变，软禁了软弱的光绪帝，同时以"结党营私，莠言乱政"为名，通缉康有为，维新运动告失败。康有为本人也从北京逃至香港，随后又离港赴日，辗转去往了加拿大。但在国外，康有为一直坚持保皇维新运动，与李福基等人创设保皇会，以保救光绪帝，排除慈禧太后、荣禄、刚毅等顽固势力为宗旨，成为保皇派首领，大力向国际友人宣传，以求获得国际支持，实现保皇的目的。

1913年，辛亥革命后，康有为成功回国。但他作为保皇党领袖，信仰和宣扬尊孔复辟，反对共和制，一直谋划，想推清废帝溥仪复位。1917年，康有为参与了张勋的复辟运动，运动在当时北洋政府总理段祺瑞的讨伐下宣告失败。但康有为始终效忠前清，废帝溥仪被冯玉祥逐出紫禁城后，他曾亲往溥仪居住的天津张园觐见探望。1927年，康有为在青岛逝世，享年70岁。

康有为的一生，可谓"功过分明载史册，诗文彪炳胜当年"

思想体系

康有为的思想体系分为三块：哲学思想、经学思想和大同思想。

康有为的哲学思想，是用学来扩大与充实中国哲学。他是中国第一个建立"即中即西"的新学说，严肃进行中西方哲学整合的思想家。虽然他的尝试并未完全成功，但他这种行动难能可贵，他本人也成为中国近代资产阶级哲学理论的奠基者。

康有为的经学思想，是结合了西方资本主义政治思想与中国传统的儒家思想文化，他的经学思想主要体现在他的各种变法主张中，是系统而明确的，其纲领是提倡在中国实行君主立宪，发展资本主义。康有为把西方资产阶级的社会政治学说传播到中国，尤其让中国知识分子摆脱封建思想束缚，带来了第一次的思想解放潮流。康有为最著名的思想理论著作是《孔子改制考》一书,该书从着重宣传了孔子托古改制的主张,想以资产阶级的政治思想附会公羊学派的学说,即以供养学派的三世学说("据乱、升平、太平")来解释历史发展趋势,以达到资产阶级改革政治的要求。

康有为的第三个思想,是救国救民和追求人类社会公平正义的大同学说。他首先深刻指出了封建专制制度的落后,并表达了对人民生活痛苦和毫无权利的同情。康有为认为通过社会制度的改革能实现其大同理想。这种空想社会主义理论首先集中反映在康有为的《大同书》。在书中,他列举了人类社会种种不合理和苦难现象,描绘出一幅无私产、无阶级、无家族、无邦国、无帝王、人人相亲、人人平等的"大同"世界的理想画面,这是康有为心中的桃花源。

相关人文景点

天游园:康有为在1924年在青岛购买"天游园"作为寓所,居住在此直到病逝。天游园是一座德式砖混结构的三层楼房,四周被精致的围栏隔成一个独立的大院,走近大门可见,康有为弟子、艺术大师刘海粟为"康有为故居"题写的门牌,挂在门柱,正厅中央安放着康有为全身坐像,像前标注了这位思想巨人的生平简介。

涎香老屋:康有为的老家在南海市灶镇银河乡苏村,北近仙湖,南邻西樵。虽家道中落,却给他留下一座极具观赏和研究价值的老家房产。这是一座典型的珠江三角洲清代农村住宅形式——"镬耳屋"。"涎香老屋"始建于清代中叶,加上康有为一代,老屋已住了五代康氏家族人,所以此处故居被称为"百年旧宅"毫不为过。如今的"涎香老屋"已几经扩建,由康有为纪念馆、康有为故居、康氏宗祠、澹如楼、松轩、荷塘等主要建筑和景区组成,占地面积2万多平方米。现已被列为全国重点文物保护单位。

汗漫舫:位于北京市米市胡同43号院,也是康有为的故居之一。这里本来是董文恪(董邦达)旧宅,后由在京南海籍的官员筹资买下,作为海南学子的会馆。由于海南学子增多,会馆面积不断扩大,形成了由十三个小院组成的会馆大院。院内的西房便是康有为多次来京时居住的"汗漫舫","汗漫舫"这一名字也是康有为所取。

梁启超——少年中国

【人物介绍】

梁启超(1872—1929),字卓如,号任公,笔名主要有过哀时客、饮冰子、饮冰室主人、新民子、中国之新民、自由斋主人、曼殊室主人等。祖籍在广东新会。他是康有为的弟子,也是中国近代资产阶级改良派的著名政治活动家、思想家、文学家和学者。

梁启超一生,站在中国近代社会每一次变革的浪尖上,他和他所处的环境一样,有着清晰的社会文化转型过渡的历史印记。他与康有为一起主编《新民丛报》,倡导社会变法,掀起戊戌变法;辛亥革命时期,他叱咤政坛的身影犹在人心,先后担任司法总长、币制局总裁、护国讨袁战争的都参谋等职务;五四运动后梁启超潜心学术创作,留下了令人叹服的一千多万字的鸿篇巨制,留下文字激励当时一代青年,堪称一代宗师。可以说,梁启超是一位深远影响中国近代社会的风云人物。

【生平事迹】

梁启超出身务农家庭,祖籍广东省新会县,其母亲却是出身书香门第。梁启超两三岁时,母亲便教导梁启超读书,梁启超天资聪颖,以才思敏捷闻名乡里,深得家人喜爱,"八岁学为文,九岁能缀千言"。十一岁便到广州参加府试中了秀才,实现了父亲一生的理想。这在中国千年的科举史上亦不多见。

而对于梁启超本人来说,此次到达广州开拓了眼界和见识,并购买了许多书籍,如张之洞写的《猷轩集》和《书目答问》等。后来,梁启超去往广州的一海学堂读书。1889年,16岁的梁启超参加广州乡试考中举人,被誉为"岭南奇才"。

1890年,梁启超去往北京参加会试落榜,回乡后,遇到康有为创办的万木草堂正在招生。康有为的招生方式别树一帜,是"面试",在面试中康有为会主动向应试者介绍自己的政治学术思想。梁启超虽然此时已是举人,在社会学术地位虽然比康有为高,但他被康有为激昂向上的学术精神以及救国救民的热情所折服,拜倒在康门下求学。入学后,梁启超勤学好问,很快成为了万木草堂最优秀的学生之一,深得老师康有为赏识,并成为其得力助手,两人也合称"康梁"。"康梁"二人,就这样走上了艰辛的救国之路,梁启超也放弃了科举仕途。

"康梁"二人不断著书立说,传播思想,一起宣传维新变法创造舆论声势,两人曾多次联名上万言书,开创了中国历史上知识分子集会上书、参政议政的新格局。在1895年,两人一起创办了《万国公报》,梁启超任主笔,激烈批判腐朽的封建制度,介绍西方的政治社会知识,并宣传富国强兵的改革之路。之后两人又一起创办了强学会,梁启超任书记。在强学会,康梁二人通过定期集会翻译书报、设立图书馆等方式,宣传他们变法维新的思想,一年后强学会被朝廷保守派查封。

1896年,由于在北京屡受保守派的打压,梁启超去往上海,与黄遵宪等一起筹办了《时务报》,主要宣传变法主张以及具体的改革思路和内容。他在《时务报》上刊载了著名的《变法通议》等影响重大的文章。

1897年,湖南巡抚陈宝箴邀请梁启超担任长沙时务学堂总教习。1898年,康有为授意梁启超去往北京,为维新作各方面的准备。1898年6月11日,在康梁多次上书后,光绪帝颁布了"诏定国是"的旨意,宣布实行变法。7月,光绪帝召见梁启超,他非常赞许梁启超的《变法通议》,赏梁启超六品官衔,让他负责办理京师大学堂译书局事务。

9月21日,戊戌变法被封建顽固派破坏,梁启超被迫逃亡日本,自此在外漂泊14年。在日本,他与康有为在横滨创办《清议报》,高举保皇旗帜,筹办"保皇会",继续宣传他们的变法主张。梁启超把戊戌变法撰写为《戊戌政变记》,陆续刊登在《清议报》上。次年7月到8月,梁启超发起和唐才常策划的自立军起义失败,唐才常等人壮烈牺牲,梁启超在国外承担其对烈士遗孤的照料责任。

之后,梁启超周游列国,开展保皇会活动,发表演说和筹集款项,足迹遍及

20多个城市。八个月的游历是梁启超思想的转折,他由开始支持西方共和政体,转向认为君主立宪更适合中国。返回日本后,梁启超在《新民丛报》上刊载了《新大陆游记》,同年《饮冰室文集》结集出版。

梁启超所创办的几个报纸,如《清议报》、《时务报》及《新民丛报》都深刻影响了中国一代代的知识分子,成为了五四运动的先声。其意义远超过其所参与和主导的政治活动。也是在此时,梁启超和康有为思想理念的差异之处开始突出,两人分别走上自己的变法之路,"康梁"并称的时代再未返回。

1905年,孙中山创立的同盟会机关报《民报》在东京创刊,《民报》坚持革命主张,与梁启超持改革立场的《新民丛报》开展激烈论战,梁启超多次寄希望于清政府改良,均以失败告终。在1912年,孙中山推翻清封建王朝,在南京创立中华民国。梁启超面对这一事实,开始认清改革是大势所趋,终于放弃了立宪思想,在四月公开表示拥护共和,从此在政治上与康有为分道扬镳。梁启超也在当年结束流亡生活,从日本返回中国。

梁启超回国后,政治上多方努力,曾和孙中山联合,参与策划了反袁世凯的斗争起义,也曾在段祺瑞为首的北洋军阀内阁中担任要职。随着段祺瑞政府下台,梁启超辞职退出政坛,回归思想文化教育领域。1918年,梁启超开始撰写《中国通史》,并筹划周游列国,继续追求救国的方法。

1919年,梁启超到达巴黎,恰逢巴黎和会期间。他坚决呼吁,中国作为战胜国,收回德国在山东的权益理所当然。但当他得知,中国代表准备在将原德国在山东权益让与日本的条款上签字时,立即把这一消息致电北京国民外交协会,并建议发动抵制运动。此一消息传回中国,举国震惊,五四运动由此爆发,影响深远。

五四运动次年,梁启超回国后,不再积极参与政治运动,而是专职从事文化教育和学术研究,他把自己的研究成果和教育思想,通过院校演讲和著书立说的方式传播给青年知识分子。此时期,他著名的研究著述有《清代学术概论》、《中国近三百年学术史》、《先秦政治思想史》、《中国历史研究法》、《中国文化史》等。由于学术上卓然的成绩,1925年,梁启超被聘任为清华国学研究院导师,同时任京师图书馆(国家图书馆)馆长。1929年,病逝于北京协和医院,享年57岁。

思想体系

梁启超的思想体系随着时代的变迁波澜起伏,而贯穿其中的主线,一直是资产阶级君主立宪的纲领主张。从戊戌变法时期,模糊的康有为氏的立宪思想,到流亡日本多国游历后,形成了自己独特的君主立宪思想。

在梁启超眼中,立宪体制有三种:君主专制政体、君主立宪政体和民主立宪政体。在他看来,只有君主立宪体制是最优的方案,既能减少民主立宪施政方针和领导人变动的动荡,也能缓和君民对立的矛盾。

但梁启超认为,当时中国民智未开,并未有君主立宪的群众思想基础,只能预备立宪。梁启超对于预备立宪有很详细的分析规划:"立宪政体者,心民智稍开而后能行之"。他提倡开民智、启新学,并以实际行动办学传教,从国民素质角度改造中华民族。

梁启超通过报纸新闻传播思想,他也是中国新闻史上的重要人物,"开民智"是梁启超新闻思想的重要组成部分,也是对严复思想的进一步深入研究。他的"开民智"新闻传播理论和实践对中国近代思想启蒙和文化革新产生了深远的影响,也为后代报人加强新闻的社会教育功能开了先河。

梁启超有独特的"自由"观念,他从"中国所最急者",即"参政问题"和"民族建国问题"等处论述自由思想,他赋予自由是一种历史意义,认为团体的、国家的自由高于个人自由。梁启超也论述个人自由,提出自由是个性的解放等。

人文景点

梁启超故居:故居建于清光绪年间,是广州新会的会城镇茶坑管理区的一座古老青砖房。一个小天井当门,正厅古色古香。正厅、两厢的耳房都有小楼阁,都配有走马式的曲折栏杆,深具晚清建筑的特色。正厅和偏厅中间夹一条水巷,沿石梯上偏厅屋顶的阁亭,亭前有小阳台,可供读书或消遣。

在离故居不远的地方,有两处是梁启超少年时代读书之处。一处是故居前的"怡堂书室",另一处是村口的"奎楼",俗称"文昌阁",后来成为"宏文社学"的所在地。

第五章
中国思想的辐射影响

佛教传到中国后,有一个本土化的过程,重新诠释了印度哲学大乘佛教思想。后来佛教传到印度,夹带了中国佛教的大量影响。最著名的禅宗,则直接起源于中国佛教。

佛教对中国的影响

传入中国的佛教是大乘佛教,对中国思想界产生了巨大影响。

大乘佛教

释迦牟尼逝世后,其弟子对老师传下的佛教教义并不能一致解读,产生了巨大的纷争并分裂成"上座部佛教"与"大乘佛教"两派。

"上座部佛教"着重出家避世,寻求自身精神的解脱和开悟。佛教分裂后,"上座部佛教"主要传到了一些南方国家,如斯里兰卡和泰国等。而"大乘佛教"不赞成"上座部佛教"狭小封闭的范围局限。"大乘佛教"认为佛教不应只满足于自身的解脱,而应该普渡众生,所以把自己的教义定义为"大乘佛教",意思是"大的座车或行程",希望载上世人去往极乐世界。"大乘佛教"把"上座部佛教"称为"小乘佛教",隐含轻视的意思。当然,这个称呼并不为"上座部佛教"所承认。

"大乘佛教"在释迦牟尼逝世一百年后,翻越过巍峨的喜马拉雅山脉,产生了许多变化后,传到了汉朝时的中国。此时佛教除了释迦牟尼等人的佛经法典,还有了壮大宏伟的"寺院伽蓝"(又称"僧伽蓝摩",即僧侣集体居住的佛寺园林),也有了慈悲的佛像供人敬仰。最初的佛像,是在公元纪年前后,由古代王国犍陀罗（Gandhara）开始制作，而为了放置佛像供人敬仰和僧人集体生活，佛教弟子开始修建寺院。

可以说，佛教传入中国时，"佛典（佛经）"、"伽蓝（寺院）"、"出家团体（僧伽）"这三个基本的宗教因素已经齐聚。而此时中国的宗教界还处于发展初期，这三个要素都没有。

◇ 儒·佛·道三教成立

系统化运作的佛教被当时的王朝保护，开始兴盛。一些肩负责任的儒家思想家或者其他思想者，把佛教的兴起视为自己所持思想的竞争者。他们受到佛教形式的启发，开始整理典籍和完善宗教设施建设。其中尤其是儒家和道家思想，结合民间思想，形成了足以和佛教竞争的儒教和道教。最后佛教、儒教和道教三教在中国形成并存的局势。

◇ 神的人格化现象出现

在中国道教的宗教设施和日本佛教寺院的建筑风格有点相似，人们到这些建筑物参拜，膜拜神像和供奉香火。

具体来说，道教的"寺院"就是我们俗称的"道观"，道观里供奉着道教的神明太上老君等，道教的修行者叫做"道士"。而儒教则是把儒家创始人孔子"神格化"，即建立"孔庙"去供奉孔子像。最初的孔庙建在孔子的故乡——曲阜，延展到中国乃至世界各地。

据推测，中国和西方在宗教的发展上有一处不同：西方从希腊神话开始，宗教就有"神的人格化"的趋势；而中国本是没有这样的做法，而受到传入中国的大乘佛教的启发，学习佛教从释迦牟尼开始，做出了包括如来、菩萨、大黑天（摩诃迦罗）等众神佛像，让信徒加以崇拜。中国的道教则是依据现实的朝廷系统，发展出天庭和玉皇大帝一套神佛。

此外，值得一提的是宗教信徒的仪式。佛教僧人被要求剃度成光头，以表出家入佛门获得新生。而道士则是要求绑一个发髻。当清政府要求人民续发梳辫时，无论如何不愿意梳辫子的人，选择出家成为道士，利用这种宗教仪式躲避梳辫子。

佛教在中国的本土化

佛教传到中国后，并没有停止发展，而是在中国被本土化，形成中国佛教。而中国佛教之后传往日本。

◇ 天台宗·净土宗·禅宗

在佛教传入中国的过程中，语言翻译成为最大的阻碍因素，因为佛教经典著作都是由梵文写成。佛经翻译成汉语，主要依靠两个人：五胡十六国时期的鸠摩罗什（Kumarajiva）以及家喻户晓的唐朝三藏法师玄奘。所以在唐僧的取经中，把梵文的佛经翻译成汉语，也是重要的贡献，使得中国人可以了解和学习佛教。

佛教在中国，有八个兴盛的宗派"中国八宗"，其实有三个宗派广受欢迎，分别是"天台宗"、"净土宗"以及"禅宗"。

"天台宗"是由隋朝的佛教弟子智颛所创立，智颛在浙江省天台山修行顿悟后，开创新的佛教宗派，并以"天台"命名，自己也被人称为"天台大师"。天台宗派的僧人把佛法理为"五时八毅"，并对佛教所有宗派进行了广泛研究。研究后，他们得出结论，即推崇著名的《法华经》，认为这才是释迦牟尼思想的传承，对后人有着最大的指导意义。唐朝时，中国佛教开始经由最澄和其弟子们传到日本，最开始被日本人所接受的宗派，便是天台宗。

日本的天台宗首先在叡山建立延历寺，一直以来都是日本声名远播的佛教学院。日本天台宗学习了中国天台宗的传统，也是倾向于对各宗派思想的研究和佛法钻研。

而"净土宗"的目的，则如其名，是希望通过佛教修行，使人得以转生，去往阿弥陀佛和如来佛等佛祖所在的净土。这一宗派在广大人民群众中比较受欢迎，符合人们对无苦痛的极乐世界的追求。

而最后的"禅宗"则是由著名的达摩祖师所开创。禅宗属于吸收了中国神仙思想和道家思想，被高度本土化的中国佛教。禅宗传到日本，成为最受日本人欢迎的佛教宗派，达摩祖师本人的形象，成为日本传统玩具"不倒翁"，不仅当时在日本广受欢迎,更是成为日本文化代表性的物件。

◇ **中国的佛典汉译伟业**

佛教在本土印度受到印度教的挤压,影响力日渐式微。其两大流派却在印度之外的国家繁盛发展。上座部佛教传到斯里兰卡和泰国等国家,被称为南传佛教,留存至今;而大乘佛教传到中国后,漂洋过海去往朝鲜半岛以及日本等东亚国家,中国西藏也保留了一支——密宗。如此,佛教不断进化,发展至今。

中国对于佛教最大的贡献,是把来自印度的佛学思想和中国本土的思想进行融合。尤其是把梵文的佛经译为汉语,并随着中国当时鼎盛唐朝的文化外传的潮流,把佛教传到了东亚各国。佛教得以深刻影响日本和朝鲜、韩国等国家。

佛典汉译过程中,出现了一些经典的意译和音译,如"释迦牟尼"、"般若波罗蜜"、"南无阿弥陀佛"以及"观音菩萨"等。即使不研究佛教的中国人,也对这些词耳熟能详,可以说,这些词成为中国佛教的标志性符号。而佛教最重要的"空无一切"或"四大皆空"的概念,也在翻译中被以"空""无""虚"这些词巧妙点睛。

佛典汉译中,最具意义的,是尝试把佛教和中国寄存的儒道教思想进行融合。

大乘佛教的价值观,重点在人的轮回往生,而不是像中国传统思想和儒道教,重视当下生活和眼前世界。佛教来到中国后,第一个需要适应的思想,便是对祖先孝道和今世福禄寿喜的强调。佛教给自己补充了盂兰盆节祖先灵魂回归人间的风俗,并把阴间地狱具象化现实化描述,还加上了对于阎罗王的崇拜等。让中国人能通过佛教,继续供奉祖先及祖先在另一个世界的生活,以表孝道。

此外,印度佛教的葬礼本来是简单的火葬,而来到中国后,也学习儒教"上葬",加大葬礼的仪式感。

以上这些佛教在中国的本土化改变,也都传到了朝鲜半岛和日本。因此,朝鲜和日本的佛教基本是中华文明的遗产。

◇ **大乘佛教在日本**

佛教在中国最后一波高潮,是在宋朝的"禅宗","禅宗"兴盛后,整个佛教在中国的影响力日渐减弱。在新中国成立后,尤其是"文化大革命"时期,佛道儒三大教被当成封建旧思想被猛烈打击,寺院和佛像全部被破坏,僧人也被强制要求放弃信仰还俗。中国佛教在短时间内,几近消失。而佛教继续在日本和朝鲜韩国等东亚国家发展。

禅的精神

◇ **禅宗是中国佛教的代表**

禅宗诞生于中国,是中国佛教徒基于印度佛教资料之上开创的本土教派。不同于大乘佛教其他宗派,有着中国文化的血液,一成立便在中国乃至世界大放异彩。

根据传说,南北朝时期的中国佛教盛行,禅宗的创始人,印度僧人菩提达摩,搭船从广州登陆来到中国,本想与醉心佛学的梁武帝传授佛法,但两人并不投缘,不欢而散。之后达摩进入嵩山少林寺,在少林寺中面壁坐禅沉思九年后,大彻大悟后出关,开创了闻名天下的禅宗。

禅宗弟子认为,达摩是释迦牟尼下传的第二十八代祖师。禅宗之后曾分成过许多小宗派,但流传至今的只有临济宗与曹洞宗两派,两派有着同样的追求境地,但修行方法各不相同。

◇ **禅宗的教诲**

禅宗里流传着菩提达摩的四个教诲:"不立文字"、"教外别传"、"直指人心"以及"见性成佛"。依次来看:

"不立文字"的意思,即禅宗认为佛法不受文字约束,无论是释迦牟尼的教诲还是悟道法门,都应该随机说法,不应该是对文字的断章取义。所以才应该"教外别传",即打破教和行业的框架,根据对象的不同,施以不同的说法的方式,用以心传心作为直接法门,来作为传授佛法的重点。

而"直指人心",是聚焦在人之心,认为人心即佛心,人的内心是通向佛心的道路,只要认真审视自己的内心,就能立地成佛,此谓"见性成佛"的意义。总而言之,禅宗认为,人本身就有开悟成佛的根基因缘,不需要仰仗外力或者佛的救赎"他力成佛",坚信"自力本愿",主张"即身成佛"。这使禅宗区别于其他仰仗佛力得到救赎的"他力本愿"佛教。

"即身成佛"的含义,在大乘佛教中,是从"成佛"概念转化而来。"成佛"的本义原指从人的无尽轮回转世中超脱出来,不再受永世轮回之"苦",这是佛教修炼者的终极目标。而"即身成佛"则强调"即身"的概念,认为人在活着的时候——"即身"即可成佛,不需要经历死亡即能成佛。

但对于中国人来说,印度的轮回转世的概念很是陌生,就无法理解轮回之苦和解脱之乐。而禅宗的"即身成佛"的概念,更类似领会真理成佛的"开悟",便于中国人理解。这一点,和道教主张人"得道"——与"道"一体化的目标非常类似,中国人觉得熟悉和便于理解,禅宗因此在中国兴起和兴盛。

◇ 临济宗修炼方式:禅问答(公案)

禅宗的修行方式,是引导弟子的精神通往内心,直视内心,对内心的琢磨和修行的过程。但如何使修行者直面内心,和内心对话修行,不同的禅宗派别的方式不一。

临济宗又被称为"看话禅",因为这一宗派的修行方式,是通过回答禅师的问题——又称"公案"和"禅问答",来增加思考和修为。临济宗认为,解公案的过程,便是"禅"。

"公案"问题对于普通人来说,都是非常难回答的问题,如:"双手鼓掌,有拍掌的声音,那么单手鼓掌是什么声音?"或者"狗有没有佛性"等。因为公案所求答案也是非逻辑思考的。这些"公案"提问,是为了让修行者领悟到,执著于"我"或其他,并不明智。越用逻辑思考"公案",越是难以开悟。

禅宗信仰"无",认为"不达到'无'的境界,无法开悟"。并以非语言的方式,用心把这一主张传达给门下弟子。

有名的公案

只手之声：双手鼓掌，有拍掌声；单手鼓掌，是什么声音？

放下着：两手全空了，还要放下什么？

非风非幡：风吹幡动，究竟是幡在动，还是风在动？

赵州洗钵：僧人向赵州问佛。赵州问："吃饱没？"僧答："吃饱了。"赵州说："那就洗钵去！"

骑牛觅牛：已经骑着牛了，为什么还要寻找牛呢？

平常心是道：赵州问南泉："什么是道？"南泉回答："平常心是道。"

南泉斩猫：该斩的不是猫？

由于禅宗认为佛法"无以为文"，即只能意会不可言传，只能通过行动传达，用心体会。因此禅师甚至可能无原因地拒绝、掐和棒打弟子。直到某天，弟子突然"开悟"。在临济宗里就有这样一件逸事，临济宗由临济义玄开创，义玄首先是黄檗禅师门下弟子，三次在向黄檗禅师请教佛法时被打，而在体验和请示其他禅师后，领会了黄檗禅师的真意并"开悟"。他告诉师父黄檗自己已经"开悟"的方式，与老师同样——他举手给了黄檗禅师一记耳光。

◇ **曹洞宗修炼方式：坐禅**

曹洞宗又称为"默照禅"，不用"公案"的形式开悟，而是"只管打坐"，通过坐禅开悟。

此外，曹洞宗把重视"作务"，即把日常生活也视为修行方式。黄檗禅师的老师百丈怀海直到成为年迈的得道高僧，仍然坚持亲自耕种劳作和家务炊扫，他教诲弟子"一日不作，一日不食"。而曹洞宗传到日本后，对于每日的起床洗漱到每日饮食都有严格的规定，由此甚至延伸出日本的"精进料理"（一类素食料理）概念。

禅宗对于生产劳动的重视，劝人勤劳这一点，和原始印度佛教相差很远。印度教和印度佛教的修行者,绝不会从事生产活动,修炼方式如"瑜伽"和"冥想"等。禅宗这一做法非常特别。

◇ **艺术贡献**

从达摩祖师开始,禅宗的寺院一般设在远离人群的深山,避开俗世,和中国对神仙的设想有些类似。而且,禅宗"不立文字",不像其他佛教宗派一样重视佛经和佛像,却重视用书画来让人心感受佛法。如高僧和开山祖师的雕刻和肖像画、禅画以及最经典的"圆相"——水墨一笔画成一个圆,以展现人心的"圆"。这些都被视为禅心的表达。

因此,禅宗对于水墨画和书法的发展做出了贡献,深刻影响了中国的书画艺术。

而且,禅宗传到日本后,禅宗的精神被日本艺术吸收,主要体现在日本的庭院设计、茶道和华道(也就是插花艺术)等领域。日本人信仰"侘寂"的美学意识,有用非语言表达精神性的天赋,禅宗的精神在日本艺术领域如鱼得水,两者在日本人心中完美结合。

◇ **禅画表禅心**

禅画主题之一:唐朝狂僧,寒山和拾得。

禅画主题之二:"十牛图"——表达深刻开悟的过程和境地。

"十牛图"是一系列的禅画,以牧童寻找牛的过程,来表达人对真正自我本心的寻找过程。这一系列禅画被传到欧美,英文名是"Ten Bulls of Zen"。在禅画中,"牛"是真正的自我,而寻牛的一系列过程:出发后发现牛的足迹(见迹),找到牛(见牛),抓到牛(得牛),和牛纠缠对话(牧牛),和牛一起回家(骑牛),回家后忘记牛的存在(忘牛存人)以及人牛俱忘等。这一系列的禅画,指在佛经和师父的指导下,寻找内心自我并进行对话,找到真我以及开悟的过程。

"十牛"的主题被大量中日艺术家描绘表达和解说。最著名的系列,是宋朝廓庵禅师的画作。

十牛图示例：

第一幅：寻牛

出外找寻走失了的牛。指出发去寻找的阶段，其实牛，也就是真正的自我本心，在自己心中，但牧童并不知道。

第二幅：见迹

看到牛的足迹，找到了牛去处的线索。但"见迹"只不过表示人在理性上知道了牛的存在。

第三幅：见牛

听到牛叫声，并看到牛的后半身。但还看不到整头牛。指人开始发现内心真我的存在，却不清楚真我的全貌。

第四幅：得牛

终于抓到牛并将它套上绷索，硬要拉牛回家，牛不停挣扎，两相僵持的状态。指人焦急地想抓住真我满足真我的做法。

第五幅：牧牛

驯服了不听话的牛，牵它回家的阶段。此时的绳索已是松垂状态，也第一次看到了牛的脸。指人和自己内心终于达成和解。

第六幅：骑牛归家

牧童骑着牛，吹着牧笛回家。牛的表情平和，脚步轻盈，和童子成为一体。指人和真我逐渐变得有默契，相处融洽，两者都很愉快。这是人"开悟"的第一层。

第七幅:忘牛存人

回到家里,忘了牛的事,牛也不晓得去了哪里。指已经"开悟"的人开始忘记真我的痕迹。

第八幅:人牛俱忘

牛与人都被忘记,只剩下圆相。指人超越了迷惘和领悟,开始达到"空"和"无"的深层"开悟"境界。

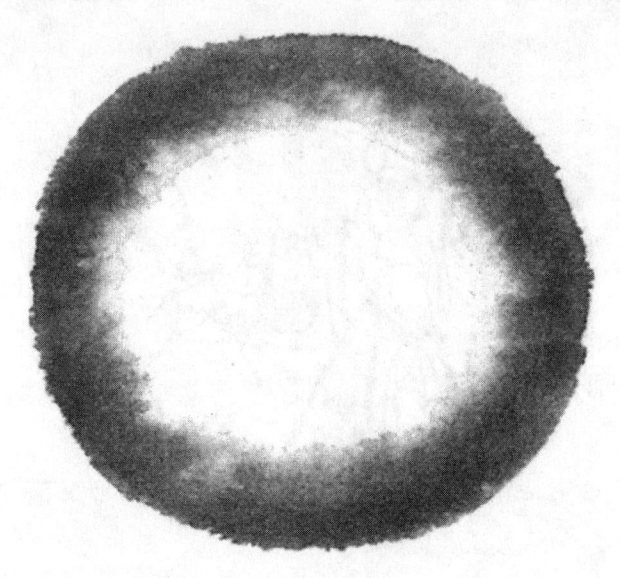

第九幅：返本还源

没有牧童也没有牛，开悟后人浑然忘我，开始看到周围的一切，流水潺潺，花开竞艳，那是一个桃花源。

第十幅：入廛垂手

与牧童面对面的，是个已开悟的老人，表示得道者，应广为传授禅心佛法。这一幕承接最开始的第二幅见迹图。

中国并未成为佛教国的原因

佛教把人生和轮回定义为"苦",和中国人现实主义的思想基础相悖。

◇ **其他外来宗教涌入中国**

北魏时的中国,统治者对所有异国宗教均持包容态度。异国宗教,包括佛教,经常和中国传统的儒道教思想产生激烈冲突。

中国传统的儒教和道教,都基于中国人对现实功利价值观的理解,抨击佛教脱离现实和不注重当下当世的人的利益等。

在人类历史上,宗教总是和政治紧密相联,在中国王朝,对宗教采取的政策从保护到打压,经常改变。

在北魏王朝,从一开始的宽容到第三代皇帝太武帝立道教为国教,太武帝听从道教改革者寇谦之的建议,抑佛捧道,之后却改为保护佛教,并在云冈和空门建议了宏伟的石窟寺院,也就是现在著明的龙门石窟等。然而,在北魏汉化后,儒教逐渐成为北魏所推崇的宗教。

回顾中国历史,发生过四次"排佛事件",佛史把这四次事件称为"三武一宗之法难":北魏太武帝(魏武法难)、北周武帝(周武法难)、唐武宗(会昌法难),以及后周世宗(后周法难)。

中国王朝排佛的理由集中在三个方面:首先,儒教一直是封建统治的积极支持者,皇帝大都支持儒教反佛教。其次,人性对现实利益的追求是人们反对佛教的思想。最后一点,则是佛教大部分僧侣不事生产,需要国家预算养活和保护,影响了国家的财政。佛教修行者不需要承担税赋的压力,也避免了兵役劳苦。因此,出家人的数量直接影响到了国家财政。

《入唐求法巡礼行记》是由日本僧人圆仁所创作,他赴唐朝留学取经,虽然将天台密宗带回来唐朝,却直接遭遇了唐朝的会昌法难。在看到中国全国佛教寺院财产全被没收、寺院被毁、僧侣全被迫还俗的景象后,自己也被强制遣返日本。他把一切都记录在行记中。而生活于山中,自给自足的禅宗规避了这一点,得以延续至今。

◇ 人生"苦"的思想,局限佛教在中国的发展

虽然佛教在中国和儒教、道教并称"三教",但其势力一直在最后。

佛教教义的出发点,是释迦牟尼定义的"四苦八苦(后文将详述)",认为人抱持苦恼,所以人生即"苦"。而佛教是帮助人从轮回困苦中解脱,以逃离人生之苦。但是,如果人不认为人生是件苦事,那么佛教的奥义不仅是难以体会,更是没有意义。

而中国传统思想中,无论是儒教还是道教,都强调现世意义和快乐,态度积极,追求的都是"人生怎样更快乐",不过儒教追求是的"功成名就",而道教追求的是"现实利益"。可以说,释迦牟尼所说的"生老病死"四种苦,对于中国人来说,"生"应该是快乐的,而"病"则用中国医学来对抗,逃离"老"和"死"则是从秦始皇之前就有的追求。

正面思考的中国人,对于苦痛的态度,是不惜一切努力去解决问题消除苦痛。这样的中国人,追求的人生目标,是"福禄寿喜",也就是子孙多,财富多,寿命长和生活幸福。

此外,佛教的简朴生活理念、禁欲思想以及从出生就接纳死亡的态度,中国人难以理解。但是,那些最底层的贫苦民众,则会选择佛教,尤其是诉求于阿弥如来救赎的净土宗,或者信仰降临救济万民的弥勒菩萨。弥勒信仰首先是大乘佛教的分支,后来部分弥勒信仰发展为白莲教,引发了诸多乱事。

◇ 轮回思想与儒教难以相互融合

佛教对世界的理解,表现在"缘起"、"诸行无常"、"空"、"无"等思想,认为万物无永恒,怀疑物质的实在性,而且认为因果之间是偶然而非必然。然而中国人认为,宇宙以阴阳五行为物质基础,认为物质是客观实在。这一点与佛教在世界观上有所不同。

而且,佛教基础的"轮回"生死观念来自古印度,认为人死后会转生往六道中其他世界。但儒教对生死的看法,是把灵肉分离,认为肉体灭亡后,灵魂会一

直继续保持存在,甚至跟子孙后代沟通。这是中国人推崇"孝"道的基础,如果佛教告诉人民,他们的祖先已经转生投胎变成动物甚至虫子,这让人难以接受。因此,佛教在中国也难以和儒教融合,扎根不易。

朱子的理学宇宙观

儒教之所以能系统大成,是因为得到朱子学的注入,添加了哲学要素。之后儒教往外传往日本等国。

◇ 太极即理,生阴阳五行

儒教虽然有封建王朝作为背景依靠,但整体不成体系,对于其他教的批判也是抹黑式攻击,如把佛教加上厌世的标签等。这时候,宋代朱熹把儒教体系化哲学化,成就儒教的大成。

朱熹所做的,是把儒教逻辑化,回答儒家没有解释清楚的一些问题,如"万物的根源?""人类精神的成立?"以及"人类精神从何而来去往何处?"等儒教忽视的一些基础哲学问题。在回答这些问题的同时,朱熹再一次地集成和解读了儒教经典。

首先。朱熹把太极形而上地定位为宇宙的核心,太极又称为理。朱熹认为,"太极动而生阳,阳极而静,静极生阴"。阴阳的具体是五行之气:"金木水火土"。不同气质的五行之气生出世界万物。因此,对比形而上的太极,朱熹把"气"定义为实际的、有质量的形而下概念。

◇ 太极似月影,无所不在

朱熹借用"月亮"来比喻形而上的"太极"。虽然本体只有一个,却能映照在万物之上,如月在无数河流湖泊上投影一般。

朱熹还认为万物皆有本质和实体,这一点和古希腊著名哲学家柏拉图的理念有共通。柏拉图在《理型论》一书中,认为万物皆有"理型(Idea)",是万物的本质所在。

◇ **理气二元论的宇宙观**

朱熹在自己的理气二元观念上,开始推演。

在宇宙中,"理"生出阴阳二气,这个"气"是"无",也就是"无极",因此万物的根源同时是显在的"太极"和潜在的"无极"——"太极本无极,无极而太极"。

而气是物质的具体存在,类似物理学的原子。朱熹认为,万物以"气"为基础,以"理"为法则而聚合生成。

综上,就是朱熹的"理气二元论",即认为"理"与"气"是万物化生的"本源"。

◇ **儒教大成**

朱熹的"理气二元论",为儒家综合了古代中国阴阳五行思想和道教思想,并使得儒教开始具有强的哲学逻辑,足以与中外各大文明的古老哲学智慧匹敌。

儒教原本只属于中国传统价值观,只具有宗教性和伦理性,经过朱熹的改造成为"朱子学",增加了哲学性和学术性。

后来,"朱子学"传往日本。江户幕府时期的日本把"朱子学"定位"官学",当成社会的伦理规范支柱,并对朱子学进行继续研究和发展。

理气二元论与人心

朱子的"性即理"的人心人性理论,来自孟子的"性善说"。

◇ **"性即理"解释人心**

朱熹以理气二元论解释人心,认为人心存在相当于理的"性",和相当于气的"情"。那么每个人心中具备的天"性",是来自天命的法则"理",这就是朱熹的"性则理"的理论。

此外,实体的人类由"气"构成,每个人的"气"称为"情",是不一样的,因此每个人的想法行动也都不同。这样的结果,是导致本来"善"的人性,在情的作用下,往恶倾斜。

朱熹认为,只有参悟"理"成为"圣人",才能摆脱"恶"。无法参悟"理"也无法控制"气",便是"恶人"。一般的普通人都是在这两个极端之间游走。

因此,朱熹主张人们通过学术修习,参悟"理",一点点接近"圣人"的状态,因而人们必须学习儒学。

朱熹的"性则理"的做法,是利用孟子的"性善说"强化自己的哲学基础,他认为:"性本于理,理是纯粹至善的道德标准,故性无有不善"。朱熹还表示,人被上天赋予了"理",因此脱离了畜生禽兽的行列,暗示不懂"理"之人类似动物。这一点,切合了中华民族最深层的思想,流传至今。

◇ **大义名分论**

出于宋朝积贫积弱,被少数民族侵占领地,战乱不断的情况。朱熹提出了大义名分论。

儒教作为封建王朝的思想支持来源。对于王朝的定义,本来是"易姓革命"论——上天依据其意志而更换统治者,不是禅让就是被推翻。这一理论无法解释宋朝与金的对峙,因此朱熹开始倡导"大义名分论"。

"大义名分论"指:"以儒学精神进行国家运作的王朝,便是正统的支配者,也是绝对的正义。违反这个精神者,便是绝对的恶。为了正义付出一切力量,是身为臣子的职责,也是永恒不变的善。"也就是说,朱熹结束了宋朝之前的禅让模式定义,之后以儒教来作为汉民族王朝的思想基础,称"绝对的善和正义"。

"大义名分论"对于当时积贫积弱的汉民族来说,成为了民族的精神支柱,提高了整个民族的民族主义凝聚力。但在现实中,南宋被蒙古侵略后消失,中国改为元朝,汉民族成为被统治民族,受到苛刻的对待。因为元朝只是蒙古统治的领土之一,蒙古人不重视中国的发展,但也不允许汉民族通过科举走上仕途,管理自己的民族。可以说,元朝这类做法,积累了以汉族为主的其他民族的民怨,人民揭竿而起,首发则是汉人的红巾军叛乱。元朝维持不到百年便走到尽头。

元朝后,汉民族的乞丐皇帝朱元璋从农民起义中走出,建立明朝。明朝统治三百年后遭遇李自成叛乱,中原被女真族趁乱入主建立清朝。可以说,朱熹的"大义名分论"只是汉民族的理想理论,并不完全变为现实。

◇ **整备科举科目,成立四书五经**

朱熹对儒教的经典进行整理,选定"四书五经"作为"理"的来源。"四书"指

《论语》、《孟子》、《大学》和《中庸》；"五经"则是《诗》《书》《礼》《易》和《春秋》。

朱熹用《大学》中"格物致知"的概念，来强调学习知"理"的重要性。并把人心的《性》分为儒教德目里的仁、义、礼、智、信"五常"。认为学习四书五经能让人知"理"，接近圣人的状态。

朱熹的"朱子学"达成后，被运用于封建王朝的科举中，朱熹的理论也成为宋代之后国家运作的精神基础。儒教的书籍，同时也得到大量的生产和传播，尤其是在宋朝人发明木版印刷术之后。

儒学的另一支：阳明学

阳明学认为，只要"知行合一"，人人都能成圣人。

和朱熹同时代有一位思想家，叫陆九渊，号象山。他也是儒家学者，但主张却和朱熹相对，认为"心即理"。

朱熹的"性即理"理论认为，人心由世界本质的"理"所构成，而陆九渊与此相对，认为人心就是理，人心之外不存在理，即心能感受到的东西就是宇宙。因此，相对来说，客观而理性的朱子学被称为"理学"，直观而感性的陆九渊学说被对应称为"心学"。

"心学"被三百年后的明朝哲学家王阳明沿袭，提出了"知行合一"的思想。王阳明认为人人可以成为圣人，这是一种模糊的平等思想。

王阳明本来是朱子学的信徒，四处苦求"万物中皆存在理"的"理学"证据。有一次他践行古人的"格物穷理"，想既然"一草一木，皆涵至理"，那么自己庭院中的竹子，也能成为格物的对象。结果连续"格"——也就是"观察"庭院中的竹子七天，无果并生了一场重病。之后王阳明便不再信仰朱熹的理论。

王阳明之后转向了和朱熹"性即理"相对的学术进路。认为"若心中所存之理未因欲望而蒙尘，那么心与理便会一致"。即是说，只要心中的良知（王阳明又称"是非之心"和"最适合的知识"）存在，没有蒙尘，本心会带领我们走向理。即"心即理"。

并且,王阳明还提出"知行合一"的要求,认为脑中的"知"必须配合一致的"行动",良知才能引导人们走向"理"的境界。朱子学只强调客观的理论,而王阳明强调,如果良知得不到实践,就没有任何意义。

而他的"满街皆圣人"的说法,则是在"知行合一"的理论之上,说良知本心人人都有,也都能做到,只要去做,人人都能成为圣人。这个思想在当时封建社会极其特别,充满"万人皆平等"的新时代气息,而后来强调平等思想的西方,仅处于中世纪黑暗时期,只是王阳明的思想没有成为中国主流。当时中国思想界的主流仍然是朱子学。

然而,墙内开花墙外香,王阳明的思想传到了日本,却推动了日本社会的发展。日本破除封建幕府统治的领袖大盐平八郎,信仰和实践了阳明学的理论,带领人们反抗幕府幕吏和盘剥的奸商。而吉田松阴甘愿突破锁国政策,偷渡也要去往外国留学,正是实践"知行合一"的理论。可以说,阳明学推动了日本人开眼看世界和社会革新的进程。

朝鲜半岛的儒学

朝鲜半岛对于外来宗教,采取非常包容的态度,所以儒教、佛教和基督教都在朝鲜半岛有较大的影响圈,现在也留存了很多重要的各教典籍。

◇ **朝鲜半岛的历史**

朝鲜半岛位于中国和日本的中间,尤其是半岛北部和中国这一文明古国接轨,中国自然地影响着朝鲜文化的发展。并且,朝鲜半岛也在中日之前,起到文化桥梁的作用。

朝鲜半岛的王朝政治发展脉络,是由割据到一统。早期南北方有高句缓、新罗、加耶及百济等四个国家并存。之后新罗统一朝鲜半岛,开启一统时代,之后的政权依次是高丽和李氏朝鲜。

朝鲜半岛一统后,把儒教纳入了政治系统,也设置了科举取士制度。儒教随着朝鲜半岛统一王朝的发展不断发展,到了李氏统治时期,朝鲜半岛对儒教的推崇比中国还盛。到如今,儒教仍然深植韩国社会和人民心中。

此外,朝鲜历史上也有崇尚佛教的时期,到了现代,信仰基督徒的人越来越多,占据较大比例。但无论是儒教、佛教还是基督教,朝鲜半岛的宗教都有自己独特的风格。

◇ 朝鲜的佛教概况

古朝鲜的新罗国和百济国首先接受了中国传来的佛教文化,百济国与日本交往后,便将佛教传到了处于古坟时代到飞鸟时代的日本。

当时一批被称为"归化人"的朝鲜人去往日本,他们给日本带去了寺院建筑与佛像制作之技术,促使日本佛教走向鼎盛和成熟。因此一些日本佛寺和佛像和朝鲜有着深厚渊源,甚至造型一致,比如京都太秦的广隆寺和弥勒菩萨像,这些现在都是日本的国宝。

而韩国在新罗有一座著名的佛教建筑——"佛国寺"和附近的"石窟庵"(位于现在的庆州)。完成于公元751年的新罗景德王时代。这座寺院已经被登为世界文化遗产目录中,它有着想象中的佛国的景观:如《法华经》里的释迦牟尼娑婆世界、《无量寿经》里的阿弥陀佛西方极乐世界,以及《华严经》里毗卢遮那佛的莲华藏世界。而"石窟庵"中,则供奉着佛教熟悉的神佛像,如十一面观音菩萨、梵天、帝释天、文殊菩萨、普贤菩萨、十大弟子、四大天王等。

◇ 大乘佛教的最高典籍——《高丽大藏经》,也在韩国

除了古寺建筑登录世界文化遗产之外,韩国还收藏了大乘佛教的最高典籍《高丽大藏经》(又称《八万大藏经》)版木。这一遗产被保留在韩国庆尚南道海印寺,代表了佛教的最高水平。中国佛教学者也会专程造访海印寺,只求参考这一部佛教的顶尖作品。同时,其复制品也被传往日本。

《高丽大藏经》是一部佛典的百科全书,汇总了佛教的经、律、论三类经典。其名称"高丽",是原藏于中国的大藏经版木,因为元朝蒙古族的入侵而遗失损毁,直到高丽时期,众多高僧匠人花费十几年时间才重新制作出来,共用版木八万片,因此又有《八万大藏经》这样一个名字。因此,这部作品无论在技术还是艺术层面,都是一流的。

朝鲜半岛不仅接受了中国本土化后的佛教,尤其是禅宗,也吸收了禅宗附带的喝茶文化习惯——也称之为"茶之汤"文化。朝鲜半岛有一批珍贵的喝茶瓷具"高丽青瓷",传往日本后被视为珍宝。直到日本幕府时代大名——丰臣秀吉侵攻朝鲜半岛时,把朝鲜工匠和瓷器技术带入日本。

高丽时代是朝鲜半岛文化鼎盛的时代,吸引了很多外来国家的文化交流人群,因此今日韩国的英文名称"Korea",也是来自那个时代。

◇ 学习中华文化,朝鲜王朝以儒教立身

继高丽之后,是李氏王朝管理统一的朝鲜,李氏朝鲜相当于日本的江户时代,有许多相似之处,比如锁国政策、重视儒教和以朱子学管理国家等等。依据朱子学的理论,李氏王朝也有着严格的身份等级制度。江户的日本学习中国,是把人民划分为士农工商,而李氏朝鲜的身份制度有着自己的特色。

李氏朝鲜依据文武科举制度划分人民身份,通过科举考试的"文班"和"武班"成为特权阶级,担任官职。而下级官员和技术职人民被成为"中人",再下的平民称为"常民",最下是非自由身的"贱民"。最上等的特权阶级的责任,是勤奋向学,尊崇儒教,提升地方教育水平和人民的文化程度。

第二篇

印度思想

第六章
古代印度的思想

印度思想体现出的是征服印度的雅利安人的思想和原住民族的民族信仰的双重组合。原来以婆罗门（祭祀阶级）为顶点的阶级社会，随着时代的变迁，与雅利安人的思想、宗教相互融合，逐渐形成了印度教。与将"哲学意识定义为哲学"的现实主义思想的中国思想不一样，在印度思想中，宗教被视之为哲学，希冀能以逻辑的方式来揭开一切事物的规律，它所挑战的是神与自我意识的一体化。

高度代表印度思想的印度教

◇ 容纳一切而发展的印度教

印度和中国一样，哲学和宗教是浑然成一体的。

中国思想是由儒教和道教两大主体思想所形成的两大主轴来引领整个中国的精神社会；然而在印度，却是印度教深深地渗透到人们生活中的每一个角落。

目前，据说有高达八成的印度人民信仰着印度的民族宗教——印度教。至于印度教的起源，是可以追溯到久远的印度河流域文明的。

◇ 印度文化的影响非常广泛

在本书中，我们所提到的印度都泛指印度文化圈。就像中国周边的国家会受到中华思想的影响一样，印度思想也渗透进其周边各国的文化里。

其实由印度为发源地所散布出去的思想，以其复杂的形态对许多地方有着重大的影响。

◇ **不管是现代还是古代，印度思想家都例行修行**

冥想的传统虽然历经不同的民族以及不同宗教的支配，也从未有任何改变。印度思想的本源是印度哲学。

在思想领域，印度思想是足以与中国思想分庭抗礼的东方思想两大源流之一。在哲学领域，印度哲学更是足以与希腊哲学平起平坐。印度哲学不仅充满逻辑性，还包含着神秘性。

然而印度哲学与宗教有着密切的联系，这和西方的情况不同。印度的哲学与宗教跟中国的一样，两者是相互融合在一起的。

可以这么说：用逻辑的方式来对宇宙的成立过程加以究明的就是印度哲学；而在印度哲学的理论中去探讨一个人该用哪种方式来活下去等实践方面的探讨则是印度宗教。并且代表印度哲学的"奥义（Upanishad）哲学"也来自印度教的原型——婆罗门（Upanishad）。

◇ **印度思想的历史与变迁**

印度的思想史，可分为以下几个时代：

【从古代文明时代到婆罗门教成立】

印度在古代印度河流域文明隆盛之后，被外来民族雅利安人入侵；在雅利安人的统治下，构建出了今天印度社会的雏形。雅利安人颂扬守护他们自己的诸神，因此负责执行祭祖的婆罗门阶级就发展出婆罗门教。

【新兴思想的勃兴与印度哲学】

后来变得较富裕的新兴阶级，培育出了能够同以自然崇拜和咒术为中心的婆罗门教相抗衡的佛教与耆那教（Jaina）等思想。婆罗门教本身也产生了一定程度的变化，印度哲学便在这样的背景下开始发展。

【印度教成立】

为了对抗佛教等新兴思想，婆罗门教渐渐地吸纳印度的原始信仰，最终转变成为印度教。

雅利安人构建了印度思想

◇ **古代的印度河流域文明思想是否已消失?**

在前面一节书中我们对印度思想的大框架做了一个概括。在这里,我们将回溯到古代的印度河流域文明时期,一起来看看印度思想的起源。

古代印度的文明,兴起于印度河流域。发源于喜马拉雅山的两条河流,一条一路往西流的大河,是印度河,孕育出了印度河流域文明;而另一条向东流的大河,是恒河。

印度河流域文明在时间上约处于公元前2600年至前1800年,而在此期间留下的摩亨佐达罗(Mohenjo-Daro,意为"死亡之丘")或哈拉帕(Harappa)遗迹里,发现拥有完整上下水道的高度发展的都市国家遗址。

因为印度河流域文明的文字直到今天也没人能解读,所以详细的情况还不清楚。但是,这个文明有个极大的特征,就是没在遗迹里看到在其他古代文明中一般都会有的神殿建筑,然而却发现了公共浴场。所以学者们猜测,会不会这公共浴场则相当于神殿的功能,就是人们进行交流的场所。

就是今天,在印度人的心目中,恒河依然是人们所崇拜的神(Ganga,恒河女神)。印度人认为,在恒河里沐浴,身上的罪恶能被洗净。这也许是在暗示着我们,在印度的太古时代,或许存在着沐浴被视为重要仪式的信仰。

◇ **婆罗门教和印度教是征服者的宗教**

人们认为印度河流域文明应该是被由西方入侵的雅利安人摧毁的。

雅利安人,一个兴起于东欧的民族,使用着当时最先进的技术——铁器。后来,他们开始南下,其中一支入侵印度,花了数百年的时间把当地的原住民征服了,成为了印度的统治者。

印度当时的整个社会架构是由入侵印度的雅利安人的三个阶级和印度的被征服的原住民所构成的所谓的"种姓制度"来构成的。由高而低分别是:①执掌祭祀的司祭阶级"婆罗门";②身为王族阶级的"刹帝力"(Kshatriya);③庶民阶级"吠舍"(Vaishya);④以被征服者(也就是当地原始居民)为基础的,最下层贱民阶级"首陀罗"(Shudra)。

婆罗门教也就是雅利安人所带进来的宗教,后来成为了印度教的源流。

也就是说,"种姓制度"和"印度教"这两个影响着印度社会至今的要素,都源自于外来的征服者。

另外,古代印度社会还有一个很大的特征,那就是在这个以征服也就是军事行动为基础所建立的社会里,武人的社会地位却远远低于圣职者。把这一点拿出来和历史上圣职者从来没掌握过权力的中国相比较,就能够发现双方对"信仰"的定位有多大差异。

◇ 印度思想里涵盖着对战争之记忆

人们认为,雅利安人的思想是其宗教观在受到长期与原住民之间的征战影响后,逐步形成的。

在那些由婆罗门负责执行的祭祀仪式里,会将称为"吠陀"(Veda)的赞歌奉献给诸神;"吠陀",其实就是婆罗门教的圣典。"吠陀"里歌咏的对象,主要是由自然现象神格化的诸神——其中许多篇都是以威猛的雷神因陀罗(Indra)为主角,描述他奋勇战斗,击退恶魔的故事。其实陀罗的战斗对象就是亚利安人敌人的象征——也就是那些阻挡雅利安人前进的原住民族。

另外,还有一支雅利安人到了波斯,在那里孕育出了祆敦。祆教教义里,包含着后来发展为基督教的"善恶二元论"与"最后审判"等概念。

印度哲学随着新兴阶级的经济能力发展

公元前六至前五世纪,婆罗门之外的阶级产生了许多大思想家。

◇ 印度思想的关键词——"梵我一如"

婆罗门教的英文叫做 Brahmanism。而婆罗门们把整个宇宙的根本原理称为"梵"(Brahman),把每个个人的成立原理称为"真我"(Atman);以让这两者能合为一体——也就是"梵我一如"——为目标。

梵我一如的思想，总而言之就是思考"自己应该是怎样的"这个问题。与"希望获得神的救赎"这种概念，呈现出与西方思想完全的两极化对照。

印度思想不像西方那样，认为"人类是被绝对的唯一真神即造物主或上帝所支配，生来就是为了侍奉主的"，反而是朝着"自己能和宇宙合而为一"的方向去努力。这种个人主义与逻辑主义，可以说是印度思想最大的特征。

◇ 经济起飞促进了印度哲学的新发展

梵我一如的思想是怎么产生呢？在此过程中，存在着来自古代印度社会背景的影响。

在以《梨俱吠陀》为代表的"对诸神奉献赞歌的时代"，也就是一个把神召唤到地面，颂赞他，希冀他能为自己带来幸福的时代。古代印度的人们认为神不是住在神殿里，而是应婆罗门的召唤才现身的。因此，印度的祭坛并不是常设性的建筑物，而是在每次祭祀仪式需要时才搭建。

印度原本那"只有婆罗门能召唤神"的祭式万能主义，很快就演变成了"婆罗门能向神借神力，也能使用咒术"的思想。伴随着这个变化，"吠陀"里解释祭祀方法的《梵书》也变得发达；婆罗门阶级也依此提高自己的权威，君临整个社会。

随着时代前进，都市开始发达之后，负责治理国家的刹帝力阶级与经商的吠舍阶级，经济能力逐渐提高，它们发言权也随之提升。

这些新兴阶级——拥有了经济实力的王族与商人们，开始对婆罗门的权威投以疑问的眼光。同时，也对一直以来由婆罗门独占的"知识"产生了好奇心，开始聆听许多评论者、思想家的论点，并对他们提供保护与资助。

同一时期，中国也在发生同样的事情。各个封建国家开始变得富裕，与其他地方的交流变得频繁后，便开启了一段由各国王侯保护、任用思想家的诸子百家时代。而在古代印度社会也同样的，也就是由有钱人出资邀来思想家，听他们彼此辩证讨论。印度社会里"爱知识"的思想便由此孕育而生，成为培育出后来印度哲学的背景。

这些应王族们之邀前来阐述思想的人们，并不是都来自于婆罗门阶级。这些出现在古代印度的非婆罗门阶级思想家，被称为"沙门"。

这些新思想家的出现，同时也影响了婆罗门阶级。

◇ **婆罗门阵营也加深对哲学的探究**

因为婆罗门阶级完全不从事任何生产活动，所以必须从其他阶级获得物质层面——也就是经济上——的资助。倘若非婆罗门阶级的沙门受到王族们的保护，其实也就相当于威胁到了婆罗门的经济基础。

为了与这些新抬头的思想家们对抗，婆罗门也从原本以吠陀之权威为背景，认为"祭祀与咒术本身就存在力量"的思想中，进而对"什么是神"、"宇宙是怎么成立的"、"解脱是什么"等加以追寻，涌出了许多哲学者。

如此这般，婆罗门的思想由《吠陀本集》的时代，发展为《奥义书》的时代。正如当时的中国一样，由于诸子百家的出现，成就了中国思想的转换。公元前六至前五世纪也是印度思想史上一个巨大的转换期。

譬如释迦牟尼从刹帝力阶级出家而创立佛教，正是这个时期（详细部分后面会再描述）。很多其他的早已出现的沙门，脱离婆罗门教的框架，展开诸多新的思想。释迦牟尼便是仿效这些人而出家，向沙门的前辈们请教。

◇ **"六师外道"是与释迦牟尼同时代的思想家**

与释迦牟尼同时代的六位较为主要的思想家的思想被佛教合称之为"六师外道"，也就是"未与释迦牟尼一同活动的六位老师所传授的道"。这里说的"外道"，指的是"不是释迦牟尼的教诲"，并没有"傍门外道、邪魔外道"等"不好的教诲"的意思。

六师外道的六师，指的分别是：主张道德否定论的富兰那迦叶（Purana Kassapa）；主张宿命论之自然论的末伽梨瞿舍利（Makkhali Gosala）；否定轮回，主张唯物论、快乐论的阿耆多翅舍钦婆罗（Ajita Kesakambalin）；主张无因论之感觉论、七要素说的迦罗鸠驮迦旃延（Pakudha Kaccayana）；主张怀疑论、不可知论的删阇耶毗罗胝子（Sanjaya Belathiputta），以及耆那教的创始者尼提陀菩提子（Nigantha Nataputta，也就是佛经中常提到的"尼腱子"）等六人。

这六位思想家的共通点，就是每个人都抱持着否定"吠陀"权威的立场。

六师外道之中，由尼提陀菩提子所创立的耆那教，以彻底的"不杀生"，以及不拥有任何物品的教义而被人所知。在那个时期,曾拥有凌驾佛教的势力。

六师外道的思想,对后来的印度哲学也产生了影响。比方说,后来的印度哲学也认为万物是由"地"、"水"、"风"、"火"、"空"这几个要素所组成。原子论在这个时期就已经开始萌芽了。

随后,婆罗门教里面也衍生出了所谓"六派哲学"的哲学思想。从时间序列上来说,六师外道出现于《奥义书》初期,其中一部分思想被佛教吸收,而后来婆罗门教中衍生出的六派哲学,则为了与佛教哲学抗衡而产生的。

◇ 与希腊哲学之间既存在共通性,也存在互异性

中国与印度思想的不同,关键在于对"知识"的态度。在中国,王侯为了富国强兵而召集思想家,所寻求的是"怎样将国力提升到不输于其他诸侯"的具体方案;然而印度的王族则是纯缔乐在对"知识"的议论中。印度这样的社会环境,同因为人们深爱知识,而使哲学得以开花结果的希腊哲学时代的希腊社会环境,有其相近之处。

外道也就是在佛教之外阐述的,非属婆罗门教范围的自由思想。

然而,印度哲学与希腊哲学虽在"爱知识"的态度上有所共通,但在对于究竟"什么是知识"的方向性研究上,却显示出极大的差异。希腊哲学脱离神话的世界,在与"神"划开一线的领域对"知识"展开议论;而印度哲学则采取相反立场,认为只有理解"神"的本质才是"知识",其所尝试挑战的是关于"神"的议论。

探索梵我一如的《奥义书》

◇《奥义书》是"最后的吠陀"

正如前面所说的,广义的吠陀中,最后成立的部分就是《奥义书》。《奥义书》是从释迦牟尼或六师外道的时代以前就开始,总共花了数百年的时间慢慢建立起来的。

《奥义书》的原文是 Upanishad;因为它是"吠陀(Veda)的终点",所以又被称为 Vedanta(吠檀多,即"最后的吠陀"、"终极之智慧"的意思)。

《奥义书》的出现，一方面相当于宣告吠陀时代终结；另一方面则像六派哲学中，有个叫做吠檀多的学派（后述）所说的那样，也宣告了印度哲学的开始。

所谓的《奥义书》，并不是一本统一的典籍，而是集合了经年累月出现的许多文献组合。所以就是对于同一个主题，不同的《奥义书》之间也会呈现出各种不同的见解及表现。

但在这些《奥义书》里，还是存在着共通的思想的。其中包括了前面所提到的"梵我一如"以及"业"、"轮回"、"解脱"等等。

◇ **印度哲学的诞生者——圣仙**

花费了几百年时间累积下来的《奥义书》典籍中，出现了圣仙（Rsi）阐述自己思想的情景的内容。而这，暗示着以个人学说的方式存在的思想开始出现，也就是意味着哲学者的诞生。

《奥义书》的哲学者们，探索的是万物的根源。

在古代吠陀颂扬创造宇宙之神话的时代，虽然也出现了许多像是雷神因陀罗及水神瓦鲁那等神祇，但在那个时代，并不存在所谓"最高神"的序列观念。

而到了《奥义书》的时代，则出现了一个叫做"梵"（Brahman）的最高存在，并认为"一切万物无非是梵"。同时，也认为在"我这个人类"里面，存在着"让我之所以像我"的某种东西。《奥义书》里，把这个个人的根本原理，称之为"我"（Atman，也叫"真我"）。

可以推断，由于"梵"是宇宙的根本原理，因此一定存在于自己之中；所以只要能让"梵"与"我"即真我一致，或是能与自己体内的"梵"面对面，就能到达宇宙的真理。这个状态，就是"梵我一如"。

"梵我一如"的思想，现在在印度思想界里依然有着极大的影响力。印度哲学与"梵我一如"，有着密不可分的关系，我们甚至可以说印度哲学之所以诞生，就是为了对"梵我一如"这个概念进行理论性的说明。以名称加以区别的"唯名论"的先驱，影响了后续出现的哲学思想。

◇ **郁陀罗迦阿鲁尼提倡"一元"**

出生于婆罗门阶级的郁陀罗迦阿鲁尼（Uddalaka Aruni）是最早期出现的

《奥义书》哲学者。

作为"能消除一切疑问的答案",郁陀罗迦提出了三个思想,分别是:

一、宇宙的根本原理是一种具有自我意志的"有"。

二、"有"进入火(热)、水、食物(地)三个元素里面,加以混合,创造出世上万物。

三、万物被人类取上不同名字用以区别,但其本质都一样。

在这里出现的"有"的思想正是以逻辑方式解说宇宙根本原理的第一个哲学。

郁陀罗迦主张万物都是从"有"流泻而出的,因而被称为"流出论的一元论"。

印度哲学持续对"有"与"无"、物质究竟是"存在"还是"不存在"进行论争;论争的架构里,则总是存在着认为万物不过是把物质取上不同名称加以区别的"唯名论",以及主张物质是实际存在的"实在论"。

◇ "梵我一如"思想从一元论里萌芽

关于人类与三元素的关系,郁陀罗迦是这么解释给自己的儿子听的:

首先,人吃下"食物"之后,食物会被分解成三种成分;最粗的成分会变成"便",居中的成分变成"肉",最微细的部分则成为"意"。

其次,人喝下的"水"也会被分解成三种成分;最粗的成分会变成"尿",居中的成分变成"血",最微细的部分则成为"气息"。

而后人吃下的"火"(包括可燃的麻油、奶油等),最粗的成分会变成"骨",居中的成分变成"髓",最微细的部分则成为"言语"。

最后,郁陀罗迦这么说:

"意是由食物而来,气息是由水而来,言语则是由热所生成。"

"人一旦死亡,言语会回归入意,意再回归入气息,气息回归入火,火则回归入最高神格(有)里。"

"这里最精微的本质,是这一切事物的'我','那'是真实……'那'就是你。"

(以上摘自《唱赞奥义书》"Chandogya Upanishad"第六篇)

用"那"就是"你"一文,向儿子说明万物的存在之后,郁陀罗迦告诉他,"你这个'我',与万物的本源'有',是同一的。这里面所暗示的,就是"你=自己=真我"与"那=有=梵"成为一体的真理,也就是"梵我一如"。"那就是你"这句知名的话,在《奥义书》里与"一切万物无非是梵"这句话是同等重要的。

◇ "五火二道说"是轮回思想的源头

郁陀罗迦有一天,去向懂得轮回的秘诀的贾法利王请教。

当他问到为什么死后的世界不会因死者太多而挤得水泄不通时,王是这样回答他的:

当死者被火葬之后,其原本生命中的水便会化为火葬的烟,升上天界,然后首先进入月亮,当月亮满盈着水后,便化成雨,下到地上。落到地上的雨被草木吸收,变成食物。食物被人摄食后,变成男性的精子,经由性行为进入母体内,化为胎儿,重新出生在这个世界上(摘自《唱赞奥义书》)。

所谓的"五火",指的是死者的灵魂会经由五个阶段再生;而后继续发展,这便是轮回思想。

而二道说,是把死者死后会走的路分成"神道"和"祖道"。"神道"是懂得"五火教义"的人,或是在森林里思索"苦行便是信仰"的人死后所走的路。如左下图所示,神道是回归为"梵"的路,不会再轮回转世回到地上。

另一方面,"祖道"则是在俗、未出家者等,在村落里思索"祭祖与善行都是布施"等一般人所走的路;会经过比前面所陈述的"五火"更为复杂的顺序,再生到原来的那个世界。

回到这个世界的人,路也会分成好几条。换句话说,前世做该做的事的人,会投胎到较好的阶级——婆罗门、刹帝力或是吠舍。做不该做的事的人,就会投胎到较为不好的阶级的母胎里,甚至会投胎成为狗或猪等动物。

然后,还有一种进不了神道也进不了祖道的极恶之人所坠入的"第三场所",也就是杀害婆罗门,或跟这些人交往的人所走的路。这个概念后来继续发展下去,便成为现在所说的"地狱"。

二道说里除了轮回思想外,还更加上了"生前行为会影响死后所走的路"的这种"因果报应"要素。

《奥义书》的一节中这么解释着,如上所述的就是五火二道说,也是死后的世界为什么不会被死者挤得水泄不通的理由。

另外,这个思想认为"能走神道的人只限于懂得五火二道,能行苦行的人",事实上相当于主张只有懂得"吠陀"的婆罗门阶级才能得到解脱。因此,刹帝力和吠舍等非婆罗门阶级若想获得解脱,就必须先转世为婆罗门。

◇ 耶吉惹瓦提雅提出"业"的思想

耶吉惹瓦提雅(Yajnavalkya),和郁陀罗迦阿鲁尼一起被看成是《奥义书》的伟大哲人。

耶吉惹瓦提雅是一个性情豪迈的哲学家,曾在一次参加国王以千头牛为奖品的辩论会时,在上台前就宣称"我赢定了",让随从把牛全部牵回去。

他对"业",有着以下的说法:

"人在临终时,"我"(真我)会汇集人的所有生气,下降到心脏上,这样一来心脏前端就会放出光明,而"我"就会随着光线,从眼、头或其他地方,脱离肉体而去……"

"这个"我",其实就是"梵"……行善的人会变成善,行恶的人会变成恶;人会经由善行变成善人,经由恶行变成恶人……"

"(人只不过是充满欲望的个体)有人这么说。(但是我要对这一点做出回答)他们会依照欲望产生意向,依照意向去做出行为。而一旦做出了什么行为,就会变成(行什么因,结什么果)……"(以上,引用自前田专学者的《往印度哲学之招待》)。

在这里,针对伴随于轮回的"业",耶吉惹瓦提雅是这么说的:

"业,会在人死时与人的生气、明智,以及前世的记忆等,一起随着真我(灵魂)而去。到了来世,会依据那个业而得到该有的结果,依那个业是好的业还是坏的业,让一个人变成善人或是恶人……"(同上)

◇ "解脱"就像是蛇蜕下的那层皮

耶吉惹瓦提雅认为,"没有欲的人,就是没有业的人,从此不再轮回,归入梵天。"并用下面所陈述的表达方式,把获得解脱的样子或得到解脱的人,比喻成为蛇蜕下的那层皮:

"没有欲望、脱离欲望、已经满足欲望、只对真我有所欲求的人,他的生气才不会再脱离。因为那个人本身便是梵,所以接下来自然会回归到梵天里……"

"占据在他心脏里的欲望被全部舍弃之后,原本应该死亡的人将成为不死,在现世即可到达梵天。"

因此,这就好像是"蛇蜕下的那层皮,是没有生命的,只是被蜕下来丢在那边,横躺在蚁丘之上。同时,脱离身体的这个不死的生命,就是梵,就是光与热……"

如上所述,"业"、"轮回"、"梵我一如"、"解"等概念,早在《奥义书》初期便已出现。然而它们更早的起源是印度的当地原始思想的。

轮回思想源自于印度的当地原始思想

◇ 业与轮回的背后,蕴涵着当地原始思想

所谓的"宗教",一般来说,它在精神上是成立于"世界观=幸福的条件=达到幸福的方法"。

譬如,基督教思想认为,"神创造了万物→人类破坏与神的约定,从此身上背着原罪→对神悔罪请求赦免,死后进天国是最大的幸福"。换句话说,在基督教的世界里,"罪"是个非常重要的关键词;在那背后,有着"人类是犯了罪的"这个前提存在的;而通往幸福的道路,就是"悔罪并改过"。

相对地,印度思想中的宇宙观则是主张"梵我一如",以及"基于'业'的轮回"思想;认为所谓的幸福,是"从轮回中获得解脱"。而通往幸福之道——也就是解脱之道——有好几种,可以是"穷究知识",可以是"苦行",还可以是"瑜伽"。

"业"(Karman)与"轮回"(Samsara)的思想,是由雅利安人的思想与印度当地原始思想相融合而产生的。

如前所述,轮回转世的思想根源,来自于"借由火的破坏与烟的上升",以及"成为雨回到地上,被人类用来食用的植物所吸收"的这个水循环。这种想法,反映了印度当地原始农耕民族的思想;相信也正是因为这样,才能被印度人民所接纳。

◇ **婆罗门的工作由祭祀转变为哲学**

业与轮回,分别都对种姓制度进行了补充。为什么?因为在婆罗门教的教诲里,梵我一如(等于解脱)的境地,只有出家进行了应有之修行的婆罗门阶级,才有可能达成。也正因为这样,婆罗门阶级才能成为最接近神的存在,继续保持着他们的权威。

第七章
印度佛教思想集锦

但是,在那之后,婆罗门的权威由原本"能召唤神的最接近神的存在",逐渐变成"最接近脱离轮回之苦、成为神的道路(即是最接近解脱)的存在。通过这样的变化,可以看出婆罗门已经不能够单纯地靠熟悉祭祀之事来保住他们的地位,而是被迫通过"穷究知识"和"苦行"来获得解脱。

正如前面所说的,因为经济力提升后的新兴阶级对新思想产生了兴趣,并开始对沙门(婆罗门以外的思想家)提供资助,所以婆罗门教也就不得不对一般大众开放门户。

经过《奥义书》时代后的婆罗门思想,在哲学方面孕育出了"六派哲学",在宗教方面则逐步将基于"业"而进行的"轮回转世"吸纳到教义中去,转化成印度教。

佛教的开始

◇ 释迦牟尼所走过的真理之路

释迦牟尼原名乔达摩·悉达多(Gotama Siddhattha),是萨迦(Sakya)族王族的第一王子,诞生于喜马拉雅的山麓都市蓝毗尼(Lumbini,现在的尼泊尔)。也就是说,释迦牟尼是生于刹帝力阶级之家。

释迦牟尼出生于公元前六至前五世纪,正如前面所说的,这正是印度思想开化的时代。以发达的经济为背景,新兴阶级开始站上舞台;尤其是离雅利安人较多的西部印度较远的东部印度的新兴阶级,不拘泥于原有的宗教和思想,逐步形成了自由开放的思想风气。

成年后的悉达多王子早已成婚生子。然而,他的父王净饭王在一次为太子的将来占卜时,获得的这样的预言:"如果太子留在俗世,将会成为一个统治世界的贤王;如果他出家,则会成为成就一切智慧的圣者。"净饭王为了不让悉达多产生出家的念头,就一直把他留在皇宫中,过着锦衣玉食的富裕生活。

但是,当太子出城游玩时,在东门见到了一个老人,在南门见到了一个重病病人,在西门见到了送葬中的尸体,在北门遇到了一个出家人。通过这一幕幕而确信了人间疾苦的悉达多,从此下定出家的决心。(四门出游)

抛弃家人,同时抛弃了富裕生活的王子,虽然不断地拜访沙门(哲学者与圣人),向他们请教,也得到了一些一同修行的同伴,但对解脱之道却是仍无所获。悉达多的寻求真理的道路,是从作为一个人,充满苦恼,舍弃富贵与名声而开始的。但是,他遵循印度自古以来的传统去修行,却无法得到满足。

入山苦行了六年还是无法开悟的悉达多,最后放弃了苦行,通过一个人静静地冥想而体悟出真理。那个真理就是直至当时为止谁也没想到过的,认为"即使不是婆罗门也能得到解脱"的否定婆罗门权威的思想。

◇ 释迦牟尼的生涯

悉达多在开悟之后,被弟子们尊称为佛(Buddha,亦称佛陀),也就是梵语里的"觉醒者"、"彻悟者"的意思。而他的教诲则被称为"佛教",经过数百年的时间广为流传到印度以外的其他地方,发展成为世界性的宗教。

另外,佛陀还被称为"释迦牟尼"或是"释尊",源自于表示"萨迦族之圣人"的"释迦牟尼世尊"一词。

叙事诗里的诸神,让印度教广布到民间

◇ 两大叙事史诗取代"吠陀",成为圣典

在婆罗门教转变为印度教的过程中,对经典的定义有所改变。

相对于把"吠陀"当成圣典的婆罗门教,印度教则把圣典的重心转移到《摩

诃婆罗多》和《罗摩衍那》这两大经过数百年的时间完成的，出现了许多容易让民众觉得有亲密感的诸神的叙事诗上来。

《摩诃婆罗多》是一部累计长达十八篇，十万诗节的庞大史诗，描述以婆罗多族王子为主角的战争的故事。这部叙事诗，把许多原始神话与民间传说等也都吸纳了进来，相当于一部把印度教的价值观、信仰、风俗，全都包含在内的作品。

《罗摩衍那》则是一部共计七篇，二万四千诗节，以拘萨罗国王子罗摩为主角的英雄传说。

◇ 毗湿奴的化身在《摩诃婆罗多》里现身

叙事诗《摩诃婆罗多》里有这样一个场景：主角阿朱那（Arjuna）王子对即将展开的战役踌躇不前，这时，毗湿奴神的化身克利希那对他进行阐述和开导。《薄伽梵歌》以一篇独立的史诗对这一过程进行了描述，成为印度教最重要的圣典。

据说克利希那是在公元前八至前七世纪时，实际存在的雅达瓦（Yadava）族的统治者。他倡导被称为薄伽梵（Bhagvad）的太阳神信仰，可能是因为同为太阳神的缘故，使得克利希那信仰后来被毗湿奴信仰所取代。

阿朱那王子则是代表印度教的信徒，聆听着毗湿奴的化身克利希那对印度教教义的说法。

◇ 阐述信爱之道的克利希那

阿朱那王子在即将开战时停下战车踌躇不前，因为敌方正是自己的一百个堂兄弟。

对于不管怎样都不想和同族人手足相残的阿朱那王子，克利希那（圣薄伽梵）的化身作为驾驶战车的御者，开导王子说面对战斗是刹帝力的义务（Dharma），不能舍弃战士的义务与荣誉。

接下来克利希那向他阐述可以通过"知性的瑜伽"来得到解脱：

"如果能抛弃所有的欲望，在没有愿望、没有私欲、没有我执的情况下行动，那个人便能达到寂静的境界。""这就是'梵'（Brahman）的境界，达这个层次之后，就不再有任何疑惑。就是在临终时，若能达到这个境界，也能达到梵的涅槃。"

克利希那继续对"行为之道"进行阐述，命令阿朱那王子去执行他的义务。

"把一切行为托付给'梵',抛弃执著而行动的人,不会被罪恶所污秽"。

阐述"行为之道"后的克利希那,对阿朱那王子表明自己就是世界的创造主,是为了拯救善人并扑灭罪恶才现身凡间的;并将对归依于自己的人,付出完完全全的爱。然后,命令阿朱那王子对自己献出"最高的信爱(Bhakti)"。

阿朱那王子听了克利希那一番教诲后,终于克服了迷惘,勇敢地重新再起。

克利希那在《薄伽梵歌》里所阐述的解脱之道,是"知识"、"行为"、"信爱"这三项。"知识之道"指的是印度哲学,"行为之道"则与瑜伽相通。而主张"一心将信爱奉献给克利希那者,也会获得克利希那的爱"的"信爱之道",则超越了"只有婆罗门能得到救赎"的婆罗门教的教义。这样一来,对于无法实践学习与修行的一般民众,也开了一道能通过对神奉献信爱而获得救赎的大门。

这个对大众开放的新信仰方式"信爱之道",在印度被称为 Bhakti,成为印度教的核心精神,一直传承至今。

◇《罗摩衍那》的主角换成克利希那

《罗摩衍那》,是一个以克利希那的化身——拘萨罗国王子罗摩为主角的冒险故事。

当世界因魔王胡作非为而使人民受尽苦难的时候,毗湿奴听到地界上的国王因没有儿子而求神赐他子嗣,就化身投胎,降生为罗摩王子。允文允武的王子后来与在旅程中遇到的邻国公主希达(Sita)结婚,因为继母的阴谋,使得王子被放逐国外,和希达一起住在森林里。

魔王的妹妹偶然经过森林,对罗摩一见钟情,但百般诱惑均未果。魔王掳走希达,把她幽禁在一个岛上,用这种方式来替自己的妹妹报仇。

罗摩不得不踏上寻找希达的旅途,途中偶遇被放逐的猴王并帮助了他,因此得到猴王赐予部下相助。猴王的家臣里,有一只神猴是风神伐尤(Vayu)的儿子叫哈努曼(Hanuman),凭借哈努曼的帮助,终于找到魔王幽禁希达的地方,经过一番惊天动地的决战后,罗摩王子终于打倒魔王,救出希达。

与罗摩重逢的希达由于贞节受到怀疑,纵身投入火中明志。因为火神阿格尼守护而得救,同时证明了自己的清白。与希达一起凯旋的罗摩,返国继承王位。

但是，因为国民对希达的贞节依然有所怀疑，使得罗摩非常苦恼，不得不将希达再次放逐到森林里。希达在林中生下了两位双胞胎王子，由圣仙教育长大。

后来，罗摩在森林中与希达及两位王子偶遇，但希达因为曾经受到的诬蔑而不愿再回国，请求大地母神解除她生命的重担。大地母神被希达对罗摩的纯洁的爱情所感动，满足了她的愿望，将她迎接到大地中去。

眼睁睁看着希达就这样消失在自己眼前的罗摩，悲痛不已，请求大地母神把希达还给他，却被女神拒绝了，他只好带着王子们一起回到国都。

罗摩后来由毗湿奴自己所派遣来的死神接引，向哈努曼告别后，回归诸神的世界。

◇《罗摩衍那》在海外也大受欢迎

《罗摩衍那》这个英雄传说在印度获得人们极大的喜爱，被译为多语言国家印度的各地语言，成为印度教寺院的壁画主题，故事中的场面被用在祭典的高潮来演出，后来还被拍成无数的电视剧。

另外，《罗摩衍那》还被表演为舞台剧、人偶剧、皮影戏等，同时也伴随着印度教的扩散一起被传到了东南亚，配合当地的风土人情而被修改，与当地文化同化，形成了"罗摩衍那文化圈"。

还有，罗摩的最大盟友神猴哈努曼也受到民众的高度热爱，成为超越印度国境的神，在海外也受到广泛的喜爱。

各地对哈努曼的喜爱，到现在依然存在。在中国，哈努曼就是孙悟空的原型；在日本，由圆谷制作公司（円谷 ProduCtions）与泰国合作，拍出了一部由哈努曼和超人力霸王（Cltraman，即咸蛋超人）合演的电影（《猴王大战七超人》）。

密宗与印度佛教

密宗融入了婆罗门教的咒术和华严思想。

◇ 佛教遭遇了印度教卷土重来的反击

佛教虽然一度增加了信徒，但却遭遇到成功地吸收了当地原始信仰后卷土重来的印度教的反击。印度教在两大叙事诗成立,六派哲学也开始发展之后,在笈多朝(Gupta,公元四至六世纪)时代变成国教。

为了吸纳信徒,有时必须对大众提供简单易懂的信仰方法。正如《薄伽梵歌》里所描述的信爱(Bhakti)一样,"只要虔诚地将自己的信爱奉献给神,神一定会对自己伸出救赎之手"的这种新的信仰之道(换句话说,也就是由婆罗门教转变为印度教的宗教改革),成功地让大众接受。

在印度教勃兴的时期,因为僧人的精英都转向去研究哲学方向的佛教,远离了大众的信仰。当时由于罗马帝国的衰退导致的贸易中断,让一直以来资助佛教哲学的刹帝力阶级及富商们逐渐失势,所以佛教走向衰退。

但是印度佛教在逐渐丧失势力的过程中,开始导入新的信仰方式。

◇ 前期密宗运用咒术祈念现世利益

密宗被看成是大乘佛教的宗派之一。实际上,密宗也是印度佛教最后的宗派。

根据密宗成立的时期来划分,主要可分为三期。

前期密宗以能带来现世利益的咒术为核心,通过吟唱陀罗尼(一种咒文),手结手印,行降雨祈愿或消灾祈福之法。

密宗出现前的佛教,为了与婆罗门教划清界线,对引进咒术一直持以反对的立场。但是,随着时代的发展,为了配合大众所认为的灾异是恶灵所导致的,希望通过祈愿获得现世利益,而开始导入婆罗门教擅长的咒术。

密宗的发展

前期密宗

运用咒术祈愿现世利益。

被称为"杂密",也传到了奈良佛教以前的日本。

没有根本经典。

中期密宗

主张人可通过与大日如来合为一体而在活着的时候就获得解脱。以修行者自身的解脱为目的。

中期密宗的经典《大日经》和《金刚顶经》传到中国,发展成整合二部经典的真言宗。

真言宗的正统是空海。

后期密宗

受到坦陀罗派(性力派)影响,肯定性爱。

传入西藏,西藏密宗强调轮回转世与菩萨行。

不存在根本经典的前期密宗,以"杂密"的方式零星片断地通过西域或中国传到日本,影响了奈良佛教以前的日本原始信仰。譬如,古代日本就已经有龙神信仰和孔雀信仰等,向动物借力的咒术。传说中由役行者所开祖的初期修验道,崇拜的对象就是孔雀明王。

◇ **中期密宗主张人能自身成佛**

在印度教扩张势力的同时,还没有根本经典的前期密宗在七至八世纪时,变成了以《金刚顶经》和《大日经》为根本经典的中期密宗。这个时期的密宗,也叫"纯密"。

中期密宗的特征是,它虽然是佛教宗派之一,但却不像过去的佛教那样以释迦牟尼为中心说法,而是采用了由大日如来说法的形态。

大日如来这个尊格的前身,就是出现在《华严经》里的毗卢遮那佛。《华严经》是印度佛教思想在西域汇总编纂而成的佛典,在中国发展成"华严宗"这个宗派。

毗卢遮那佛起源于波斯和印度的太阳神"毗卢遮那"(Vairocana),是用太阳的光辉(即智慧之光)照亮宇宙真理的佛。日本的奈良大佛,就是这位毗卢遮那佛。

华严思想里,有句话说:"一即一切,一切即一"。这个真理是说,即使是一粒小如尘埃的粉尘,也是整个宇宙;而整个宇宙,也就在一粒尘埃里。华严思想认为,整个世界都是由毗卢遮那佛展开的,并发展出"世间众生每个人都在佛之中,而佛也在每个人之中"的"如来藏思想"。

中期密宗的大日如来,正是把这位"本身就是宇宙"的毗卢遮那佛,再加上"Maha"(中期密宗的思想,认为大日如来是一切的根源,而宇宙就是大日如来所展开的姿态。

中期密宗认为只要和不仅是宇宙本身,还是所有事物根源的大日如来合为一体,人便能以目前的姿态开悟《自身成佛》。相对于以提供现世利益给大众为目的的前期密宗,中期密宗则是将重点放在修行者自己的解脱上来。

中期密宗有两部经典,《大日经》通过西域,《金刚顶经》则是通过海路,在唐朝时从印度传到了中国。而后,中国把这两部经典进行整合的,就是真言宗。

真言宗的法脉系谱里,第一祖是大日如来,二祖是金刚萨,二祖之后便都是史上真实存在的人物:龙猛菩萨、龙智菩萨、金刚智三藏,再传到不空三藏。而在第七祖惠果之后继承法脉的是八祖,也就是日本的弘法大师——空海。

据说,惠果见到空海后立即决定传法给他,指定他为正式的继承人。年事已高的惠果将编纂教义的工作托付给了空海,空海也接下了这个义务,所以真言宗的正统便流传到日本,教义也在日本整理完成。

与后述的后期密宗(请参阅次章节)一样,密宗本身在印度已经消失。而中期密宗的系统,却在日本得以继续保存。

真言宗的系谱:

一祖　大日如来

被认为是宇宙根源的佛

二祖　金刚萨

到二祖为止都只是传说上存在

三祖　龙猛菩萨

三祖以后都是实际存在的人物

四祖　龙智菩萨

五祖　金刚智三藏

六祖　不空三藏

七祖　惠果

八祖　空海

由于空海成为正式继承人,所以真言宗的正统系流传到日本。

◇ 中期密宗的神秘世界

密宗的修行被称为"一密之行"——手结"手"(Mudra,又称"印相"、"密印"等),口念"真言"(Mantra),心入"三摩地"(Samadhi)。也就是要修行者投入身、语、意三业,进行全面的修行。

不只是密宗,包括大乘佛教的如来或菩萨在内,他们形象为两手结手印,或是手里拿着法器等物品,都是为了表现宇宙的真理或是佛的力量。

还有,印度人相信话语本身是含有力量的,认为吟唱真言或陀罗尼,就能与佛合而为一。

那些画在曼陀罗等里的圆形、方形等抽象图形,同样象征着宇宙的力量。

中期密宗继续发展上述思想,通过全身心地对佛"观相"(在心中依一定的程序及方法描绘出佛的形象),以求能与大日如来合为一体。也就是说,中期密宗是以自身成佛(在现世的身躯下获得解脱,成为佛陀)为目标。

中期密教重视形式上的仪礼,需要按照规定的程序,在护摩坛焚火,观看明王或菩萨形象。密宗仪式中所需用到的法器,有金刚杵、金刚铃、曼陀罗等。

金刚杵又称降魔杵,原来用于战斗的武器,它的原型是陀罗用来击退恶魔的"Vajra"(金刚杵)。因此陀罗后来转变成的帝释天,常被描绘成手持金刚杵的姿态。

金刚铃最早是系在金刚杵尾端,用来取悦佛的。

曼陀罗是象征密宗的法器,金刚界曼陀罗与胎藏界曼陀罗并称两界曼陀罗,用来观相佛,并与大日如来合为一体。

使用法器,焚烧护摩的密宗,反映了极其浓厚的印度教咒术色彩。

◇ 中期密宗的世界观

大乘佛教重视利他的菩萨行,在大乘佛教的世界里,创造出许多会降世到大众身边,充满慈悲心的菩萨。

而中期密宗除了前面所提到的菩萨之外,还创造出了"明王"这种尊格。相对于呈现出温柔慈悲之相的菩萨,明王呈现出的是愤怒之相。

明王被认为能够让背弃教诲的众生心生畏惧,以力量强制引导众生,并彻底破除栖于人心内外的魔。明王多眼、多臂（手腕有两只以上）、多足的特异形象，以及手结独特手印的姿态，仿佛直接将印度的荒神带进密宗里。

宇宙的中心，是由大日如来位居中间，再加上分别位于四方的阿閦如来（东方：又译不动如来）、宝生如来（南方）、阿弥陀如来（西方），以及不空成就如来（北方）组成的"五智如来"所构成。

五智如来的慈悲面分别是"五大菩萨"，愤怒面则分别是"五大明王"。在日本被昵称为"お不动さん"（Ofudou San）的不动明王，是代表太阳之佛——大日如来——所变化之身。

后期密宗融入了坦陀罗派思想

在印度《爱经》里见到的肯定性爱的思想催生出后期密宗。

◇ **坦陀罗派思想是印度自古以来就有的思想**

公元八到九世纪之后，密宗佛教因再次受到印度教的强烈影响，而形成了所谓的后期密宗。

印度自古以来，就存在着以宗教角度解释性爱能量，并将其导入在修行或教义中的思想。

印度《爱经》（Kama Sutra）——公元四至五世纪时用以详细解说性交方法的性爱指南书，就是古代印度思想的象征之一。后来的"坦陀罗派思想"（Tantrism，又译"性力派"）试图借着神秘体验与神合而为一的，把性爱纳入修行的倾向，给印度教等宗教带来了影响。其中一个例子，就是会在下文中解说的"哈达瑜伽"（Hatha yoga）。

哈达瑜伽里，把由萨克蒂（Shakti）所代表的"女性原理"，与由湿婆所代表的"男性原理"合而为一，而获得解脱的境地，以男女的性交来比拟。

印度哲学领域里一直存在着各种"Sutra"（经），用来解释各种理论的经典，比如六派哲学中之瑜伽学派所写的《瑜珈经》（Yoga Sutra）等。相对地，重心放在瑜伽等实践内容上来的经典，就叫做"Tantra"（坦特拉，是"续"的意思）。

佛教与耆那教原则上对性交都是抱持否定态度的，但坦陀罗思想却提倡包括性交和原来所禁制荤食等修行。后来在性爱中感受到神秘力量的印度社会，就接纳了坦陀罗派的思想。

◇ **后期密宗是积极肯定性爱的异质佛教**

在坦陀罗派思想风行的时候，后期密宗积极地将性爱吸纳到教义中。有些曼陀罗或坦持拉（在密宗中指"佛画"）里所画的如来或菩萨，更是被描绘成抱着爱妃性交的姿态。

◇ **儒教文化的社会无法接纳后期密宗**

后期密宗并没有被直接传到日本。原因是，中国佛教界并不重视后期密宗。直接将性爱搬上台面的后期密宗，和中国儒教的传统价值观无法契合。儒教认为在人前裸体或赤裸裸地性交，等同禽兽的行为，一直被儒教价值观所蔑视。

此外，就算后期密宗真的被传入日本，照日本人的价值观来看，应该也是难以接受这样的思想的。中期密宗里一样存在着肯定性爱的经典或修行方法，且继承真言宗的空海也将那些思想带回了日本。但是，空海并没有积极地将性爱导入教义。

虽然都是密宗，但如果拿后期密宗的法器或寺院的样貌，跟日本的台密（天台宗）或东密（以东寺为基础的真言宗）等中期密宗相比较，会发现两者是存在很大差异的。把西藏佛教和真言宗的寺院或佛像相比就能知道，日本的佛教美术已在日本传统的美学意识下，经过改变，被洗练成日本风格。

第八章
扎根于印度社会的思想

印度思想源自印度民众的生活形态,从古至今没有大幅的改变。这在自20世纪以后因科学进步而激烈变动的西方社会眼中,是难以理解的。

"人生会不断重复"的轮回转世概念是印度的思想核心,认为整个世界都会在一定的诸神时间后消灭而又再生。

印度人认为并相信话语及气息中蕴涵着力量;并通过真言及瑜伽来具体表现。这引起了现代西方的很大兴趣,其实印度神秘世界的背后存在着以印度哲学为基础的理论。

夸张的印度时间感

◇ 神的时间与人的时间

在印度教的思想里,世界会不断"循环重设"的。

宇宙是按诸神的时间运行着,神界的一年就等于人世间的365年。

每个宇宙时代是由四个"瑜伽"(Yoga,周期)组成。其中前4800年称为柯里达瑜伽(Krita Yuga,又称圆满时代),然后的3600年则称为特塔瑜伽(Treta Yuga,又称三分时代),接下来的2400年是达瓦帕拉瑜伽(Dwapara Yuga,又称两分时代),最后的1200年则是卡利瑜伽(Kali Yuga,又称争斗时代)。

在争斗时代(卡利瑜伽)结束后,世界就会灭亡,然后又重新回到圆满时代(柯里达瑜伽)。这一个轮回共计天界的12000年,也就是人世间的4320000年。宇宙一直这样周而复始,永无止尽。

"法"的力量出现在圆满时代，一直持续到争斗时代，由盛而衰，力量最后只剩四分之一。换而言之，世界从最美好的时代开始，会一直朝着恶化的方向进行，当"法"的力量完全消失时，世界也就会被"关机重开"，一切从头再来。

四个瑜伽会组成一个周期，称为一个"大纪"（Mahayuga）；一千个大纪为一"劫"（Kalpa）。如果换成人世间的时间话，一劫就等于四十三亿二千万年！

一劫等于婆罗摩（梵天）的一个白天，也就是婆罗摩醒着的那半天。换而言之，宇宙在婆罗摩醒来的时候开始，快睡着的时候结束，睡了一劫之后，再醒来。宇宙也就再度重生，从头再来。

◇ 瑜伽如同天文学的时间单位

在印度思想中，婆罗摩这样过了100年之后，婆罗摩本身也会消灭。这个过程相当于毗湿奴的一个半天，也就是从醒来到睡着的半天。

印度思想主张人的灵魂会以"业"为基础轮回转世、不断循环，甚至连宇宙本身也是不断循环、周而复始的。

顺便说一下，现在宇宙论中，比较有力的假说认为宇宙开始于约137亿年前发生的一次"大爆炸"（Big Bang，又称"大霹雳"），并且至今仍在继续膨胀。

在佛教中，也是有所谓"劫"的概念；日文"亿劫"的语源，就是"一亿个劫"，是比喻无限长、无法计算的时间。在佛教中也同样存在着"末法思想"，认为佛法会随着时间逐渐衰退，最后进入"佛法衰废、天灾人祸、人间混乱"的时代。这个思想曾一度造成平安时期贵族们的恐慌。

◇ 毗湿奴是降临在争斗时代的救世主

在印度教里，我们现在生活的这个时空，是属于卡利瑜伽（争斗时代）的。在争斗时代的最终阶段，世界会一直堕落，就连婆罗门都会变得不把吠陀（"法"之力的泉源）放在眼里，所有人都会做违法犯罪的事。

而在最终阶段、最黑暗的争斗时代，能让世界再生的，就是化身为第十阿凡达那（化身）"伽尔基"降世的毗湿奴。是负责结束那充满痛苦的现世之救世主（印度教认为，毗湿奴的十个化身中，前九个已经随着四个瑜伽的进行而出现过了）。

循环的世界观是印度思想的特征。

正如前面所说的,"循环世界观"是印度特有的思想。

在基督教时代之前,古代希腊存在着类似印度的思想,认为我们生活在"黑铁时代",而之前还经过了"黄金时代"、"白银时代"、"青铜时代"四个阶段。

但是在基督教的思想里时间的运行是单方向的,上帝同时创造了时间与世界后以及人类;所以当最后审判的"末"来临的时候,世界就此终结,不会再重来一次。

印度思想可能是受到不断重复着昼与夜的太阳,或是不断反复着盈缺的月亮等对农业非常重要的循环现象的影响,以致认为"世界会不断循环"。

同是农业大国的中国,认为时间是基于阴与阳这两个要素的作用而运行着的。但是,中国重视的是人们活着的这个现世,不存在超越前世或来生般的漫长时间概念,也没有灵魂、或是世界会不断重复着出生与消灭的循环,再回到原点的这种思想。

印度的这种把时间与空间看成像巨轮般不断回转,现世只不过是"转动时空里的一瞬间而已"的观念,在日本或是世界上其他文化世界观里都不存在,这也是印度社会及印度思想的独特之处。

◇"将来会出现的救世主"概念是哪里来的?

"世界末日时会出现救世主"这种思想(比方毗湿奴的化身),不仅是印度,在基督教的概念里也有。"基督"这个词,在希腊文里就是"救世主"的意思。

佛教里也存在救世主信仰。大乘佛教的其中一派想法认为,弥勒菩萨将在释迦牟尼入灭五十六亿七千万年后降临,以救赎所有众生。因而这个概念和弥勒菩萨被视为同一信仰,不仅在中国,在亚洲各地都存在弥勒(Maitreya)信仰。

人生阶段区分为"四住期"

◇《摩奴法典》——生活方式的规范书

随着印度哲学或印度教等构成印度人精神世界的思想渐渐成熟,印度人的生活规范也在公元前 6 世纪左右开始慢慢形成。

"印度教既是宗教,也是生活方式",婆罗门们制定了所谓的"法典",规定人们在印度社会里应该怎样生活,禁止做哪些事情。

这一系列记载着印度生活规范的典籍,总称为"法论"(Dharmashastra),囊括了《古法典》(Dharma Sutra,又译《法句经》)、《摩奴法典》(Manu Smriti)、《耶吉惹瓦提雅法典》(Yajnavalkya Smriti)等。

其中,对今天的印度社会带来最大影响的,是《摩奴法典》。这部法典的写作形态,与"克利希那讲述给阿朱那王子听"的《薄伽梵歌》一样,采用的是"人类的始祖——摩奴讲述给圣仙听"这种表现形式。

◇ 摩奴究竟是怎样存在的

这要从世界创造开始说起。

首先,一片黑暗的混沌里,出现了一个"自有神",也就是创世之神。他先用自己的身体造出水,然后在水里放一个种子(精子)。这个种子后来变成"像太阳一样光辉如金的卵",然后"一切世界之祖'梵天'"就在此降生。

一个梵天年过去之后,梵天将卵一分为二,形成天与地,同时在中间造出了天空及海洋等。

造出诸神与时间后,打算创造人类的梵天,先创造出"苦行"、"言语"、"快乐"、"爱欲"、"愤怒";为了区别行为善恶还区分出了"法"(Dharma)与"不法"(Adarma)。而后,梵天创造出四个种姓(Varna),将自己的身体一分为二,变成男与女。摩奴,正是那位女性所生出来的男孩。

由梵天所创造的摩奴,后来造了十个圣仙(人类之主),之后的世间万物都是由摩奴与圣仙们创造的。

◇ 延续到现代的婆罗门传统——"四住期"

《摩奴法典》里,记载着了人类正确的生活方式。

人的一生,被分为所谓的"四住期"四个阶段,分别依据婆罗门、刹帝力、吠舍,以及首陀罗四个不同种姓,制定了相应的生活规范。

所谓的四住期,包括"学生期"、"家长期"、"林住期"以及"遍历期"(又称梵行期、家居期、林居期、遁世期)。

"学生期"阶段,要在选定导师之后,举行重要的"入门式"仪式,跟随导师学习吠陀,学习正确的"法"(行为)。度过至少九年的学生期之后,才能举行"归家式",结婚后进入成为一家之主的"家长期"。

家长期的重要任务,就是娶一个合适的妻子,生下后代并照顾他们长大。法典还对每天要做的祭祀之事做了规定,要求不能荒废被称为"五大祭"的仪式,和对祖灵的供养。

养活家族需要有收入。法典里建议婆罗门应传授吠陀或成为司祭,刹帝力应维护治安,吠舍可以从事商业、畜牧业或农业,且只有吠舍阶级被奖励蓄财。但因为并不是每个人都能找到属于自己阶级的正职工作,所以在特殊情况下,婆罗门或刹帝力也可以去做吠舍的工作。

首陀罗的正职是"侍奉"。法典中规定首陀罗必须侍奉上面三个阶级,但也允许去做技术人员或手工艺活动。

◇ 到了林住期就必须抽身而退,踏上别的人生旅程

过完了家长期,孩子长大有了孙子之后,就必须把家长之位让给孩子,开始进入"林住期"。

所谓的林住期,是彻底放弃自己原来所拥有的东西,离开家住到森林里,自己采集每天的粮食,执行该执行的祭式。此外,还建议白天应该要苦行,放弃自己的肉体。

在走完人生的四分之三后,最后经历的阶段是"遍历期",依靠托钵来获得每天的食物,一边冥想一边到处漫游。

《摩奴法典》规定人生前半生应努力念书和留下子孙;在完成血脉的延续之后,就应踏上与神一起的道路。

因为《摩奴法典》是由支配者阶级婆罗门所汇整的,所以也可说是婆罗门利用其地位,将婆罗门阶级的优越性留在"法典"这种权威性书籍里面。

必须经历四住期人生的阶级,并不仅仅是婆罗门,也包括刹帝力和吠舍阶级。但实际上,对生活上不够富裕的人来说,要经历四住期难度极大,所以它实

际上只是婆罗门阶级的模范生活规范。

◇ 血统的延续是首要的义务

《摩奴法典》也对罪与赎罪有着详细的记述。

法典里对不同的罪,按严重性程度,制定出了相对应的刑罚和赎罪方法。其中被认为是最严重的"大罪"是以下的五个行为:杀害婆罗门、饮用苏罗酒(Sura,又译"谷")、偷窃黄金、同导师的妻子通奸、同犯了以上四大罪的人交往。

此外,印度对"罪"的理解还有一个特别之处就是非常重视血统,厌恶不净。

在重视血统方面,除了避忌不同种姓之间的通婚之外,还严格要求身为母胎的女性的贞节,鼓励初潮前的婚姻、童婚等。

《摩奴法典》里有名的一节中记载着以下一段内容:

"婚前从父,婚后从夫,父亡从子。女性不能独立。"

这种蔑视女性的社会规范,不仅印度有,中国和日本也是在进入20世纪之后,女性的地位才开始慢慢提升的。

不过,印度与其他文化的不同之处在于印度之所以限制女性的地位,是为了维护其严格的身份(种姓)制度。

◇ 死也无法抵罪?

印度社会把"罪"视为一种"脏污";假若身上有罪,就相当于己身不洁。印度思想还认为与不同种姓的人直接接触或通过食物间接接触,是会玷污自己的。

因而,所谓的抵罪即是"把脏污清理干净"。

印度相信灵魂会随着轮回不断转世,而有些罪会把灵魂弄脏,且不会在一次的死亡后变得干净,得背负着好几个轮回。严重一点的,甚至是不管经过多少次轮回都无法抵偿。

这种罪与赎罪的概念,跟日本传统认为"以死抵罪",也就是"罪能以死一笔勾销"、"社会不会继续苛责死者"的思想,有着很大的区别。

◇ 延续到今天的《摩奴法典》精神

《摩奴法典》里的价值观,深深扎根于印度,历经时代变迁,也没有很大变化。

严格的身份制度观念依然残留在印度社会里。

与职业相连结的身份制度,对全球化后的印度也有影响。有人说印度之所以能成为IT大国的原因之一就是IT这种新职业并不专属于任何一个种姓,因而能跨越身份藩篱聚集优秀的人才。

而像是新的明星职业——比方说空服员,如果较高种姓的人去做,听说真的会有对低种姓的乘客服务不到位的情况发生。

言语蕴涵着力量

◇ 超强记忆力的古印度人

印度最早的文字记录是发现在公元前3世纪(印度河流域文字尚未解读成功),比中国的甲骨文晚了一千年以上。这也说明了在印度很长的时期都是靠语言来进行思想传承,没有"以文字记录思想"。

佛教中的释迦牟尼教诲,就是其弟子以回忆的方式传承下来的释迦牟尼语录。释迦牟尼入灭后,佛教界曾经数次召开"佛典结集"的大编纂会,采用的就是"由记忆力好的弟子想出释迦牟尼说过的话,经由众人承认"这种方法。

原始佛教的佛典难以考证,也是因为不重视"以文字记录思想"的传统所影响。甚至初期佛典是由写在叶片上的备忘录组成的。

◇ 神的语言——梵文

印度思想中,文字并不重要,"但话语"通常都带有特别的意义,是神圣的。

公元前4世纪,波利尼(Panini)汇编文法而成形的梵文,被认为是"梵天之言语"。印度教的圣典和佛教的佛典,也都是用梵文来编撰的。

梵文流传至今并无大的改变,目前仍是印度共和国的公用语之一。

◇《般若心经》最后几句,便是梵文写成的咒文

印度相信语言蕴涵着力量,通过梵文发音组成的咒文可以向神借用神力。被称为圣音的"唵"(Om),更被当作是表示"梵"的话语,受到印度人的尊重。

梵文是由称为"梵字"的字母组成,在当今日语中仍能见到。

在日本,咒文采用梵文并不仅限于佛教,修验道或阴阳道等的咒文也是用

梵文的发音,例如"唵"(Om)这个"发语词"开始,以"萨婆诃"(Svaha)这个"结语词"结束。

《般若心经》最后面的"揭谛揭谛波罗揭谛波罗僧揭谛菩提萨婆诃"部分,也是由梵文的音阶组成的。

瑜伽行者以身体寻求解脱

以精微的理论,追求天人合一的境界。

◇ "古典瑜伽":瑜伽学派的解脱理论

大部分印度人认为人的身体中有神。象征"给马套上颈圈"的"瑜伽"(Yoga),正是一种"为了与自己里面的神合而为一,而统御身体运作的行为"。

广义的瑜伽还包括"冥想",而今天我们所指的的瑜伽健康法就衍生于印度哲学的瑜伽学派。

数论是以《瑜伽经》为根本经典的瑜伽学派的理论背景。数论学派认为世界是由"精神原理灵我"以及"原质"构成的,原质是由纯质、激质、暗质三要素构成。感受物质的身体的各部位是由这三要素直接构成的,身体能感受到的其他所有的物质则会通过这三要素转化成为地、水、火、风、空五个元素来形成。

基于这个原理,提出通过冥想停止身心的活动,若能使三要素都止灭,就能与"精神原理灵我",也就是神,合而为一,得到解脱。

公元2至4世纪所汇整的《瑜伽经》相对于后期衍生成许多流派的后期瑜伽被尊称为"古典瑜伽",被视为婆罗门教瑜珈派的哲学经典。而后期瑜伽,主要可分成下面的六个流派:

① 贾瑜伽也称胜王瑜伽;

继承瑜伽学派的系统,以心理修行为核心。

② 奉爱瑜伽也称虔信瑜伽;

以对人格神献身式的信仰为核心,沿袭了《薄伽梵歌》的思想。

③ 瑜伽也称行为瑜伽;

是行动派、意志派,通过在社会上的活动以求解脱之流派。沿袭了《薄伽梵歌》的思想。

④ 雅纳瑜伽也称智慧瑜伽;

以理性的哲学思维为核心。

⑤ 咒瑜伽也称真言瑜伽;

以咒文为基础的密宗流派。

⑥达瑜伽也称运动瑜伽或日月瑜伽。

◇ "哈达瑜伽"——唤醒生命能量

"哈达瑜伽"相对于与通过冥想走向寂静境界的古典瑜伽相反,是一种希望通过活化身体,让生命能够觉醒的"动的瑜伽"。哈达瑜伽是在《瑜伽经》出现了1000多年以后从13世纪时乔罗迦陀(Gorakhnath 又称高罗刹"Goraksa")著的《高罗刹百咏》(Goraksa Sataka)和16至17世纪时斯瓦特玛喇嘛(Svatmarama)著的《哈达瑜伽之光》(Hatha Yoga Pradipika)中汇整出来的。

哈达瑜伽的"哈"(Ha)指的是太阳或吸气,"达"(Tha)指的是月亮或吐气。顾名思义哈达瑜伽的核心主干是呼吸控制法(Pranayama)——也就是调整、控制"气"(Prana)的方法。特别说明一下,呼吸与气息在印度神秘思想里有着特别重要的地位,"气"象征的是"真我"(Atman)。

哈达瑜伽的奥妙在于怎样让原本休眠在脊椎骨最下方叫"昆达里尼"(Kundalini,也译"拙火"或"灵量")的原始能量觉醒,让"气"经由通过脊椎骨中心的管道上升,打开位于途中的叫"脉轮"(Chakra)的能量中心,使封锁在"脉轮"里的潜能开花。假若位于头顶的最后一个"脉轮"也能打开,就能达到"三昧"的状态。由此可知,哈达瑜伽的重点在于如何解除妨碍气上升的障碍,让"昆达里尼"觉醒。

哈达瑜伽的实践理论涵盖"呼吸控制法"——调整气息的方法、"体位法"调(Asana)——调整身体的方法、"印相"(Mudra)——调整整个身心的方法。

现在世界各地流行的所谓"瑜伽",几乎都是沿袭着哈达瑜伽之系谱。一提到瑜伽,人们最容易浮现脑中的印象是摆出各种姿势,并运用独特呼吸法的运动。但正确来说,现代人口中的"瑜伽",可说是把经由古典瑜伽延续到哈达瑜伽的传统修行法与实践理论,去除掉宗教性与哲学性面相后,只取出跟健康有关的部分加以实践的产物。

◇ **瑜伽眼中的人体宇宙**

哈达瑜伽认为人体内存在着七个脉轮。脉轮是由 72000 条经脉组成的。其中最重要的是中脉、左脉和右脉。人体中的生命能量"气"流通的脉络称之为经脉,由会阴部通过脊椎骨中枢神经抵达头顶部的是"中脉"(Sushumna Nadi)、呈螺旋状往上绕,连通到左鼻孔的是"左脉"(Ida Nadi),以及以同样方式连通到右鼻孔的是"右脉"(Pingala Nadi)。

这三条重要的经脉在人体内交汇,形成能量的聚集点,称之为脉轮。脉轮共七处,主要集中在喉部、心脏、肚脐、生殖器这四个位置,从下往上细分为:第一脉轮(会阴)、第二脉轮(生殖器)、第三脉轮(肚脐)、第四脉轮(心脏)、第五脉轮(喉部)、第六脉轮(眉心)以及被称为顶轮的第七脉轮(头顶)。

哈达瑜伽认为人需要修行以保证"气"的畅通。经脉和脉轮即使什么都不做也会被污物堵塞,所以需要用刺激的方式从第一脉轮开始,净化清除障碍,将所有的脉轮打开。

◇ **任何行为都有思想的根源**

将绳子由鼻子穿到嘴巴拉动、从肛门吸水进肠里洗净肠道、吞下一长条布条进胃里,扯动后再拉出来等等,这些常人看似古怪的行为,确是瑜伽行者修行的一部分。瑜伽行者会依据哈达瑜伽理论,做一些修行,让"气"保持畅通,为体内净化修行做准备。在进行了大量哈达瑜伽修行后,就连正常人无法控制的不随意肌或内脏都能以意识控制。

下一阶段为"体位法",在师傅的指导下,用身体摆出规定的各种姿势,让肌肉处在紧绷和松弛的交互过程。

然后便是"呼吸控制法",让随着呼吸而吸纳进来的无形之"气"充满在脉管里。具体就是先用左鼻孔吸气,然后短暂闭气后用右鼻孔呼出。然后反过来右鼻孔吸气,左鼻孔呼出。持续循环可使左脉和右脉互通"气"的气息,以让位于会阴的(第一脉轮)昆达里尼觉醒。

◇ **Mutra 让原始能量觉醒**

Mutra 是"印相"的意思。在佛教中的如来佛祖用双手表示功德的"手印"也是一种 Mutra。而在哈达瑜伽的修行中,印相需要用全身来结印,只用手是不够的。例如哈达瑜伽中的一个印相是通过收束肛门、喉部和横膈膜来封住气的"收束法"(Banda)。印相的最终目的是让原始能量觉醒。

哈达瑜伽具有代表性的印相是"摩诃法印"(Mahamudra,又称"大身印")。

瑜伽行者通过体位法、呼吸控制法、印相的修行,借用昆达里尼的上升力量打通位于中央的中脉,清除堆积于脉轮的污浊之物,净化自己的身体。

◇ **人体中的小宇宙**

哈达瑜伽认为人体中存在着一种用眼睛看不到的身体模型,能量在其中流动。

中国的中医也把人体视为一个充满经络、穴道的虚拟小宇宙,也有类似瑜伽的呼吸法或叫气功的运动,来控制体内"气"的流动。

瑜伽中的气和脉轮还有中国中医的经络和穴道,对现今科学来说还是存在一定未知性的,但它们某些有助健康的方法,还是有实际效果的。

◇ **哈达瑜伽属于湿婆体系**

在印度教、佛教盛行,坦陀罗思想(密宗)流行的时代,古典瑜伽过渡到哈达瑜伽,并也受到了这些印度潮流思想的影响。

哈达瑜伽的修行理论,充满了神秘思想(也就是神)的气息。例如《哈达瑜伽之光》强调了"哈达瑜伽是太古之初时,湿婆神示范给人类的"。在哈达瑜伽的人体理论里,每个脉轮中都有神坐镇。第一脉轮(会阴)拥有象征男性原理湿婆神的"林伽"坐镇,它身上还缠绕着一条沉睡中的蛇,它是湿婆之妃萨克蒂的化身。萨克蒂象征着的力量是原始能量昆达里尼。

哈达瑜伽认为如果女神觉醒,与其他脉轮中镇守的神灵相会后,若能到达最上方的顶轮,"梵"和"我"就会合为一体,人得到解脱。也就是说,哈达瑜伽相当于人体内的"女神之觉醒",并"与诸神之相会"。

◇ 五大元素隐藏在脉轮里

哈达瑜伽的人体理论和数论学派中假定的五大元素密切相关。

哈达瑜伽认为人的身体部位和五大元素呼应。由脚掌到膝部是"地"之元素,从膝部到肛门是"水"之元素,从肛门到心脏是"火"之元素,从心脏到眉心是"风"之元素,从眉心到头顶则是"空"之元素。五大元素以四方、新月、三角、六芒星以及圆形作为其标志。

哈达瑜伽还有男性原理和女性原理以及二者合一(性行为)的修行,是印度神秘思想的大成。

印度思想中的人体

◇ 阿育吠陀含义是生命知识

印度的传统医学"阿育吠陀"(Ayurveda)和拥有数千年历史的中国医学并称为东方医学双璧。

阿育吠陀中的的阿育(Ayur)译为生命,吠陀(Veda)译为知识。阿育吠陀可追溯到古代印度河流域文明的时候。《遮罗迦集》(Caraka Samhita)和《妙闻集》(Susruta Samhita)等医学书籍始著于公元3至4世纪,其将相关知识体系化。阿育吠陀与哈达瑜伽都是以数论学派哲学理论为背景的。

数论学派哲学认为一切物质(包括人体)都是由"地、水、火、风、空"这五大元素为基础组成的。而三要素理论(Thridoshas)认为物质会受到三种"督夏"(Dosha,意为生命能量)影响,三个督夏取得平衡是最理想的状况。二种督夏,分别是拥有风和空之元素的"瓦塔"(Vata)、拥有火之元素的"皮塔"(Pitta),以及拥有水和地之元素的"卡法"(Kapha)。

每个人都可以根据自身属于三种督夏中的某种体质,而分为不同的类型;不同的类型分别有不同的生理特性。例如"火之元素较强的皮塔型人,脸色红润,个性热情,食欲旺盛,但容易腹泻",或者是"水与地之元素较强的卡法型人,身材壮硕,个性温和,但有便秘倾向"等。

◇ 阿育吠陀的医学理念

"督夏"的力量在不同的时间会不断变化；例如"卡法型人在年幼时、春天，或是六点到十点这段时间比较占优势"。阿育吠陀的医学理念就是控制督夏力量的变化，努力使其平衡。

关于阿育吠陀的"三要素理论"：

阿育吠陀净化体内毒素的方法主要有调整督夏为目的的饮食疗法、服用药剂、精油按摩、排汗疗法等。

阿育吠陀作为一种健康疗法备受瞩目。以"阿育吠陀"为名的民间疗法与哈达瑜伽一样，都是从基于印度思想的医学体系中，取出其中一部分来运用。

而阿育吠陀假定了"督夏"这种眼不能见的某种波动，并尝试维持其平衡的想法，与中医学的概念有共通之处。

中国医学基于阴阳五行说对体内的"气"进行控制，以维持健康。中医认为气失去平衡会导致病痛，所以采用设法让气回复正常流动的疗法。而印度也有着起源于其哲学及古代思想的传统医学。

第九章
理性与信仰并蓄
——现代印度思想的精髓

　　印度哲学思想历史悠久、源远流长,丰富多样,至今已有2500年的历史,涵盖了几大主要的宗教传统。在印度,传统上人们不管关注什么,都试图去理解它的本质。换句话说,哲学在印度并未当成一种专业性的学术追求,而是人们生活中不可或缺的一种内在或者说精神上的一种追求,它时刻伴随人们对现实即事物的真正本质探究存在。或许大家会说,西方人所说的宗教和哲学在印度是合而为一的,因为在印度,人们总是试图从最广义的层面去理解生命的本质。相对于把宗教看成一种带有启示性的信仰、把哲学当成一种学术性思辨的西方思想,印度人的思想更切合苏格拉底的理论。

思考与信仰

　　我们首先要探究的印度哲学的本质,对此作进一步的探索是必要的。德国伟大的哲学家伊曼努尔·康德认为通过逻辑推理即可以了解事物的本质,并将上帝从中分离出来。从那以后,在西方,哲学和宗教便被分为两个不同的领域。人们一直认为在宗教这一领域中,"信仰不可捉摸"不仅得到允许,同时是必需的;有时仅仅因为某人的身份,他所陈述的事情便可被赋予至高无上的地位(即他们所说的一切,无论是否能得到证实,就算大家有所怀疑,都一样会被视为真理);同时还存在着不同程度的"另类",比如超凡的上帝,一些具有超人类或超自然地位和/或知识的人,以及/或者各种类别的超人类或超自然的力量源泉。所有的这些因素，或其中任何的因素，都受到了不同宗教传统拥护者的"信奉"，不过有人是深信不疑，有人是将信将疑，这些人便是我们所熟知的"信徒"。

　　信徒都坚信宗教修行是与他们的命运直接相连的。只不过，有些人认为他们的宗教信仰和修行会影响他们此生的生活；有些人则认为这种影响是在他们死后才可体验到的；有些人认为现在和死后，他们身上所发生的一切，都是由他们的信仰和修行所直接引发的；还有一些人认为他们的命运完全受控于他们所相信的超凡的、超人类的强有力的"他者"；甚至有些人认为这是以上两者共同作用的结果。不管怎样，正因为信奉宗教信仰和修行与个人命运——尤其是死后的命运——之间的关系，宗教才被归为耶稣救世学，或是"系统的灵魂救赎"。

　　耶稣救世学这一宗教是由希腊语中的意为救世主——soter 一词演变而来的。一个系统能否被称为耶稣救世学并不是非得有一位真正的救世般的人物存在，而是在于相关信徒的命运是否被认为与他们的信仰和修行有着直接联系。

　　然而哲学这门学科自康德以后主要关注的是，仅借助理性的论辩对可知的实相的本质与结构进行探究。换句话说就是不管哲学家们关注的是什么具体的主题，他们研究的方法必须在逻辑上无懈可击：信仰不可捉摸是不被允许的，任何人的话语都不能凌驾于理性之上，任何一种修行都不能超出人类知识能力的范围。此外，无论其内容如何，哲学探讨都被一概看成具有其自身的知识目的，而且可能对任何事物都不产生影响。哲学完全不是什么耶稣救世学，这正是它区别于宗教的一个很重要的方面。

　　对于宗教与哲学的划分，需注意以下两点：首先，尽管它们之间存在差异，这两个领域仍然会关注一些共同的内容。其次，即使在西方，这两者之间的差异也并不总是泾渭分明的。而两者间的共同性在于，宗教与哲学在根本上都关注实相的本质。譬如，有一种教义认为：有一种存在被称为上帝，众所周知他在整个宇宙中都是超凡无比的；上帝是万物的创造者，他创造了拥有不朽灵魂的人类所生存的世界；一个人的所作所为会影响他的来世。透过这一小段内容，我们就能了解到，根据这种宗教信仰，实相是由两种完全不同的存在物（即是上帝与非上帝）组成的，不可能再有其他任何事物，因为上帝是万物的创造者。我们还能从中了解到,非上帝这一类中至少有一部分存在物是众生的(所有个体的灵魂),而且是永恒的。最后这一点非常具体地告诉了我们一些有关人类本质的重要内容:人类本身就是实相的一部分,实相可能是由众多方式中的任何一种来组成的。除此之外,我们还知道有些因果系统会把当前的行为与将来未知的某种存在方式联系起来。同样地哲学也十分关注两个关键的问题即实相是如何从根本上构成的,人类的本质是什么。

宗教与哲学共同关注的另一个问题是,一个人怎样才能找到这些关键问题的答案。在我们假想的这个宗教案例中,如果教义是由一位超人所给予而且信徒们把他所说的话都当成真理来接受,那么一个人的知识便是通过"启示"(或者被称为"言语证词")来获得的。事实上,在日常生活中我们所有人都非常依赖言语证词。比如,那些曾经亲眼目睹过南极洲的人会说,南极洲就在地图上标明的那个地方,我们便会把他们的描述作为事实来接受。同样,从未经历过分娩的人,也会根据那些经历过的人的描述而相信分娩是非常痛苦的。我们都会习惯性地根据新闻记者、老师、作家、科学家、专家学者等所说的证词,来了解各种各样的事物。一般情况下,通过这种方式所获得的信息,至少在原则上都可以得到验证。但宗教领域却不是这样。造成这种差异的原因不是因为了解的方式不一样,而是因为宗教里的主题都是无法得到验证的。因此,对宗教师长所给予的信息,只能基于笃信而加以接受,或者说"信奉"。哲学家对这种不可验证性是不接受的,且认为这种有关实相本质的信息是无效的。对同一主题,哲学家只会借助理性的或逻辑的认知过程来进行研究。所以,哲学这门学科特别关注其自身与所谓"知识的限度"的关联。也就是说,哲学试图建立一套标准,并据此来鉴别资料本身是否可以被合理地理解为有效的知识。有关认知的理论(我们如何来认识)也叫认识论。

宗教与哲学的共同关注

形而上学把实相的本质视为一个整体,它所探究的是实相怎样从根本上形成、实相的构成成分的种类和性质以及这些成分之间的关系。世界/万物/宇宙、人类、其他存在物和因果关系都是受到关注的重要领域。

认识论(源于希腊语 episteme,意为知识)研究认识的方法包括逻辑论证或推理、推断、证明和感知。

宗教与哲学之间的界限并不总是泾渭分明,西方的哲学传统起源于公元纪年前的希腊,在当时的社会背景下,很多人都试图对实相的本质有更多的了解。目标与目的都是为了获取这方面的智慧,任何与这些相关的顿悟都被看成是智慧:于是便产生了哲学——"爱智慧"。哲学探讨与我们所理解的耶稣救世学在概念上没有任何相通之处。但是,那些由伟大的希腊哲学家们所提出的各种关于实相本质的假想,却依然包含了部分宗教议题。他们关注的是世界、人类以及人类寻求智慧的重要性这三方面的本质。这被看成是人类所能进行的最高层次的活动,如果可能,应当全力追求。苏格拉底曾经特别给出过建议,就是思考一个人怎样把追求智慧与过上最好的生活结合为一体。

继希腊人之后,公元纪年的西方哲学在长达数世纪的时间里,一直被那些宗教意识浓厚以及试图对"上帝的世界"有更多了解的人所主导。一些具有伟大独创见解和巨大影响力的哲学家,诸如奥古斯丁、安瑟伦、阿奎那、笛卡尔、黑格尔等,都是修行的基督徒,他们都试图将宗教问题与哲学问题融合起来而非分离开来。但是,这些伟大的思想家们关注的范围都非常广泛,其中一个特别被关注的问题就是上帝是如何适应实相结构的。基督教教义认为上帝的存在就像是教义中的一个信条,是不言自明的,不过也有人想通过理性的论证来确定上帝的存在。如此,信仰与理性便会和谐一致,彼此无争。笛卡尔就曾对此作过专门的论证,认为上帝的本质在于,一个人完全可以依靠上帝的帮助来克服独自推理的局限性。因此，为了寻求理解，信仰与理性便结合起来，并在事实上也扩展了这种理解的可能性。这些哲学家都很清楚他们在做什么，且都相信他们所采取的方法是完全合理有效的。在信奉基督教的西方，第一个对为了寻求知识将信仰与理性融为一体提出严肃质疑的哲学家是康德。康德坚持认为，一个人能够认知多少确切的事物，严格地受限于借助推理所能探知的范围，与上帝没有任何关系。作为一名虔诚的基督徒，康德相信上帝是存在的。但是他依然把这种信仰与哲学逻辑分离开来。并表明人永不可能得到关于信仰问题的确切知识；这些在过去和将来都只能是信仰，而确切的知识则属于哲学的范畴。

因此，当代的西方哲学派别声称，他们只关注某些确定的知识，也只研究那些可以通过逻辑论证来思考的问题。并严格地执行这种方法标准，导致从 20 世纪初开始，大多数哲学家都不再关注那些重要的形而上学方面的重大问题，譬如，那儿有什么？存在什么？关于实相本质的绝对真理是什么？一些人说，回答这些问题所牵涉到的推理过于思辨，无法将它们可靠地限定在可理解的范围之内，因此最好还是将这些问题搁置一边。而另外一些人甚至主张，那些与可能超越人类经验的任何事物有关的问题，在本质上都是毫无意义的。因此，现代哲学倾向于关注一些与各种逻辑分析和语言分析有关的具体而专业的问题。早期的哲学家在谈及他们在追寻智慧或理解的过程中应该如何生活时，都曾讨论过诸如伦理和善这样的话题，这些话题多被当成智力上的一种抽象来加以探究和论辩。专门的哲学已经从个人的追求中分离出来，而且对于很多人来说，哲学本身只有在这种现代意义上才能被理解。

所以，在研究印度哲学传统的起源和发展时，应该更多地从传统或本源的意义上去理解哲学思考的作用。在印度，哲学试图去理解实相的本质，它的意义是人们相信对实相的理解会对个人的命运产生深远的影响。对所有人来说，它都是一种与宗教传统有关的活动，也就是我们所说的宗教事业，只不过对有些人来说，它是直接指向耶稣救世学，而另一些人却不是这样。直到近代，西方的传教士和学者为了让印度宗教更容易被纳入西方的概念框架，对根据的特点对其进行派系的区分之后,人们对他们所指出的宗教和哲学之间的这种差异才有所了解。

或许是因为在印度宗教和哲学之间存在着交叉,西方有一种认识倾向,认为印度思想是"神秘的"甚至是"魔幻的",与西方思想的"理性"是截然不同的。这种认识是错误的。这一观点源于某种浪漫化的思想体系,并以不同的方式呈现出来,同时还把各种"异域"内涵的东西仅仅归入不熟悉之列。实际上,印度有着牢固的理性论辩的传统,这种理性传统对印度各种不同思想体系倡导者的意义与他对西方伟大哲学家的意义,是同等重要的。

对于那些初次研究印度思想传统的西方人,不管他们首先关注的是宗教还是哲学,都会遇到两个既相同又相对的问题。首先是要在那些看起来令人迷惑的多样性中找到一些可以理解的东西;其次是不能强行给资料本身套上束缚,以至于忽略了这种多样性的方方面面所体现出的重要意义。后者的一个典型例子就是"印度教"(Hinduism):由于印度教这一名称的存在,西方人就想当然地把它和其他的一些"主义"或"学派"(isms)等同起来,认为它也是一个单一而又具有整体性的教派。直到今天他们才获知,印度教这一名称不过是19世纪一些西方人给一种高度复杂和多样化的思想体系所贴的一个标签而已。在公元纪年刚刚开始的时期被欧洲和中东所覆盖给它们的"宗教"贴上一个单一的标签——印度教这么一个区域,我们需在更大程度上去阐释和理解它的思想传统的内涵,才能还原它本来的面目。

就像欧洲和中东的宗教和思想虽在许多方面不同却有着某些共同的起源、主题和结构,且在很大程度上共有同一种世界观和概念框架一样,印度传统内部的情形也是这样的。因此要想剖析并理解这种复杂性,就得找出那些共同的起源、主题与结构并且要对印度思想产生、流变于其中的世界观及概念框架有充分的了解。幸运的是,在这方面印度也经历了一段与古希腊时期遥相呼应的年代,即印度哲学传统也恰好是在这个时候出现。尽管这些早期的印度思想家汲取并发展了一些较早的思想和资料,其中有些内容是我们已了解的,但是一直到公元前5世纪,那些具有清晰特征的思想流派才开始相互承认,而且相互影响、辩论并试图驳倒对方,有时不同派别之间也会相互融合。正是从这一时期开始,各种不同的学说研究出现并存现象,而那些仍留存在传统内的学说,约两千年后,则根据来源被称为"印度教",并建立了一些其他的教派,如佛教和耆那教。

真理的洞见

传统上,印度哲学也称诸见(darsanas),这一术语为我们揭示了印度哲学思想产生、流变于其中的世界观及观念框架的一个根本方面。Darsanas 的字面意思是"见解",即指对事物的认知性"洞察"。"见解"或"洞察"的所隐含的意思是洞察实相的本质,这反映出领悟实相的本质是印度哲学所探求的目标。那些最早传授具体诸见的师长被称为智者(rishis)。

由此可见,darsanas 一词同样也表明,人类在经验知识的意义上能够获得对形而上真理的真正洞见——这一观点已为众人所接受。洞察力,或英语中有时所说的智慧,在印度思想背景下指的不仅仅是智力知识。尽管理性论辩和智力论辩在印度哲学流派中都扮演着极其重要的角色——在某些流派中,几乎排斥了其他各种因素的作用——但是,人们相信通过各种脑力训练,可以使个人的认识能力得到提升和改变,从而获得超越其正常能力的远见卓识。我们可以发现,一些特定的诸见它的教义和观点建立在古代的智者凭借他们自身的形而上洞察力所作出论述的基础之上,这些智者论述它已被证明是完全真实有效的——真实到仿佛是他们亲眼所见或仅凭逻辑论辩就能得出一样。对另一些人来说,重要的是任何遵循诸见教义的人,都能"悟"到它所传达的真理。总体来说,这种获得形而上洞察力的能力被认为是人类普遍具有的特质,并不是那些自称具备此能力的人才在某种意义上被视为超人。重塑个人的认知力使他有可能具备这种洞察力,是瑜伽派的基本原理,由此而产生的洞察力就叫瑜伽感知。

这就是印度思维方式的世界观背景与西方世界观最大的一个差异,西方人是难以领会的。或许这正是西方哲学家趋向于只关注印度哲学中那些与逻辑辩论有关的方面的原因,同时这也是为什么其他人把印度哲学思想看成具有魔幻色彩或神秘性的真正原因。但是,从印度世界观的角度来看,通过有规律的思维训练是可以改变一个人的认知能力的,这个过程与系统地学会演奏一种乐器没有太大的差别。二者都需要长期的坚持操练以及身体与智力各方面的协调一致,都没有什么神秘可言,只是一种技巧罢了。

业报轮回

"业报轮回"思想是印度世界观的又一大特点。英文中 kanna 一词是由梵语 karman(羯摩)演变而来的,意为"业"。它的隐含意义是有业因而有果有报,业报是指如自然法则般运转的因果报应规律。这一术语本身完全是中性的,但不同的文化传统赋予它不同的价值色彩。同样,因果报应规律在各种文化中的地位也因传统的不同而有所差异。有业故有果报的业报基本观念起源于祭祀仪式中的行为。祭祀仪式被认为会招致某些特定的果报,这些果报有利于优化宇宙万物的运行。与果报相关联的祭典行为可为身业或为口业(出声即为"业"),而如果因果报应规律奏效,正确性尤为重要。因此业的正当或善取决于它的正确性,而这种与理解业报相关联的价值观与道德伦理是没有关系的。

到了公元前5世纪,伴随着对业报最早期的领悟形成的一种说法是,如果按照宗教师长所规定的职责去生活——"履行"职责,包括举行祭典,但不仅限于此——将会给个体本身带来善果。在这个阶段,业报与轮回的思想逐渐被联系起来,因为人们相信,一个人履行职责所带来的果,不管是善还是恶,都可能会在他的众多来生中得到应验,其中每一世的境况都是由这种方式来决定的。作为祭典行为的业,与履行规定职责的果之间是相关联的,这便含有一种关于正确性而非伦理道德的价值标准。在印度宗教传统中,这一观点在该分支发展的后期得到了强调,当时重要的宗教师长一再重申,哪怕草草地履行自己的职责都比越俎代庖仔细地完成别人的职责要强;不管看起来如何不道德,履行自己的职责无疑要比基于道德基础忽略要好。

在公元前5世纪,还有其他一些有关业报说的诠释,其中包括耆那教和佛教。耆那教主张一切业——他们将它分为口、身、意三方面——致使物质粒子附着于灵魂,正是这一点才使灵魂被业所束缚,并在无限轮回中不断重生。因为,耆那教也信奉个体应该苦行修炼,让灵魂得以摆脱业的桎梏,他们的教理暗示着业都是恶业:业无"善"果。相对应地,佛陀的说法认为业报本质上属伦理道德范畴,人们更关注的是由业产生的果。就业报法则而言,个体的意念用佛陀的话来说就是该个体的业:外在可见的行为并不重要,重要的是人们的思想状态。因此这里的业报法则并不是"业"的通常意义。

由此可见,业报指的是因果报应规律的运作,是整个印度世界观的基石,尽管不同的思想流派对其有不同的诠释,但依然是被除为数不多的激进唯物主义者之外的各流派普遍接纳的。自公元前 5 世纪起,业报的概念就与个体都经历不断轮回这一信念相互关联。业有果报是轮回得以延续的动力,而每一轮回的具体状况又与之前具体的业相关联。

掌握印度世界观的这一方面有助于了解洞察实相真正本质相关联的方式。大多数印度思想体系都宣称个人具备这样的洞察力,就可从限的业报中获得解脱。这同时也是哲学探讨的主要目标与目的,为了说明可以"洞见"真理,甚至描绘出实践者将会"见"到的东西,这正是各个思想流派都将建立教义的连贯性、合理性、功效性看得非常重要的原因。

第三篇

日本思想

第十章
日本近代思想的萌芽

人们把明治维新看作日本近现代史的开端。事实上，日本近代思想萌芽自幕藩体制的江户时代。

松本三之介归纳了三种探讨日本近代思想萌芽情况的视角。第一种是先破后立，从对封建社会的批判探讨近代思想的启蒙，这一派以家永三郎的《封建社会中近代思想的先驱》(《近代日本思想史讲座》第一卷序论)为代表。第二类以丸山真男的《日本政治思想史研究》为代表，从对德川时代的日本思想的探讨中，讨论新思想的萌芽的可能性。第三种，则是即使接受西方近代思想，也以日本传统思想为主，主要是根据接受方面即日本的传统思想的变化过程来探讨近代日本思想的萌芽方法，如丸山真男的《忠诚与反逆》。虽然如此，他强调，三者相互关联，甚至有许多重合之处，这种分类更多是形式上的，从多角度探讨形成中的日本近代思想，希望能从历史的意义上把握其构造性特质。

本章的内容是研讨日本近代思想在江户幕府的幕藩体制之中的酝酿生成状况，尤其是形成日本近代思想的各种思想诱因。这些诱因可以从实学观念的形成与洋学的发展、变革思想与批判精神以及国家意识的觉醒等方面来分析。最终深化我们对日本近代思想的理解。

实学观念的形成与洋学的发展

"实学"可以理解为"实用的学问"。其兴起的原因有三方面：生产力的增长与商品经济的发展；民众地位的提高；以及思想文化，原本的封建统治思想支柱——儒学从朱子学转回古学。在这样的情况下，人们把自然与伦理相分离，自然界开始作为独立于人的客观世界而成为认识的对象,人们可以开始推进实证的、经验的自然研究。

历史上,元禄时期(1688—1704)被认为是日本民族自生的实学形成的时代。实学史观的提倡者源了圆认为,"实学"有以下几个方面的基本特点:第一点,实学是以从中世的宗教的实在观向近世的世俗的实在观转换为背景而形成的学问,现实而使用,强调经世济民。第二点,实学的"实"是 real 或 true 的意思,不同于此前的学问、思想、价值观。实学希望探究,什么是真的学问,虽然实学对什么是"真"的认识也是不断变化的。第三点,实学大致分为"实践的"实学与"实证的"实学两种类型。从历史宏观的角度,实学是从实践的实学向实证的实学发展。

日本的儒学者中虽然也有"学宗朱子"、"学朱子而谬,与朱子共谬,但日本的儒学者对朱子那种将理与气区分为两个实体的想法抱有怀疑,而倾向于单纯明快的理气一元论的方向。这意味着日本学者将朱子理学解体而对理和气进行重新规定,从日本传统思想中,开拓出对学问的不同的思考方法的新的开拓。而这种新的开拓中,最重要的是"古学"的兴起。

日本学者挣脱中国宋代儒学的思想束缚,有个重要的标志性事件,第一个从体系上对朱子学提出全面质疑的是元禄时期的贝原益轩(1630—1714)。其所著的《大疑录》就明言:"理是气之理,理气不可分为二物。且无先后,无离合。故愚以谓理气决是一物。朱子以理气为二物,是所以吾昏愚迷而未能信服也。"此书被徂徕学派利用来攻击朱子学派,与太宰春台(1680—1747,名纯。徂徕的高足)的读后感一起刊行。春台的读后感称:"纯(春台)之少也亦读程朱氏之书,弱冠见程氏二性之说,而窃疑之。又因读易及礼记,而得举错字,乃觉论语朱氏之解谬,自是遂大疑宋儒,卒至排之。""予观损轩(益轩又号损轩)先生,其学不可及也,至排宋儒,予无畏于先生云。"

在荻生徂徕(1666—1728)独创性地将道德的要素从儒学的中心观念"道"中排除出去的同时,另一位学者伊藤仁斋(1627—1705)则是彻底排除了儒学的中心观念"理",尤其是其中的形而上因素。他在文章中称:"子必想外耳目之所见闻,而更有至贵至高光明闪烁可惊可乐之理,非矣。天地之间,唯一实理而已

矣。"他认为："圣人以天地为活物,异端以天地为死物。此处一差,千里之谬。盖天地之为活物者,以其有一元之气也。""理本死字,在物而不能宰物。在生物有生物之理,死物有死物之理,人则有人之理,物则有物之理。然一元之气为之本,而理则在于气之后。故理不足以为万化之枢纽也。"又说："天地之间,只是此一元气而已矣。可见非有理而后生斯气。所谓理者,反是气中之条理而已。……大凡宋儒所谓有理而后有气,及未有天地之先,毕竟先有此理等说,皆臆度之见。而画蛇添足,头上安头,非实见得者也。"即是说,形而上的"理"没有实际根据,那么建立在此之上的气,甚至整个儒学都遭到质疑。

日本在吸收中国的儒学后,进行了自己的本土化过程,本土化的重点在于,强调对外在事物、社会生活的关心,对日常经验、感性欲望的肯定,从先验的合理主义,走到经验的合理主义。荻生徂徕等人看重实证的思想,影响了当时的古方医学乃至洋学的先驱者杉田玄白(1733—1817)。

当日本的历史行进到享保时期(1716—1736),幕府推行殖产兴业政策,使得实学的发展得到了保护奖励。而且对思想文字书籍的查禁制度有所松动,在一些有识之士如新井白石(1657—1725)的引导推动下,统治者为兰学的兴起打开了方便之门。尤其是日本当时自身的本草学、古医方、和算等实学已经积累到一定程度,在上述古学实学思想的基础上,同样重视实用的兰学也得到了较大的发展。

锁国时代的日本,唯一允许进行对外交流的国家就是荷兰。因此所谓兰学,如大枫玄泽(1757—1827)在《兰学阶梯》中所说,"即是荷兰的学问",后来随着欧洲其他国家的学术著作翻译成荷兰语,从而传进日本,兰学的概念便扩大了范围。日本人对除荷兰语之外的欧洲语言进行学习的开始,是1808年荷兰商馆长道富(Hendrik Doeff,1777—1835)对六个学生进行法语教学。从此开始,欧洲各种语言开始真正成为日本人的学习和研究对象。到了幕末时代,西方的学问便总称为"洋学"了。

日本一开始引进"洋学"的目的,虽然是封建统治者为加强其幕藩体制而培育的,但是随着洋学范围的蔓延,其性质从单纯的关注技艺,发展到对治国之道等各种社会思想的传播,封建意识形态便阻挡不住它的思想锋芒的传播。因此,幕府对洋学既有利用的一面,也有打击的时候。前者主要是出于海防与军备方面的需要。甚至设置藩书调所,把洋学官学化。后者即幕府对洋学的打击,如"蛮社之狱"。洋学在封建体制中的位置,大致分为强调其封建社会的自强者和对封建制的批判颠覆者两类。长期的锁国,对洋学的认可意味着接受西洋科学技术优于本国,因此就必然地会引起人们探求西洋的社会结构和思想文化的兴趣。

日本人对中华意识和封建体制的批判意识,起源于以上两点。古学的兴起,主要是对宋学的批判,而洋学的发展则开阔了日本人的视野,这时著名的思想家,古贺侗庵(1788—1847)在其《殷鉴论》(1813年)的序中说:"予所最虑者,世之儒先,自幼迄老,沉酣唐人之书,阿其所好而不觉其弊。政出于此,卑以为不足视。事出于此,则叹以为不可及。幸不遭时耳。使之异日得志,以平日所学所志,施于有政,不审时势,不审事宜,欲以唐人文具无实之治,治当今浮薄之俗,是以水济水,助桀为虐也。即不得志,播扬其说,以诲人道世,其流祸何所不至,此可惧也。"此段话深刻揭示了当时许多日本思想家和学者的心声。

值得注意的是,日本学者对儒学思想的批判并不是否定儒学本身,他们反而认可儒学的圣人之道或圣贤之教,批评的主要是食古不化的腐儒,诙谐地称之为"放屁儒者"(平贺源内语)。而在对封建体制的批判之后,则顺理成章地引入四方思想,开始了对人的平等观念的认识和强调。如司马江汉在《春波楼笔记》中的记录:"上自天子、将军,下至士农工商、非人乞食,皆为人也。"还有杉田玄白在《形影夜话》中也说:"所谓人,上至天子下至万民,除男女之外无别种,然分上下立位阶,又为其各自命名而定四民之名目,为人者皆同为人。"

变革思想和批判精神

德川幕府统治时间较长,进入18世纪初期之后由盛转衰,农民疲敝、武士贫困化,各种社会问题和阶级矛盾逐渐暴露,生产力的发展开始减缓甚至停滞,幕府第八代将军吉宗(1716—1745在职)立志强盛国家,以其专制权力重整幕藩,开始"享保改革"。而徂徕思想被认为是"享保改革的智囊",是"为重新强化封建统治的意识形态"。

而徂徕的思想,具有批判的性质。这一点可从其代表作取名为《弁道》《弁名》的"弁"(辨)字上表现。这一个字锋芒所指的,是朱子学以及仁斋的"古义学",及闇斋学派的"作为奴隶的思想的朱子学"。徂徕力图切断儒学的"内圣"与"外王"的联系,希望儒学成为一种强调"制度万能论"的"政治学",去除儒学对当前某一种政治制度的维护立场。此外,徂徕的批判精神还从其君臣关系论可以了解。

安藤昌益(1703—1762)曾经称为"被遗忘的思想家",他的思想在20世纪初被狩野亨吉发现时,被加上"社会主义"、"无政府主义"、"农本主义"之类的标签。此后日本思想界中,"农本共产主义"、"农本民主主义"、"反封建主义"、"革命思想家"等名目陆续出现和发展。甚至有人指出在"日本的文革派"中存在着"将昌益的思想与毛泽东思想一体化"的倾向。而中国的研究者则侧重将其视为"唯物主义者、战斗的无神论者"。总而言之,安藤对既存社会秩序的彻底批判,在日本思想史上也是极其罕见的。

也许社会批判家的出现并非偶然,因为中外都同步出现了这样的思想家。如中国的黄宗羲(1610—1695)及其著作《明夷待访录》(1663年序),又在西方出现了卢梭(1712—1778),而日本也先后出现了像上述室鸠巢、安藤昌益这样的社会批评家。

此外,还有一个人物——山县大贰,他是江户时代因批判幕藩体制而被处死的第一人,史称"明和事件"。1765年关东地区爆发了20万人的农民暴动,而这次暴动的指导理念,便是来自山县大贰。

山县大贰对幕府的批评,主要集中有三点。

一、对士气、民风的批评。他激烈批判了当时社会的阶级情况,尤其是士农工商的关系,他认为,合理的社会关系中,应该是"士善服官政,以劝天下之义;农善务稼穑,以足天下之食;工善制器物,以济天下之用;商善为贸易,以通天下之财。此四者,上奉天职,下济人事,相亲相爱,相辅相成,不可以一日相无者也"。他痛斥当时不合理的人压迫人的社会制度。

二、他的官制思想，"尚文"而不赞同了武家政权带来的"军国之制"。他有如此言论流传下来："长国家天下者，有文而后武可言也；有礼乐而后刑罚可行也。不然徒刑与罚之任，则非戕贼夫人而何也。"又道："文以守常，武以处变者，古今通途，而天下达道也。如今官无文武之别，则以处变者守常，固非其所也。且夫诸侯者国君也，受各方土，世袭其爵。有社稷焉，有民人焉。尚且以将校自处，专出无文之令。乃至如计吏宰官之类，终身不与武事者，亦皆以兵士自任，一致苛酷之政。"他认为，"尚武"的统治言论，是"蛮夷之言"。

三、山县大贰思想的第三点，表现在对身份世袭制度的批评上。

为了现实地策动变革，大贰做了许多探索，自己也和家人、妻子脱离关系，其所谓"农民兵"的构想，被认为是幕末有志之士组织的"有志队"（久坂玄瑞）、"奇兵队"（高杉晋作）的先导。

大贰的思想，来源于其面对混乱的现实世界时的感慨，作为仁为中心的儒者，他自然产生了儒家学者普遍持有的"王道政治"的憧憬。然而为了这一理想，他的批判精神和他为此付出了生命的代价，在日本历史上具有重要意义，也推动了日本思想史的发展。

国民意识的觉醒

古代日本虽然把整个日本大陆视为整体。但行进到幕府时代，幕藩体制把日本割据为大大小小的二百多个藩，人们的国家意识，更多是一种本藩或者领土意识，而非真正将日本作为一个整体的地理意义上的国家意识。

日本国民的意识或领土观念的产生，是在处于蒙古袭来等这种对外危机之时，尤其是在俄国或欧美诸国进入日本的江户时代中期以后。这种国民意识的觉醒，是日本建立近代国家体制的思想基础。

德富苏峰在其著作《吉田松阴》（1893年初版）中说："国民的观念乃相对的观念。与外国接触以来此观念才得以发挥。现在蹈海涛而如邻居之相互往来，西南群岛或葡萄牙、西班牙、英吉利(在封建武士看来)远若星辰,(而在他们看来)日相交涉只不过是咫尺相接的邻藩。这样,在封建武士的眼中,没有日本决不足怪。他们的国民观念,只是有关其一藩的观念。他们的所谓国家,仅仅意味着一藩","在封建武士的思想中,就是鸡犬相闻的邻藩都不相关,何况海外万里的世界"。"外国的警报直接诱发了对外的思想,对外的思想直接发挥了国民的精神,国民的精神,直接鼓吹了国民的统一。国民的统一与封建割据决不两立。其外国这一思想,产生了日本国这种观念。日本国这种观念产生之日,就是各藩的观念消灭之日。各藩的消灭之日就是封建社会的颠覆之日"。

众所周知的锁国观念,也是一种国民理念,锁国的国民意识是以海防论、富国强兵论与尊王攘夷论等思想表现出来。这也就是丸山真男所说的"前期的国民主义的诸形态"。

如德富苏峰所言,当锁国政策遭遇外国入侵的警报,国民统一观念就此萌发。1771年俄罗斯的船只漂到了阿波(今德岛县),1778年俄罗斯商人来到虾夷(北海道),要求通商。到1792年俄罗斯派遣日使节拉克斯曼(Adam Kirilovieh Laksman)来到根室,要求通商。1803年美国船只来长崎,要求通商。1804年俄罗斯使节勒乍诺夫护送漂流民入长崎港,要求贸易,等等。嗅觉敏锐的知识分子对此产生了警觉,如林子平在(1738—1793)1786年刊行的《三国通览图说》,从国防的观点分析了虾夷、琉球、朝鲜三国及小笠原诸岛的地理及人文习惯。后又著《海国兵谈》(1791年):"其意以为,我国海国也,要在备于海寇。"提出日本作为海国,应该有相当的武备,"海国者,外寇之来,既易亦难。所谓其来之易,如军舰得乘顺风,距日本三四百里之远海,一二日即可奔来也。如此易来,不可不设备也。所谓亦难,四方皆大海之险,姑不得妄来。然不可恃其险而怠于备。"而当时幕府即以"奇怪异说"、"不悼公仪"等名义软禁他,没收书籍板木,处罚出版者。这一事件,就是著名的"海国兵谈之笔祸"。虽然幕府也默默采纳了他的观点,向沿海诸侯发布异国船防备令,还制订了江户湾的防备计划。1797年大原小金吾在《北地危言》中称"外寇乃天下之敌,非限于一国之寇"。可以说,西方外来者的强大和潜在的威胁,使得越来越多的学者打破狭隘的藩国概念,开始有了统一国家的意识。

第十一章
明治前期的启蒙思潮

井上哲次郎认为,根据思想潮流划分,明治时期可分成这样三个阶段:第一个阶段是明治初年到明治二十三年(1890年),第二个阶段划在从明治二十三年到日俄战争结束,即到明治三十八年(1905年),此后从明治三十八年到明治四十五年(1912年)则是第三个阶段。著名事件有《大日本帝国宪法》与《教育敕语》的颁布、甲午战争及日俄战争的胜利等。

新思想的启蒙与新国家的构想

从1853年培里来航之后,日本政府开始重视外来思想,在1856年进一步强化原来"洋学所"的重要作用,并改名为"蕃书调所",成为日本最著名的研究洋学的一所官学。不仅招揽教授和学生潜心研究西方文化,还具有外交机关的职能。这一机构是当时日本社会的维新基础,培养了大量的维新学者。

历史的进程虽然只有一个结果,但始终有着多个方向,在日本维新的时候,甚至整个日本近现代思想的发展中,儒学、国学(神道教)、佛教等传统思想也依然活跃。一些儒学研究者认为"明治的'文明开化'是西洋化的同时,也是朱子学化"。而一些佛学研究者"确信佛教不是处在近代思想的边沿,毋宁说其占据了极为中心的位置"。而神道教也称:"刚刚维新之后的仅两三年之间,热烈的神道人持以神道精神作为国家的基础来巩固之志愿,而策动政府,这是确然的史实"。之后"国家神道"成为一种统一国家的意识形态、培养和强调了日本的"国民精神"。学者丸山真男曾描述当时的情形,称当时最大限度地体现了"日本人精神状况中的杂居的无秩序性"。他表示:"如果把我们的思维方式分解成一个个要素,再分别追溯这些要素的谱系的话,就会发现有佛教的因素、儒教的因素、萨满教的因素、西欧的因素——总之是最终,在我们的历史上印下足迹的所有思想的片段。问题在于这些因素皆杂乱地同居在一起,其相互之间的理论关系和该占的位置全然不明确。……我们的传统宗教,没有一个能发挥与新时代流入的意识形态进行思想交锋,并通过这个交锋使传统发挥自觉再生的作用,因此,新思想一个一个地被无秩序地积埋,使近代日本人精神上的杂居性愈演愈烈。"综上,日本文化中,混杂多种文化是其最大的特点。

自由民权运动

日本的自由民权运动始于1874年1月17日板垣退助等向左院提出《民选议院设立建白书》,结束于1874年1月17日板垣退助等向左院提出《民选议院设立建白书》。

对于整个日本的自由民权运动,学者色川如此说:"自由民权开始至19世纪80年代,这一时期对日本的农民阶级而言,的确是未曾有过的学习热时代。……嘤鸣社、国友会、交询社这些都市知识分子的团体不仅在东京,而且被邀请到关东、东北各地进行讲演(仅嘤鸣社一社,在1881年11月至1882年6月这半年多时间内,就在福岛县等关东六县举行了115次演讲会,在全国各地设立了29说。地震也罢,洋人逞强也罢,琉球人作将军也罢,只要米价便宜,能够像原来一样一日可以吃三顿米饭,此外没有别的愿望。"虽然大多数民众认为,"政治"和"民权"离自己很遥远,但仍然对这些事情都有所耳闻。但到了1879年,无论大都市还是地方,"以谈论国事政体为目的"的结社与演说集会盛行,甚至引起了政府的高度重视,并且派出了警察加以干涉,防止"万一其举动煽动民心、妨害国安"。到1880年初,有报道称:"府下以嘤鸣社、交询社、协议社、共存同众社、讲谈会社为首的为政谈组织大大小小17社、社员有16670余名。"

然而,这种集会演说一直处在政府的严格管制之下,其思想宣传的效果的大小有待研究。但如色川大吉所指出的,地方民权结社的意义,除了从事国会开设请愿、起草宪法草案与扩大民权组织等政治活动,社员之间的互相学习、相互扶助、劝业殖产、大众娱乐以及交流感情等,也促进了日本国民人格的全面发展。因此结社有着深远而广泛的思想性和社会性意义,甚至孕育了从根本上取代传统人际关系组成的的创新胚胎,推动了日本国民国家的形成。

第十二章
日本的思想与美意识

在了解完日本近代思想的发展过程后。我们再来了解日本思想的整体进程。

日本思想的起源,一般认为是在接纳了印度和中国思想之时。正如前文所述,日本文化具有混杂和包容的特性,日本人对外来的新思想具有强烈的好奇心,在分析研究的同时,可以迅速把外来思想本土化,成为日本人乐于接受的文化。这一民族习惯促进了日本近代化国家的进程。

此外,日本自己独有思想,也展现在以文学或美术等表现出来的美意识之中,被世界所接受,对世界文化产生影响,甚至在某些方面还引领着世界文化发展的潮流。

日本思想的原型奠基于独特之环境

◇ 信仰"自然"与"灵"的古神道

任何地区的思想文化的发展,都受到当地地理风土环境的影响。所以对文化的研究,一般可以从此入手。

日本地理条件与中国或印度非常不同。第一,日本不存在像黄河、长江或是印度河、恒河那样,贯穿和哺育整个国家的大河。这种大河对于人类既是恩赐也是惩罚,既为人类保证必须的水资源,能带来丰沛的水量润泽大地,但同时也有大河会残酷地定期出现泛滥洪灾的,冲毁人们辛勤建成的农地与家园。其次,日本的自然环境没有大起伏,不存在会严重阻挡人口移动的大山脉或大沙漠,同时也没有供养庞大人口的大平原地区。日本是一个被海洋包围的岛屿国家,这样的地理环境严重限制日本和外来文化的往来交流。

对于日本人民来说,日本拥有丰富的生态系,以及四季显著不同变化的自然美景,如小桃源一般。因此,日本人把这些组成美景的自然事物,如山与瀑布、巨木与石头等,都看作神。这是日本本土古代信仰"古神道"的基础,这一信仰就是对自然的崇拜,现代日本人仍然把自然视为神,崇敬自然的神奇美好。

"古神道"的一大特征,是认为来自于自然的神,都保持"最原始的自然姿态",而没有像其他宗教一样把神人格化。那白山或富士山、三轮山等山为例,在日本人的信仰中,山本身就被当成"神体",而只要把注连绳绑在神所附身的树木或石头上,便能作为区分人界与神界的分隔线。同时,日本人认为神可以降临和附身到任何物体之上,神在万事万物之中。著名的"一粒米饭上有三百个神灵"的谚语也来自于此种思想。

而在6世纪时,印度佛教经由中国和朝鲜半岛传入日本后,日本的古老神社(即神之居所)受到寺院建筑的思想影响,也成为古神道常设的神殿建筑物。神社一般由以下几类殿所组成——有着神降临的场所(本殿)、遥拜神的场所(拜殿),以及表演舞乐供神观赏以取悦神的舞台(神乐殿)等设施。

◇ **祖先信仰**

日本人的第二大信仰,是将祖先作为神崇拜。日本人这一祖先信仰,应该起源于中国。众所周知,中国儒教有着崇拜祖先的习惯和观念。而在日本,江户时代时期,幕府制定了让所有日本人都成为佛教徒的"檀家制度",把以前的祖先崇拜的丧葬法事等相关礼俗,转为佛教寺院负责。这一制度习惯,保存至今。当代,日本人普遍有着祖先信仰,即"祖先随时都在身边,守护着子孙们"的思想。

◇ **日本人对"灵"的兴趣**

自然信仰与祖先神信仰的基础,都是相信"灵"的存在。这一点是日本的信仰与其他宗教共通的所在。但是,日本人并不试图以"人的智慧"来穷究"灵的存在性"。因此日本思想纯粹作为信仰的灵性存在,并未往哲学方向进化。而这一点延续至今,即使科学发达发展,仍然没有改变。而欧美社会对基督教与科学的关系一直充满困扰,日本人对信仰的态度有其独特性。

现今，日本流行一种"心灵风潮"，表达出，享受科学发达之成果和文明社会之便利的日本人，在内心深处信仰"灵"的存在。这是一种对于古代文化和祖先智慧的回归的本能吧！

◇ 神没有次序排位

日本人的信仰重视自然和"灵"，并未形成所谓的教义，也未对神的序列进行整理。虽然众所周知，天照大御神是日本信仰的主要神，但天照大御神在日本人的信仰中，并不同于其他神教中强调的"造物主"形象。天照大御神最重要的意义，是被视为是天皇家的祖先神，因此受到重视祖先信仰的日本人的肯定。

在日本人所有的神话信仰中，诸神之间的关系不同于现世的阶级社会，不存在什么上下关系。虽然《古事记》或《日本书纪》神话里出现的神，依记载的历史来看，存在着尊卑长幼关系。但各地都有独自的信仰，信仰中的的自然神或道祖神、建筑及土木工程开工时的'地镇祭'所拜的土地神、过年时会下凡来的岁神等，为数众多，却根本没有所谓区分地位高低的排序。但在祭祀方面，著作《延喜式》里有着明确的规格安排，依据神社的神格和里面依历史与祀奉之神，对神社有着平等的排序。

◇ 信仰的博物馆

日本人的"八百万之神"思想认为，一共有八百万的神灵，"神会降临在任何东西上"，神灵无处不在。除了之前所提到的自然信仰与把祖先信仰之外，日本也有萨满信仰。萨满信仰主要分布于东亚地区。而被记录记载着，'能使鬼道'的卑弥呼女王也是一种萨满信仰。在当代日本社会中，仍然存在被称为 Itako 的灵能者。可以说，日本人虽然认为自己信仰佛教和神道，但对各类外来信仰、泛灵信仰（Animism）或萨满信仰，却也被日本人毫无排斥地接受了。

由于中国或印度许多思想都被吸收进日本里。日本文化接纳外来文化，并能迅速学习并进行本土化，具有混杂性。因此日本信仰也一样，不论是异国的神还是宗教信仰，也能迅速将其吸收，转成为自己的神。而随着历史上诸多思想汇流至日本，被日本文化吸收和保留，因此日本也可说是世界各处信仰的博物馆。

由好奇心孕育的日本文化

◇ **外来思想与日本文化之关系**

日本思想文化和文明进化的模式中,有一个法则,就是"由外国传入崭新的思想或技术时,便将其与传统价值观对照,试着将其融合"、"短时间内便将其消化、实用化"、"外来思想一旦中断,便利用之前吸收的养料发展国风文化、传统文化,使其成熟"、"再有新的思想传入,便依前述顺序重新再来一次"。在对日本文化的发展研究后,学者发现了这样一个模式,是这个模式使得日本文化能一步步向前进展。无论是从佛教传入到平安中期的国风文化、从镰仓新佛教到东山文化、从安土桃山时代的西方文化传入到锁国时期,再到元禄文化,以及从开国到明治的欧化政策等,其在日本的发展和对日本的影响,都有这个模式的痕迹。

◇ **日本思想发展的原动力:"好奇心"**

当中国活跃着诸子百家的时代,印度出现释迦牟尼和印度哲学开始发达的时代时,日本甚至连自己的文字都还没有。因此相较于中国和印度两大文明古国,日本思想的起步非常晚。然而,当前日本的文化在亚洲发展程度,不低于任何一个国家。那么,日本文化能飞速发展的奥秘在何处?

这一奥秘,也是日本思想史的有趣之处。一旦接触了新的思想,无论自己比别人迟了多久,几十年甚至是几百年,日本人都能快速将未知的思想消化吸收和分析研究,短期内就能与其并驾齐驱,甚至后来居上。日本对外来思想的非凡消化力的原因,源自其对未知文化的"好奇心"。日本文明化有一种"柔软性",冀望把别人的优秀之处都吸入自己的体系。是日本人的这种好奇心打破了文化的惯性的限制,使日本文化得以飞速发展。

因此,每当外来思想传入日本时,会迅速出现受这种思想影响的优秀的指导者。这位思想者在传播外来思想的同时,还会把其和本土文化结合,一旦改变社会外来思想的传入中断时,日本文化便会自动发展,直到把外来思想融合完毕。

古代日本与外来思想

◇ 没有文字的古代日本

稻作是从亚洲大陆传入日本的最早文明之一，这一生产技术在很大程度改变了原本专营狩猎与采集的古代日本社会，使得集落形成，小国家成立。

对日本的古代思想的研究有一个重大障碍，就是非常缺乏文献数据。与致力将思想及历史以文字留存的中国不同，古代日本最早的文字文献，已经到了8世纪的奈良时代。最早的文献是当时日本人编纂的《古事记》。与前两者相较，印度虽然在太古时代也未使用文字记录，但文化经由婆罗门的口传，让太古的思想以"吠陀"的形态持续传承给后人，直到到公元前4世纪梵文被整理成熟之后，印度人才开始以文字记录文化和思想。

◇ 好奇心的开始

8世纪的日本在奈良建立政权，统一国家逐渐成形的当时，文字与佛教渡海传来。日本人快速地把亚洲大陆文化，尤其是中国思想消化吸收，转化为自己的文化。日本人的思想便由此转折，日本人积极吸收中国文化，以惊人之势进行社会改革，并且持续派遣出遣隋使、遣唐使访问中国，大量引进中国的社会思想及最新技术。日本对外来文化的接纳吸收的态度，为日本文化的飞速发展打下了基础。若是文字与佛教传入日本时，被当作为异国之物被冷遇，也许就不会有今日文化发展鼎盛的日本。日本人对于外来思想一直保持一种好奇而接纳的学习态度，分析研究后积极将它导入自己的文化体系，本土话后，甚至还可能使其更加进化。

◇ 圣德太子

在日本思想史的研究中，众多学者认为，日本历史上最初的思想家，应该是厩户王子(圣德太子)。身为推古天皇之摄政的圣德太子，却也是一名思想家，留下了许多思想成果和功绩。

圣德太子很早便皈依了佛教,而且对信仰非常虔诚,曾亲自著述过佛典的注释书。

圣德太子同时还把佛教与儒教理念,导入了国家政治的运作中。他颁布的十七条宪法中,甚至包括"应笃敬佛法僧三宝"的推崇佛教的思想,以及"以礼为本"的儒教思想。

虽说如此,圣德太子在推崇佛教和中国思想的同时,考虑到了日本本土的风土民情,并未对外来文化照单全收,如中国文化强调遵从上级命令,而圣德太子的十七条宪法,却在第一条便开宗明义地表达了"以和为贵,无忤为宗"的"讲求集团调和"思想。在十七条宪法中,也加入了他自己独自的"灭私奉公"与"众议"等理念。

◇ **佛教日本化**

佛教最初是从印度传至中国,经由朝鲜半岛传到日本。圣德太子是最早一批的佛教推崇者,他在日本播撒了佛教传播的种子,于奈良时代开始发展。此时,随着遣隋使和遣唐使不断带回中国文化,中国的佛教文化也不断流入日本,最广为人知的是南都六宗等于中国确立的大乘佛教宗派。

唐朝时,日本佛教界从中国宴请著名佛教法师——鉴真和尚——至奈良,为日本引入佛教思想,并开始了对中国佛教的改革。两位僧人最澄和空海,被派随着遣唐使一起赴唐,这两人回到日本后,大幅改变了日本佛教界乃至宗教界的发展。

最澄学习的是天台宗之佛法,回国后于比叡山建立了延历寺,沿袭了天台宗钻研佛教学问的习惯。原本的奈良佛教就属于学问佛教,以研究中国唐朝的佛教文化为主,但最澄的天台宗对佛教学问的钻研更胜于奈良佛教,尤其是对中国天台宗最重视的《法华经》之研究,祭出"任何人都能成佛"的一乘思想,确立了佛教对大众的救赎立场。之后,学习有成的新佛教宗派弟子纷纷由比叡山"离巢",自立门派成为开山祖师。如日本净土宗的法然、净土真宗的亲鸾、让禅宗大成的荣西与道元、日莲宗的日莲等,全都曾在延历寺修行过,后自成一派宗师。

而与最澄一起出发到唐朝,但较晚归国的空海,则成为真言宗的正统后继者,并将真言密宗带回了日本。回国后,空海游历全国,广设寺庙和据点,在各处传达大师信仰,为人答疑解惑,广为人们所敬爱。

其实最澄早已把纯密(纯正密宗,以《大日经》、《金刚顶经》为主))带回日本了,比空海还早。但由于最澄当时急着归国,在纯密上面的修行体验不足,也没有带回足够的经典资料和法器,因此空海被看成真言宗正式后继者,而天台宗本身吸收密宗的内容,也是等到最澄弟子那一代的圆仁、圆珍自唐朝留学回国之后才始。

天台宗体系的密宗被称为"台密",空海带回来的真言宗则依赐予空海的东寺而取名为"东密";两者皆从平安时代初期开始便大为兴盛,成为日本密宗的两大主流。

古代日本的大思想家

◇ **圣德太子(厩户王子)**

1.颁布融合了佛教、儒教等中国思想与日本本土思想的"十七条宪法",宪法中表达了自己的独有的思想。

2.拜师于朝鲜僧人,虔诚礼佛,使佛教在日本传播开来。著有《胜鬘经》、《维摩经》、《妙法莲华经》这三部经的解说书《三经义疏》,并在日本各地留下与他有关系的寺院(如四天王寺、法隆寺等)。但亦有说法对圣德太子的存在性表示怀疑。

◇ **最澄(传教大师)**

1.赴唐留学,拜师于中国天台山宗派,回到日本后成为日本天台宗开祖。

2.主张"悉有佛性"(每个人皆具备着佛性),认为大乘佛教的学问都集中在法华经"一乘思想"这一点。

3.于比叡山设立延历寺,除了进行戒坛的新设佛教运动外,积极与原奈良佛教界展开论争。争论后,比叡山成为广泛研究佛典的佛教综合大学,也成为镰仓新佛教的开祖等佛教界改革者登龙门之处。

◇ 空海（弘法大师）

1.赴唐留学,受真言密宗的七祖惠果灌顶,潜心研修,成为日本真言宗正统后继者。

2.从中国携回大量密宗经典法器回到日本,获赐高野山开创密宗。高野山与后来获赐的东寺一起成为日本真言宗的根本道场,为平安时期密宗的兴隆打下基础。

平安时代是国风文化开花之时代

◇ 摇荡于国风文化与外来思想间

"平安时代"是日本模仿唐朝首都长安,立平安京为国家京都,学习中国唐朝的律令政治体制,开始了文化繁华的平安时代。直到后来唐代的衰退后,菅原道真也献上自己的国策,遣唐使制度废止后,日本对亚洲大陆文化思想的引进处于停滞状态。

平安时代初期的文化,更多是学习唐朝,以唐风文化为主。在文学上,贵族开始以写作汉诗为文化涵养的表现。而平安时期,日本人发明了假名文字,之后贵族们便致力利用自己的文字语言,发展国风文化(又称为王朝文化)。到了平安时代中期,日本开始盛行文学,著名的日本文学著作《源氏物语》与许多歌集等,都产生自这个时代。在文字和文学两者的发展基础上,日本自己独有的文化思想开始展现,并以文学文字的形式传承下来。当时恰好是唐朝衰败,日本对外界的新思想引进遭遇障碍、停滞甚至中断,便开始发展自己独有的思想和文化,此时最兴盛的,便是贵族之间的国风文化。直到平安时代末期,外部思想重新导入,国风文化又受到影响,开始学习新思想,对自身进行更新。

众多日本历史学者认为,平安时代末期是"进入末法时代,佛法将废"之时,人民对现世的生活存在厌世情绪。而在中国流行过的净土宗系佛教,便在此种社会情势中传入日本,并大为兴盛。净土宗倡导的净土思想,是以转生到阿弥陀如来所住的国度为目标。对当世失望的日本人遍借净土宗,把美好的期望寄托在净土和来世。

净土宗不同于为求解脱必须勤行精进的"难行"的修行方法，反而提倡的只要念佛的"念佛行"，认为"念佛行"是只需念佛就能通往解脱前一步的"极乐往生"之"易行"。净土宗的如此思想也包含了能救更多民众的意思，其思想来源是基于阿弥陀佛当初还在修行时曾立下本愿，从"接引信心坚固，念阿弥陀佛十念之娑婆众生，悉数往生西方极乐净土"的佛典内容而来。

由于净土宗的普世效应和"易行"修行方法，受到了广大民众的支持，净土思想在平安末期大为流行。连京都宇治市的平等院也能看到净土信仰，当时平安京的佛寺，希望借着净土式庭园将净土呈现于现世之中，或者希望尽可能再接近净土一点。而净土信仰发展到了镰仓时代，日本甚至成立了净土宗与净土真宗这两个在印度或中国等国都不存在的新宗派。

◇ 咒术信仰

前文曾述，日本神道教以对自然信仰为起点，之后神道教受到密宗影响而产生变化，日本人开始相信"神会温柔倾听人们的心愿，但若未好好祖奉弛，则会带来灾厄"等思想。

日本文化对神的认识有其特点——认为神有着"和魂"与"荒魂"这样的两面性。"和魂"指大自然给人类带来恩赐，"荒魂"则指自然神会给人类带来洪水与旱灾，或是原因不明的传染病。因此，古日本人认为，"荒魂"表示神的愤怒，神怒给人类带来灾难，因此对神心怀畏惧。神道教对神的祭祀，也是源自对神的敬畏，请求神息怒或者安抚神请它勿轻易动怒，一些祭典或是奉纳之行为和敬奉神的舞或音乐，也是以表演给神所创作和发展。

此外，平安时代还遗留下"怨灵"的说法及信仰。认为含怨而死之人，死后会成为怨灵作祟于生者。最著名的例子，是现在仍被当作天神祭祀的菅原道真。菅原道真是日本平安时代的学者及有名的政治家，他向统治者提出众多的国策建议，最后却由于政敌的谗言被贬官至九州岛太宰府，抑郁而终。传闻称他死后成为怨灵，如今也被当代日本人奉为学问之神。

◇ 神佛习合的独创

日本人在引进佛教,把佛教吸收分析后,开始把佛教本土化。在本土化过程中,最具独创性的,是把佛教与神道融合为一体的"神佛习合"方式,将佛教吸收进日本文化与社会,并由此产生出新的多样的信仰。

神佛习合的一个重要概念,叫做"本地垂迹"。其意义是"神本身就是佛";因此佛教中如来与菩萨等佛和本地佛是同一的,都是为了度济众生而存在,因此在日本便以日本之神的姿态"垂迹"(出现)。因此,日本的天照大御神是大日如来的垂迹、而八幡神是阿弥陀如来的垂迹等,日本的诸神被视为与某特定的佛同一,在寺院中有神社,或是在神社中则建起了神宫寺等寺院。因此在"神佛习和"的思想基础上,当时社会出现了神社与寺院共存,而僧侣与神官也相互兼职的情况。

日本这一把本地信仰与外来新思想融合的做法,与印度教湿婆神或毗湿奴神与当地原始信仰之神明融合的情况,实在是异曲同工啊!

◇ 信仰中的印度教思想

日本盛行的多种信仰,有着所谓的观音信仰。佛教中的观音菩萨在众多菩萨里,被认为是最慈悲的佛,愿意倾听人们的心愿的佛祖,它变身成为诸多形象而实现人们的愿望。在观音信仰中,僧侣会口念真言(Mantra,咒文);密宗则会焚烧护摩、使用曼陀罗等。这些做法中都有印度教的影子。

而在多样的观音菩萨中,也有像千手观音这样,与印度教的湿婆神一样,在额头上有着第三只眼的菩萨。观音有变化成三十三身以救赎世人的神力,而毗湿奴神也拥有十个阿凡达那(意思是"化身"),两者不无相似之处。而日本密宗中的的明王之姿,完全由印度教的怒神转化而来。

镰仓佛教

◇ 佛教大师

日本的净土宗信仰虽然来自中国,却由镰仓时代的著名僧侣法然与亲鸾展开了新的境界。

法然认为只要口念"南无阿弥陀佛",便能实现极乐往生,原本净土宗要求人在念佛时心里观阿弥陀佛之相,而法然这一做法再次简化了念佛方式,人人可以实现,因此普度众生,法然在此思想上,开创了净土宗的新局面。净土宗的出现和盛行,使得佛教正式开始大众化。而将佛教带给民间大众的净土宗,其特征就是上述的"易行",也就是把修行过程最简化,则被最广泛的人民群众。

◇ 亲鸾提倡"绝对他力"

亲鸾是法然的弟子,在法然的念佛信仰的基础上,创立了净土真宗(在日本亦简称"真宗")。其教义也广为散布到民间。

亲鸾的思想最广为人知的是"恶人正机说"。所谓的"恶人正机说"是"善人亦能往生净土,更何况恶人"。此概念的意思是说,"若连善人(指不知反省、骄慢之人)都能转世到极乐净土,那么恶人(指彻底反省谦虚之人)怎么可能不行呢?"亲鸾此说法真正的意思,是表达"人都是会犯错的。能自觉有罪的恶人,甚至比其他人还更接近极乐往生一步。只要有心仰赖阿弥陀佛,之前的行为根本无关紧要"。这种不强调修行,而是强调信者成佛的理念,便是"绝对他力"思想。

"他力本愿",不是依赖外力以求得到救赎的安逸心态,而是与禅宗或密宗等用"自力"得到的救赎的说法对立,是说仰赖阿弥陀佛这个佛而转生到净土的思想。由于阿弥陀佛立下了希望拯救所有世人的本愿,所以人们想要往生到极乐净土,便只能仰赖阿弥陀佛了。

亲鸾在这样的思想基础的指导下,开始进行佛教改革,改革中有一个独特的建议——放宽戒律,即允许僧侣娶妻、吃荤。因为亲鸾认为,连恶人都能往生,只要有信仰阿弥陀佛的心,行为根本无关紧要。亲鸾本身也娶了妻子。这和佛教原本对僧侣的禁欲要求相差甚远。

亲鸾开创的净土真宗后,直到战国时代的莲如把真宗信仰传播开来,信徒大为增加,甚至曾在加贺建立真宗独立国如此规模。净土真宗至今在日本北陆地方或广岛仍有着众多信徒,仍有较大的势力规模。

◇ **天台宗日莲**

天台宗出身的日莲,创设了日莲宗,他坚持天台宗的立场,认为只有《法华经》里才有释迦牟尼的原教义,从而批判其他看法不同的宗派,甚至批评了容许这些宗派扩大的统治者。

日莲坚持预言,错误的信仰广为流传会引起佛祖的不满,日本将遭到其他国家的攻击。而这预言在蒙古对日本的侵攻而实现,使得日莲越发坚信自己的信仰。之后,日莲学习净土宗的"易行"以获得教徒,认为"《法华经》的教诲都凝缩在'南无妙法莲华经'这句话里面"。

◇ **临济宗成为日本传统文化的舞台**

日本的荣西与道元和尚,在中国修习禅宗后,把禅宗带回日本。

中国的禅宗形成于5世纪,兴盛于宋朝时期。主张"不立文字",强调由师父直接将教义传授给弟子。禅宗传到日本后也得到较大的发展。重视禅问答(公案)和强化精神性的临济宗,回到日本后便受到幕府与朝廷的皈依,在镰仓和京都等地都拥有名刹。临济宗在室町时代达到最盛,甚至成为日本北山文化和东山文化的主要舞台及核心思想。

临济宗的开祖荣西把喝茶的习惯推荐给弟子,故发展成为日本著名的茶道与华道文化,此外,禅宗由于不立文字,以图画传教义,也成为书道与水墨画等日本传统文化形成的基础。

中国的禅宗未与政治有太深的关联,藏于深山避开儒教的锋芒。而日本临济宗与之相反,反而是最大限度地深入日本政治及文化,致力于提升人民的精神性。临济宗的著名僧人有梦窗疏石、一休宗纯、雪舟、白隐等人。

◇ **武士阶层偏好的曹洞宗**

道元所开祖的曹洞宗与临济宗不同,其主要信徒是武士阶层。

临济宗在都市中也有寺院,但曹洞宗强调在远离都市之处坐禅修行,认为日常生活(作务)也是修行的方式。著名的日本精进料理,便是在曹洞宗的寺院餐食的基础上,洗练后的料理形态,成为日本饮食文化的重要组成部分。

曹洞宗由于将禅的教义纯化为"不用去想太难的事情,只要打坐就好"(只管打坐），故受到地方武士阶级的支持，于武士阶层广为流传。江户时代民众喜爱的书画高手良宽，也是曹洞宗的僧人。

思想开花的江户时代

◇ 幕府御用朱子学

江户幕府推行锁国政策，只对中国清朝和荷兰开放长崎地区的小量的贸易，因此这是日本学问界和外界唯一沟通的窗口，日本学者尽可能地吸收外来思想以推动学问界的进步。

当时日本尽情引进中国的历算、天文学、医术等实用思想技术，并把这些思想转发为日本本土的阴阳道、庚申信仰、盂兰盆节等日本风俗。但日本并未模仿中国的政治制度，原因是日本的社会体系无法接受中国土生土长的儒教。直到朱子把儒教哲学化称儒学后，朱子学才在日本流行开来。江户时代的日本提倡"大义名分论"，引入了强调封建制度下的身份与秩序之重要性的朱子学。日本自此开始正式引进儒学。之后，日本儒学界出现了许多著名学者。

首先值得一提的是藤原惺窝，其弟子林罗山侍奉了德川家康、秀忠、家光等统治者，林罗山深入参与初期的幕府政治，制定法度。林罗山开设的书塾"昌平坂学问所"（后来的汤岛圣堂），也成为幕府的御用学府，林家任"校长"，当时称为幕府的"大学头"。

生于针灸医生家里的山崎闇斋，曾入佛门，后来修习学习朱子学，成为儒学者。后辅佐德川家族，对幕政也产生影响。山崎闇斋主张"名分论"，重视身份次序，后推动了幕末的尊王攘夷运动。

◇ 阳明行动派学者

由于江户幕府推崇朱子学为御用学问，那些反对幕府体制的学者们，则选择阳明学，因为阳明学在中国便与朱子学采取对立的态度。

阳明学者的先驱中江藤树主张阳明派的平等思想，与弟子门人所著书籍直接抨击幕府，批判朱子学派，被当时政府所查禁。

而阳明学者大盐乎八郎信仰"知行合一",在抗议富商及贪官利用天保年间的大饥荒牟利时,领导门下起义攻击贪官污吏宅邸,遭镇压后自杀。

长州藩士吉田松阴蹭企图登上黑船偷渡美国,失败后被处刑。刑满后,他在隐居故乡期间开设村塾,却培育出许多知名弟子,在明治维新时期大展身手。

◇ 古学

林罗山门下的山鹿素行,对朱子学由褒到贬,提倡儒学应该返璞归真,复古到孔子、孟子的时代,以回到圣人原始的教诲,来追求原本的儒学精神。山鹿素行的学问,和伊藤仁斋与其儿子东涯所提倡的"古义学",加上荻生徂徕的"古文辞学"等,被历史学家统称为"古学"。

◇ 佛教新风貌

中国的禅宗传入江户时代的日本佛教界,其中黄檗宗改变了日本佛教的风貌。

把黄檗宗传入日本的隐元,原是明朝的禅僧,他受到幕府的招聘来到京都,被赐管理京都宇治的万福寺。在万福寺,隐元开创了日本黄檗宗。因此万福寺里,能见到不同于日本寺院建筑风格的明代样式的建筑安排,也传承了精进料理之分类之一的"普茶料理"。

◇ 兰学研究

前文曾述,锁国的日本有两大门户,一是中国,二是荷兰。"兰学"后指来自荷兰的所有西方思想。日本曾把中国当成政治思想和科学技术引进的重点,但随着中国不断走向落后时,日本人的目光逐渐转向了"兰学"。

对于兰学的引进是从实用的自然科学技术的引进开始,然后直到明治时期,日本人才开始真正研究西方思想。

◇ 国学复兴

江户时代,日本学者重视对日本古代的书籍学问进行研究,《古事记》、《日本书纪》、《万叶集》等古典书籍的研究兴盛起来,被称为"国学"。

国学的先驱是契冲,接着是荷田春满门下的贺茂真渊,他首先对《万叶集》进行的研究非常著名:他提出"男子汉气概"这一个词来形容《万叶集》,认为其中充满了男性风格,对比平安时代"儒教、佛教风格(唐国风)"的女性风格。日本古代的学问是直接有力,充满"男子汉气概"的。从而重新强调了日本的国学。

贺茂真渊之下一代的弟子延续了其研究,他的弟子本居宣长强调了日本人的精神性,他提出"大和之心(无私无垢、真心真意之心)",表达日本人自然流露的情感"感物喟叹"的本心。

宣长的弟子平田笃胤继续研究日本国学,他的研究主要集中在宗教领域。对于习合了儒教与佛教的神道他表示反对,而是主张神道的复古,又称复古平田神道,这一思想成为明治时期"废佛毁释"的理论基础。

江户后期,西方人德国医生西博尔德来到日本长崎,开设"鸣拢塾",日本的兰学者绪方洪庵也在大坂开设"适塾",这些机构的成立目的,都是引进和传播西方的思想文化,从而培养出了一大批新式学者,有桥本左内(于安政大狱中受刑而亡的政治家)、大鸟启介(幕府陆军奉行、明治政府高官)、佐野常民(日本红十字会创设者),以及福泽谕吉等人,他们均对日本近现代社会的发展产生了重要影响。

综上来看,日本明治维新之所以能顺利达成,是受了日本国学、阳明学以及兰学等思想文化的影响。

日本的美学

日本的文学美术等文艺美学中,蕴涵了日本思想的精髓。

◇ **重视意象**

日本的思想史上有一个怪现象,就是从未产生过"哲学"领域。相较于中国对历史思想文化的记录留存的冲动,和印度对于纯粹哲学知识的热爱,古代日本是直到平安时期才产生文字和"哲学",古代日本的思想是没有经过系统化的,以意象为中心的文化。

以日本的神道为例,神道在传统上,是不提倡把教义明文化,而是把信仰保留在原始状态,甚至不去论及神的意义与排位。

因此,以中国的思维,去考察日本思想体系,或者宗教的教义,是偏离日本文化的精髓的。要研究日本思想,必须了解和感受日本的文学艺术,体会其意识深处的美及追求。

◇ 日本文学

日本文学反映出日本人世界观里的无常。

僧侣鸭长明上写下了随笔《方丈记》的开头:"逝川流水不绝,而水非原模样……"便是日本人歌咏世界无常的"无常观"的代表,日本人这一思想和佛教思想有共通之处,即不认为存在世界终极思想或者本质。同样的还有以"祇园精舍钟之声,传诉着诸行无常……"开篇。

此外,日本思想没有形成哲学体系,也有其历史根源。历史上日本从未遭遇外敌的入侵,因此日本无须拥有足以将自国的文化正当化的强大、稳固思想,其精神可以自然地传承。

◇ 木刻佛像

日本佛教艺术的最盛期,是在飞鸟·白凤·天平这一连续的时期。日本向中国印度的佛像雕刻师们学习了佛像及建筑技法,好奇勤奋的日本人便开始独自制作佛像,创造自己的佛教美学。

日本佛像雕刻技法和材料均多种多样,但直到镰仓时期之后,木像便成为主流。雕刻师们也是在这个时代,创作出了许多国宝级的木雕佛像。木头成为佛像的主要材料有两个原因,一是佛教不再是日本国教后,资金受到缩减。更重要的,是日本人对于自然的信仰,木雕佛像能让日本人产生神圣的感性和顿悟。因此,日文中,称优秀的佛像制作者是指把佛像从木头中"取出来",而不仅仅是雕刻。因为在日本雕刻师的意识中,神自古就在自然事物中存在。

日本以外国家的佛教或印度教,以及中国西藏密宗的美术,大都较偏好用石料或金属来制作佛像等,因为这些素材比较耐久,能长期储存。而日本人却偏好难以存储的木材,这一点其实非常独特。而且日本人对于损坏了小部分,或者由于经历较长历史而失去原本鲜艳色彩的佛像,不仅不排斥,反而更加喜爱和崇敬。

这是日本人的美学意识的体现，日本人觉得"有古意的东西很美"、"枯朽而逝的样子也很美"的感性思想，即日本人所称的"侘"和"寂"的美学意识。

"侘"的意思是"孤独寂寞"，表达一种世事无法尽如人意的丧失活力的忧郁，而"寂"则表示"凋零、衰微"这种衰败导致心冷的消极情绪。一开始，这两者只是一种于积极阳光思想对立的复杂美意识，后来时代变迁，也成为对质朴自然变化的崇敬，与富丽奢华和期待永存而对立。

◇ "幽玄"

"幽玄"是一个形容词，用来形容既典雅又不可思议，甚至难以用言语文字形容的感觉。幽玄风格的代表是"能剧"。室町时代，观阿弥与世阿弥在足利义满的保护下，将"能剧"发展为"能乐"这一成熟表演艺术。其特征，是表演者佩戴一种名为"能面"的面具来舞蹈，希望对那些含恨而死的死者的灵魂起到震慑的作用。

可以说，这种在生死狭缝之间摇摆的能乐，表达了日本人的复杂的独特情绪。

◇ 茶道

日本著名的"茶道"文化，源自其"侘"与"寂"的实践。茶道起源于中国，认为喝茶可以养生。日本临济宗的开祖荣西禅师著有《吃茶养生记》一书，带领了在禅寺内喝茶的习惯。而到了室町时代，发展出"茶之汤"这一茶叙仪式。

"茶之汤"的形式礼法，是由室町时代的村田珠光所开创，经由武野绍鸥、千利休等师徒关系而确立。虽然村田珠光等先人有很多错误的尝试，但茶道符合日本人对样式美以及礼法的气质追求，因此慢慢在后人一点点的改进后，传承至今，成为闻名世界的日本文化特色之一。

明治时期的东西文化融合

◇ 明治时期

明治维新之前，日本发展也逐渐落后于工业革命后的西方。明治维新后，日本人尽全力发展自身以追上西方，全面吸收了西方的政治形态和技术，而日本人消化外来思想的特长，也得到充分的发挥。很快，日本先于亚洲各国完成了近代化，脱离当时弱势国家的行列。

◇ **哲学者首度登场**

幕末时期的兰学者西周去往荷兰留学，将"Philosophy"（其语源来自表示"爱知识"之希腊文）这个字译为"哲学"，日本哲学领域开始产生。

西周等人将大量的西方资料翻译为日文，并创造出许多新词汇。并"输出"给中国，比如"人民"与"共和"等词。

◇ **西方人守护日本文化**

明治时期剧烈西化，否定了日本自己神佛习合的传统。甚至发生"废佛毁释"的事情，损害了许多佛教界传承的贵重文化财产。这时候，把日本人摈弃的传统文化重新评估的，却是西方人，现在一些日本世绘、水墨画等巨匠的美术品也流出至海外，得到保存。费诺罗萨、布鲁诺·托德、拉夫卡迪奥·赫恩，均是亲日派文化学者，对于日本传统文化的留存，贡献了非常大的力量。

◇ **日本文化未来展望**

思想与文化，会与其他国家或民族的文化不断交流和发生改变。日本由于接近文化强国日本，其文化开始主要是受到中国文化的压倒性影响。到了近代，则是开始学习西方思想文化。日本人发挥自己的文化好奇心，巧妙地吸收外来文化，并建构出自己独特的思想文化。并且由于在历史上保住了国家的统一，传统思想文化得以传承至今，并对西方乃至世界产生影响。

那么从现在开始，日本文化究竟会往什么方向发展？本书重新检视日本文化，分析出其中对现代人有帮助的精髓。希望通过此种努力，能加深世界对东方文化的理解，并推动世界文化的发展。